中世京都の軌跡

道長と義満をつなぐ首都のかたち

鋤柄俊夫 著

1977年当時の白河・鳥羽・近衛天皇陵

鳥羽殿金剛心院の池跡

京都駅ビルの地下から発見された鎌倉時代の室町小路

京都駅前地点発見の鏡鋳型

左大文字と北山西園寺

渡月橋と嵯峨野亀山

『上杉本洛中洛図屛風』に描かれた足利将軍邸と近衛殿別邸

寒梅館の地下から発見された室町殿関連遺構

中世京都の軌跡
―道長と義満をつなぐ首都のかたち―

◎目次

はじめに――京都《みやこ》のかたち――

碁盤の目のような町並みに、平安京と平安時代の面影をしのばせる現在の京都。けれども、延暦一三年（七九四）に桓武天皇が設けた平安宮の内裏と大極殿は、現在の京都御所から南西へ約二キロ離れた、千本丸太町の交差点付近にあった。

現在の京都御所は、平安時代末期には藤原邦綱邸で、鎌倉時代終わりには後深草皇女の陽徳門院媖子内親王が所有していた土御門東洞院殿で、それが天皇の御所となったのは、持明院統の光厳天皇が即位して、ここを皇居と決めた元弘元年（一三三一）九月二〇日のことだった。

現在の京都市街は地下鉄の走る烏丸通を中心に広がっているが、平安京の中軸線である朱雀《すざく》大路は、JR嵯峨野線二条駅の東を南北に走る千本通に当たっている。したがって京都駅と京都御所に挟まれた現在の京都市街の中心部は、平安京のほぼ東半分の地区を占めているにすぎないことになる。

現在の京都の姿は、平安時代中期に始まる「右京の衰退と左京の繁栄」以後、院政期の「鳥羽・白河」や応仁の乱後の「上京と下京」そして安土・桃山時代の「秀吉の京都改造」など、長い歴史の流れの中で様々に変貌を遂げてきた結果であり、平安時代そのままの姿を残しているわけではない。

現在の京都の町並みは、平安時代だけでなく、その後の一二〇〇年を越える、京都の歴史が蓄積され、凝縮された結果なのである。

ところで、都市の姿・形とは、単に見かけだけの問題ではない。それは社会の様々な仕組みと、そこで生活する様々な人々との合意によって生み出されたひとつの答えである。それはその都市を治める者だけでも、治められる者だけでも決められない、緊張と調和のたまものである。

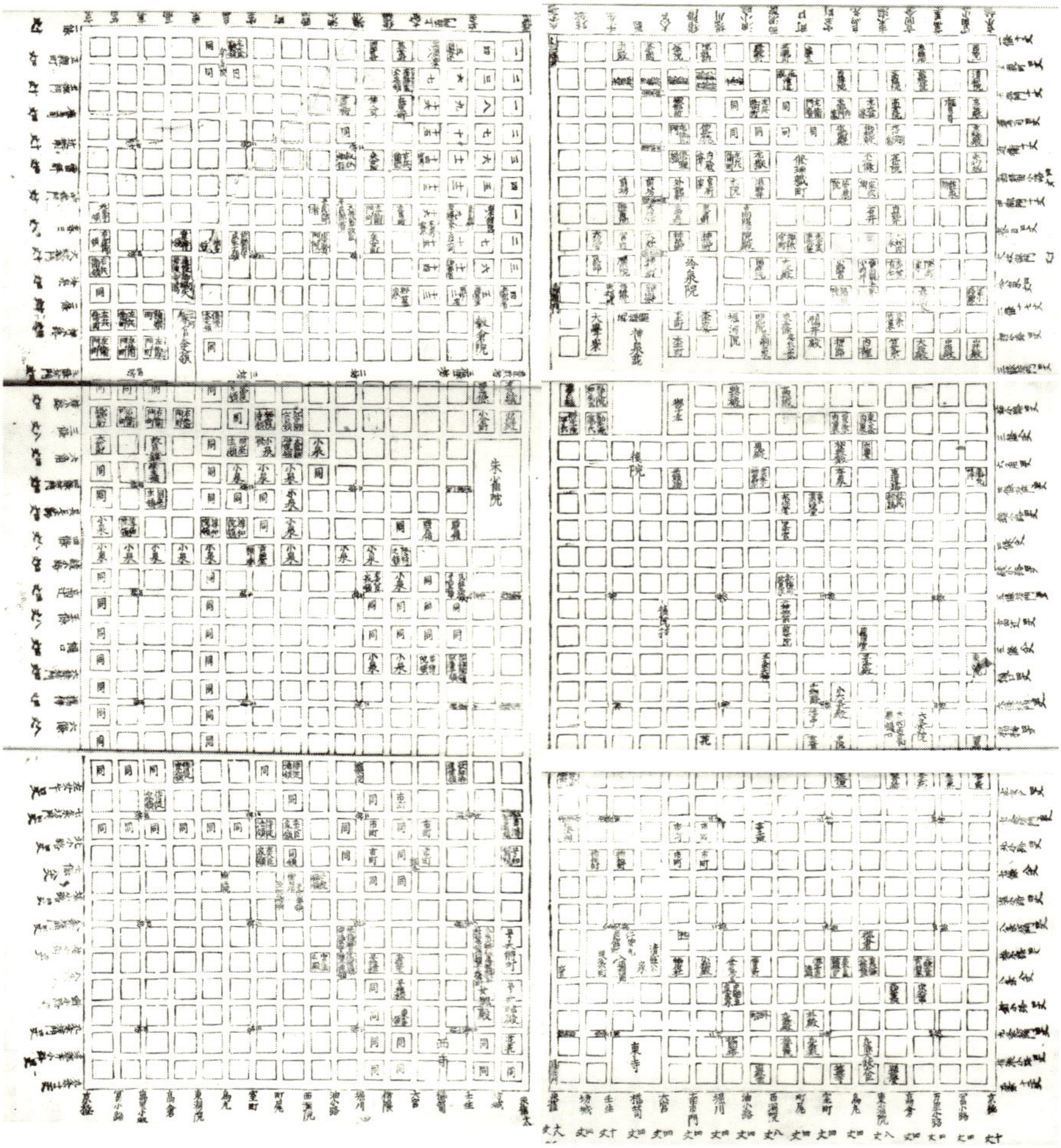

図一　『拾芥抄』に描かれた平安京のかたち

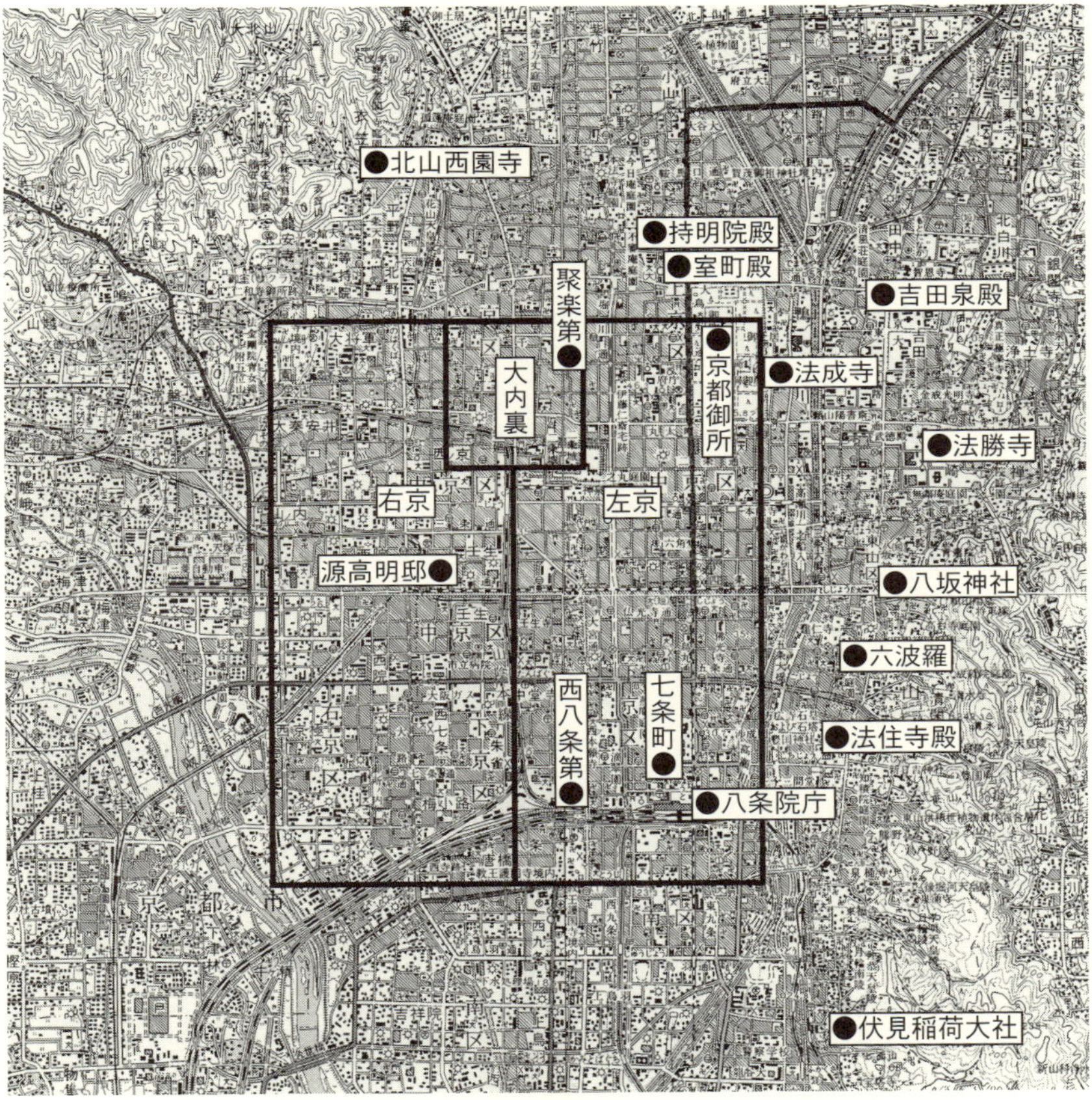

図二　現在の京都と平安京の関係（国土地理院　1：50,000）

京都もまた同様である。

平安時代以来、めまぐるしく変わる時代の中で、それぞれの時代の社会の仕組みに合った形で、京都の中の様々な部分が異なった形で配置されてきた。京都の姿が時代によって異なるのは、そういった時代毎に変わってきた、京都の社会の仕組みのあらわれなのである。故、京都の歴史は京都と言う都市の変貌の歴史と言っても過言ではない。

さらに京都は、古代から中世まで政治と文化の中心として様々な情報を発信していたため、ほかの地域より治める者の意志が強く働き、一方でその影響を受ける人々の職種も人数も多かった。京都の形が時代によって大きく異なったのは、そういった京都特有の事情もある。

その意味で、京都の都市の形をたどり、京都がそれぞれの歴史の曲がり角で、どのような姿をしていたのかを明らかにすることは、京都の歴史を明らかにするために、また特に中世と呼ばれる時代の日本列島を明らかにするためにも、とても重要な研究になってきている。

そんな京都の都市の形に注目し、それがどのように変貌してきたかを調べるために、本書では二つの視点と、時代を追った三つのキーワードを考えてみた。

二つの視点のうち、最初の一つは遺跡である。

平安京の変貌は『池亭記』に描かれた右京の衰退に始まると言われる。けれども近年の発掘調査成果を総合すると、右京の全てが一元的に衰退したとは言えないこともわかってきている。また、応仁の乱によると確認できる焼土層は、これまでほとんど見つかっていない。その理由は何であろうか。そして『池亭記』は何を描こうとしていたのだろうか。

本書では、このような京都研究の現状に対し、これまでの文献史研究の成果に学びながらも、文献史料だけでは描くことのできなかった京都の姿を知るために、地下に眠る遺跡からの視点を重視したい。

なかでも二〇〇二年から二〇〇四年まで同志社大学が行った今出川校地の発掘調査は、これまであまり語られることのなかった鎌倉時代の京都研究に、多くの知見を提供することになった。本書ではこの調査成果を軸に、これまで京都市内の各地で行われてきた、膨大な発掘調査成果を合わせ、それらを都市史の立場で解釈していきたい。

もう一つの視点は、場所へのこだわりである。さきに少し紹介したように、京都の都市史のポイントは、各時代で異なった場所がその中心になったところにもある。周知のように、あらゆる歴史上の出来事は、その出来事がおこった場所と深い関係がある。そこで本書では、時代によって異なる京都の中心をたどることと同時に、それがなぜその場所だったのかについても考えていきたい。

図三　大極殿跡の碑

三つのキーワードは、「分裂」・「再生」・「主張」である。

先に触れたように、平安京の姿が最初に変貌するのは、天元五年（九八二）に慶滋保胤《よししげのやすたね》が書いた『池亭記』で描かれている右京の衰退と左京の繁栄である。この変貌の後しばらくして、京都は政治の中心を鴨東《おうとう》や鳥羽などの京外に置く時代が始まる。このように、大内裏を中心にして整然とした街並みから構成されていた平安京が、その拠点を分散させたようにみえるこの時期の特徴を、本書では「分裂する都市」と表現してみた。

鎌倉時代に入る頃から、再び京内及びその近接地に政治と文化の実質的な中心が帰ってくる。ただし、その場所はかつて平安京の中心であった大内裏とその東部ではなく、現在の京都駅正面から七条通りにかけての一帯と、一条以北の西陣から同志社大学にかけての一帯だった。特に後者については、今出川校地の発掘調査によって、西園寺家を中心とした強固な人的ネットワークが、この地の成立と繁栄に深く関わっていたことが明らかとなった。このように政治の中心を京内とその隣接地に戻し、左京にまとまった形の都市が出来上がったこの時期の特徴を、本書では「再生する都市」と表現する。

そして室町時代の京都は、足利義満が築いた室町殿に象徴される。同志社大学寒梅館はその室町殿推定地の一角にあたるが、発掘調査により『上杉本洛中洛外図』に描かれた施設の一部が見つかった。「洛中洛外図」によれば、現在の烏丸今出川付近から堀川までの間には、細川殿や近衛殿など有力公武の邸宅が集中し、上京が政治と文化の中心地だったことがわかる。そしてそんな室町時代の上京に類似した都市遺跡が、全国で見つかってきている。そこで本書では、このような全国の都市遺跡に対するこの時期の上京の特徴を、「主張する都市」と表現したい。

日本の歴史と文化を象徴する都市・京都は、平安時代後期以降、時代の変わり目で様々に姿を変え、現在に至った。本書では、京都のあちらこちらに遺された様々な時代の断片を拾い集め、それらをこの二つの視点と三つのキーワードで総合して、京都の中世を見直してみたいと思う。

序章

——慶滋保胤の意図——

予《われ》二十余年以来《このかた》、東西二京を歴見するに、西京は人家漸《ようや》く稀にして、殆《ほとほと》幽墟に幾《ちか》し。〈略〉往年一つの東閣有り。華堂朱戸、竹樹泉石、誠にこれ象外の勝地なり。主人事有りて左転せられ、屋舎火有りて自ら焼けぬ。その門客の近地に居る者数十家、相率て去りぬ。（『本朝文粋』（新日本古典文学大系）岩波書店）

これは、天元五年（九八二）に平安京の風景を描いた作品として有名な、慶滋保胤《よししげのやすたね》の『池亭記《ちていき》』の冒頭である。これまでこの記述などから、平安京はおよそ一〇世紀後半頃に遡って、方形に整えられた都城の姿から、左京を中心とした新たな都市の姿に変わりはじめたとされてきた。そして京都の町はその後も歴史の流れの中でさまざまに姿を変え現在に至っている。慶滋保胤の『池亭記』は、まさにその最初の変貌の様子を臨場感あふれる筆致で表現した代表作とされてきた。

けれども多くの先学が指摘しているように、この「二十余年」という数字はけっして偶然記されたものではなく、さらに読み取ることができるのは、単なる「東西二京」を比較しただけの描写ではなかった。『池亭記』が書かれる十数年前の九六九年三月二六日、平安京でひとつの事件がおこった。『栄花物語』巻第一「月の宴」によれば、この日「左大臣殿に検非違使うち囲みて、宣命読みののしりて、「朝廷を傾けたてまつらんとかまふる罪によりて、大宰権帥になして流し遣す」といふことを読みののし」ったという（『栄花物語』（新編日本古典文学全集）小学館）。西宮殿あるいは西宮左大臣と呼ばれた源高明《たかあきら》に関わる、有名な安和の変についての記述の一部である。

源高明は醍醐天皇皇子として延喜一四年（九一四）に生まれる。源姓を賜わり臣籍に降り、天慶二年（九三九）に参議、康保四年（九六七）には左大臣に上り権力の中枢に至った。しかし彼の運命はここから大きく変わる。きっかけは、高明が左大臣になった年におこった冷泉天皇の東宮をめぐる出来事だった。この件について最も詳しいとされる『大鏡』「右大臣師輔」は、その経緯を次のように伝える。

式部卿の宮（為平親王）こそは、冷泉院の御次に、まづ東宮にもたちたまふべきに、西宮殿（源高明）の御婿におはしますによりて、御弟の次の宮（守平親王）に引き越されさせたまへるほどなどのことども、いといみじくはべり。そのゆゑは、式部卿の宮、帝に居させたまひなば、西宮殿の族に世の中うつりて、源氏の御栄えになりぬべければ、御舅たち（藤原伊尹《これまさ》ら）の魂深く、非道に御弟をば引き越し申させたてまつらせたまへるぞかし（『大鏡』（新編日本古典文学全集）小学館）

藤原師輔の娘である村上天皇中宮安子より産まれた為平親王は、当初冷泉院を継ぐ有力な候補とみられていた。しかし為平親王の后が源高明の娘だったため、高明が外戚となって力をのばすことをおそれた藤原氏が、これに対抗して康保四年（九六七）に弟の守平親王を東宮にたてることに成功したというのである。

しかしこの出来事は、これだけにおさまるものではなかった。『日本紀略』によれば、その二年後の安和二年（九六九）三月二五日、源満仲と藤原善時らが源連と橘繁延らの謀反を密告。ただちに右大臣以下の諸卿は入内し、諸門の出入りが禁じられ、検非違使により関係者が逮捕される。すばやく訊問がおこなわれ、橘繁延は土佐へ、藤原千晴は隠岐へ、僧蓮茂は佐渡へ流され、源高明は大宰府へ左遷されることになる。『栄花物語』によれば、容疑は「朝廷を傾けたてまつらんとかまふる罪」だったと言う。

そしてその数日後、高明の邸宅は謎の火災を経て急激に衰亡する。『日本紀略』安和二年四月一日の記事によれば、焼亡した西宮邸は「所残雑舎両三也」とし、『蜻蛉日記』は、「西の宮は、流されたまひて三日といふに、かきはらひ焼けにしかば……」とその変化の哀しさを嘆く。『池亭記』の冒頭の文章は、まさにこの情景を描いたものだった。

「安和の変」と呼ばれるこの事件の真相については、藤原師尹《もろまさ》が源高明の代わりに左大臣になったことや、密告した源満仲が位階をすすめたことなどから、藤原師尹の陰謀で、藤原氏による他氏排斥の最後を象徴するものとも言われ、また、その背景には藤原師輔と実頼の対立、あるいは源満仲と千晴の対立があり、源高明はそれらに巻き込まれたとも考えられている。ただいずれにしても、この事件を通じて藤原氏の権力が確実に強化されたことに間違いはない。

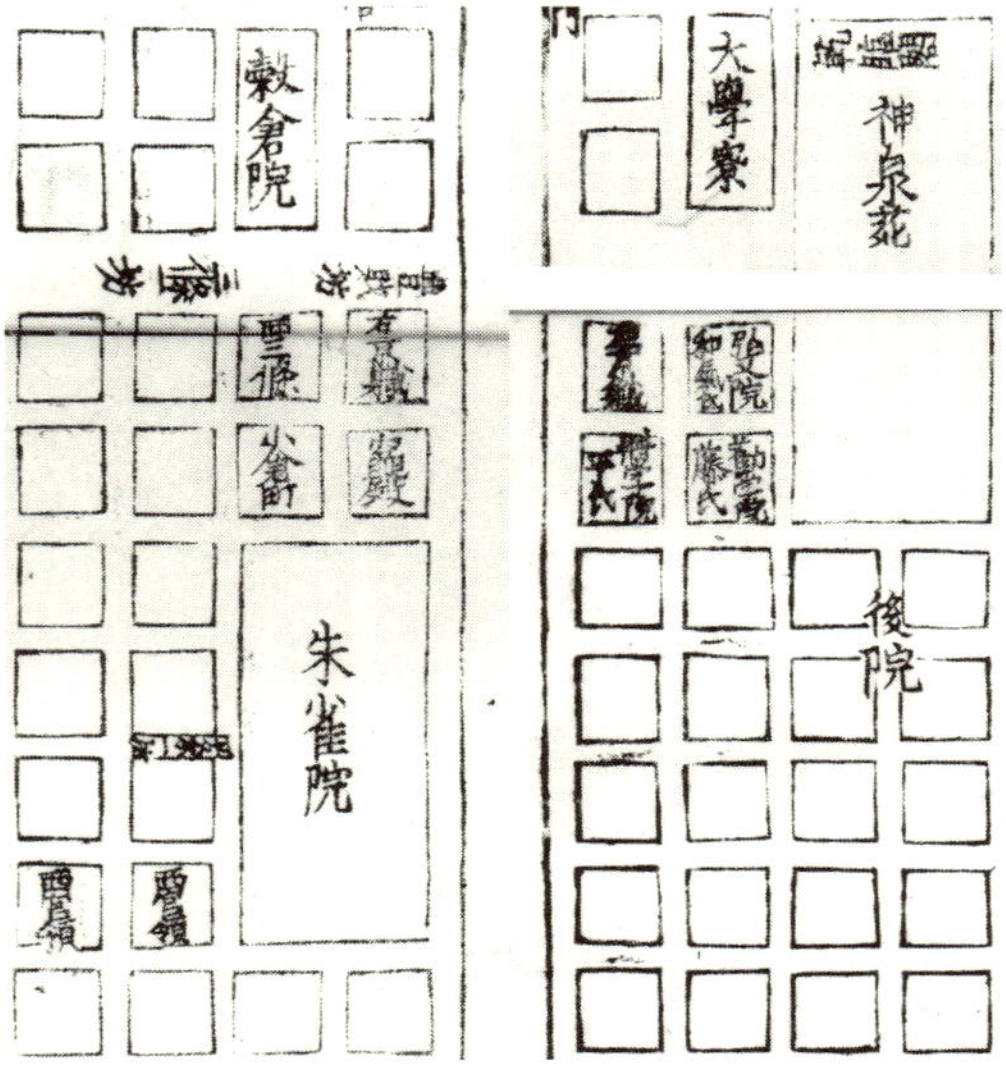

図四　西宮領源高明邸（拾芥抄）

さらにこの事件は、『日本紀略』をして「禁中の騒動は、天慶の大乱の如し」と言わせたように、当時の多くの貴族にも大きな衝撃を与え、とくに『大鏡』『栄花物語』『蜻蛉日記』のいずれもが源高明の側に立って記されていることは、貴族たちの多くが抱いていた藤原氏に対する感情を具体的に示すものとして注目される。慶滋保胤の『池亭記』の冒頭は、そんな藤原氏の権勢に対する強い危機感を、多くの貴族と同様に源高明の側に立ち、それを邸宅の変貌に象徴させたものだったと考えられる。

大曾根章介氏の研究に学べば、慶滋保胤は、承平・天慶の乱の頃に活躍した有名な陰陽家である賀茂忠行の次男として承平年間（九三一～九三七）に生まれる。兄と弟は父の跡を継いで陰陽家になるが、彼はその優れた才能を活かし、天暦の頃（九四七～九五六）から、文章博士菅原文時に師事して紀伝道の研鑽につとめる。康保元年（九六四）には、文章道の学生と比叡山の僧侶が共同で作詩・法華講・念仏などをおこなう勧学会を結成。天延末年（九七五）頃に近江掾をつとめ、その後内記を経て永観二年（九八四）に内御書所覆勘を兼ね、おそらく天元年間（九七八～九八二）の終わり頃には従五位下大内記になったとされる。また洛陽の三詩人としても有名で、円融・花山帝に仕え、村上天皇第七皇子の具平親王とも深い親交があり、保胤の池亭は具平親王の支援を得ていたとも言われている。

しかし彼をめぐる人々の動きはけっして穏やかなものではなかった。安和二年（九六九）、源高明の左遷を見た彼は、貞元二年（九七七）には、やはり藤原氏による左大臣源兼明の失脚事件に直面する。兼明は、その憤怒の心情を『菟裘賦《ときゆうのふ》』に著したが、保胤が兼明に親しく指導を受けていたことは有名で、保胤の『池亭記』は兼明の『池亭記』の影響によるものと考えられている。そして天元四年（九八一）、師である菅原文時の死をむかえる。大曽根氏はこれらの出来事の集積が、保胤をして紀伝道の衰退と学者の不遇を実感させたものと推定する。『池亭記』の執筆はまさにその翌年だった。

源高明・兼明という皇族系勢力の衰退に対して、藤原氏の興隆を象徴する安和の変とその後の状況は、保胤にとっても大きな歴史の転換を感じさせる重要な事件であり、さらに高明の邸宅が数日後に焼亡してしまったことは、それを一層強く印象づけるものとなったのであろう。右京衰退の象徴として『池亭記』の冒頭に登場する焼け落ちた邸宅は、西京にあったことがポイントなのではなく、安和の変で権力の中枢から逐われた源高明の邸宅だったことが重要だったのである。

さらにもうひとつ注意しておかなければならないことがある。源高明の邸宅は、『拾芥抄』の本文と図で位置が異なるが、おおむね四条大路の北で朱雀大路から西へ入った、現在の壬生森町から壬生神明町の付近にあった。平安時代初期の歌人である源順の詩によれば、その地には白砂碧巌の仙境に豪奢を尽くした台閣が建ち、文人を招いて遊宴が開かれ、高明は詩歌管弦に歓楽の時を過ごしていたという。したがって、右京を代表するように言われるこの邸宅は、実は嵯峨天皇皇后の橘嘉智子の居所にもなった朱雀院に隣接する地区で、右京の中でも限りなく左京に近い、四条の北に位置していたことになる。これも、この事件が右京の衰退を象徴しているとは思えない点である。

また周知のように、平安京の全てに家屋が建ち並んでいたわけではなく、なかでも京都駅前の発掘調査によれば、左京の七条以南は、人家が建ち始めるのが平安時代終わりで、それ以前は、複数の河川が流れ、土馬によるまじないのおこなわれた場所だったことがわかっている。したがって左京でも南部は境界領域であり、平安時代中頃において、右京のみが人家の乏しい場所になったわけではないのである。

図五　朱雀院跡の碑

一方、邸宅が集中する左京四条以北の乾《いぬい》（北西）と艮《うしとら》（北東）についても、保胤はそれを賛美してはいない。描いているのは、むしろ隣接する権力者の邸宅に怯え、卑屈になっている都人の姿であり、権勢家のためにその地を追われ鴨川の畔で不安定な生活を強いられる都人の姿である。

それでは『池亭記』が語る京都の姿とは何なのか。

戸田芳実氏は、『池亭記』の表現から「一〇世紀後半に、貴賤混合・集住をもたらす居住形態の流動と変動が進行していた」とし、「平安京は、摂関期から院政期にかけての時代に、律令国家の帝都から中世的な「荘園領主の都市」京都へと転換した」とした。そしてその状況を称して「王朝都市」と呼び、それは「律令国家機関と官人貴族の集中する古代都市が、没落することなく、日本中世社会の政治的経済的中枢たる中世都市に転化していく構造、都市の移行形態を表現するものとして一定の意味をもつ」とした。

網野善彦氏は一〇世紀に入るころから、「地」という名称が「田畠」と区別され、「明瞭に都市的な場の地種を現しはじめる」とする。また上島享氏は一〇世紀を境に王権の構造が大きく変わったとする。そして西山良平氏は、平安京の空間と住人と秩序などを手がかりに「一〇世紀後半から一一世紀前半に〈都市〉化が展開し、都市構造が転換すると推定」する。そして「平安京は都城と断絶し、中世京都と連続する」とする。『池亭記』が書かれた一〇世紀という時代は、中世史全体にとっても重要な時代の転換期だったのである。

『池亭記』から読み取るべきなのは、右京の衰退と左京の繁栄という図式ではなく、この時期に大きな社会の仕組みの変化があり、それが反映された形として、左京の四条以北とそれ以外の地域で、著しくバランスを欠いた都市の形が生み出されたということなのである。左京の四条以北に邸宅が密集する姿は、おそらく山村亜紀氏が示した院政前期における三条以北の大規模邸宅と町屋の密集度合いからも類推することができるだろう。そして京樂真帆子氏は「見えなくなる右京」の理由を「右京を遠い存在と位置付け、視線を向けなくなった都市住民、貴族たち自身だった」と表現する。源高明の西宮邸の衰退は、その象徴と見るべきなのである。

このように大きな変化を遂げはじめた平安京は、その後どのようにして中世都市京都につながっていくのであろうか。

確かに、この時期に出現する左京の四条以北とその周辺の風景は、少し見方を変えれば、その後に姿を現す中世都市京都の核とその周辺のようにも見える。けれども、この左京四条以北の邸宅の密集した空間と、中世都市京都との間には、その政治拠点を京外に設けた院政期の京都があった。

中世京都の成立が、単に左京拡大の延長線上にあるのではなく、北野や鳥羽・白河など、さまざまな拠点との関わりを前提にしていたということは、それを「星雲状態」と呼んだ網野善彦氏や「巨大複合都市」と表現しようとした棚橋光男氏をはじめとして、多くの先学が指摘するところである。実は、一〇紀後半にはじまった平安京の変貌は、その内部だけの出来事ではなかったのである。したがって一〇世紀後半の平安京の変貌は、視野をひろげ、京都盆地全体から見直してみる必要があると考える。

一〇世紀後半の京都盆地では何がおきていたのか。平安京から中世京都における都市の変貌の歴史とメカニズムについて、次章から詳しく見ていくことにしたい。

第一章　分裂する都市——鳥羽殿の意味——

一、京の外港―周縁の成立―

（一）山崎から淀へ

申《さる》の斜《ななめ》に湯井浜《ゆいのはま》におちつきぬ。暫《しばらく》休て此処《このところ》をみれば、数百艘の舟、とも縄《つな》をくさりて大津の浦に似たり。千万宇の宅、軒を双《ならべ》て大淀渡《おおよどのわたり》にことならず。（「海道記」『東関紀行・海道記』岩波文庫）

『海道記』は、貞応二年（一二二三）四月四日の暁に、京都の白川から東海道を経由して鎌倉へ向かったある人物の書である。作者は源光行とも言われるが特定されてはいない。彼は約二週間後の夕方に鎌倉の由比ヶ浜に着き、多くの船が停泊して家が建ち並んでいる様子を、京都周辺で当時最も有名な浦と渡にたとえた。大津は言うまでもなく滋賀県の大津であるが、大淀渡の候補とされているのが現在の京都市伏見区淀周辺である。

一〇世紀後半におこった平安京の変化に対応するかのように、平安京を南西に離れた木津・桂・宇治の三川合流地区に、もうひとつの大きな動きがあった。現在の京都府八幡市と対岸の大山崎町、そしてその東の京都市伏見区淀にかけての一帯は、隣接地に継体大王の乙訓宮や樟葉宮が築かれるなど、すでに古墳時代から重要視されていたが、奈良時代に入ると平城京と西日本をむすぶ交通の要衝として認知され、その象徴として『行基年譜』の神亀二年（七二五）と「天平十三年記」（七四一）に「山崎橋」が登場する。

長岡京造営以降この地の重要性は増し、『続日本紀』の延暦三年（七八四）七月には、山崎橋を造るために阿波・讃岐・伊予から材料が集められ、延暦六年（七八七）八月に桓武天皇が行幸した「高椅津」は「山崎津」であったとも言われている。

都が平安京に移った当初も山崎の重要性に変わりはなかった。『日本後紀』の弘仁二年（八一一）閏十二月には、平安京と西国を結ぶ重要な駅として山崎駅が登場し、やがて嵯峨天皇が交野や水無瀬野へ遊猟する際に利用される機

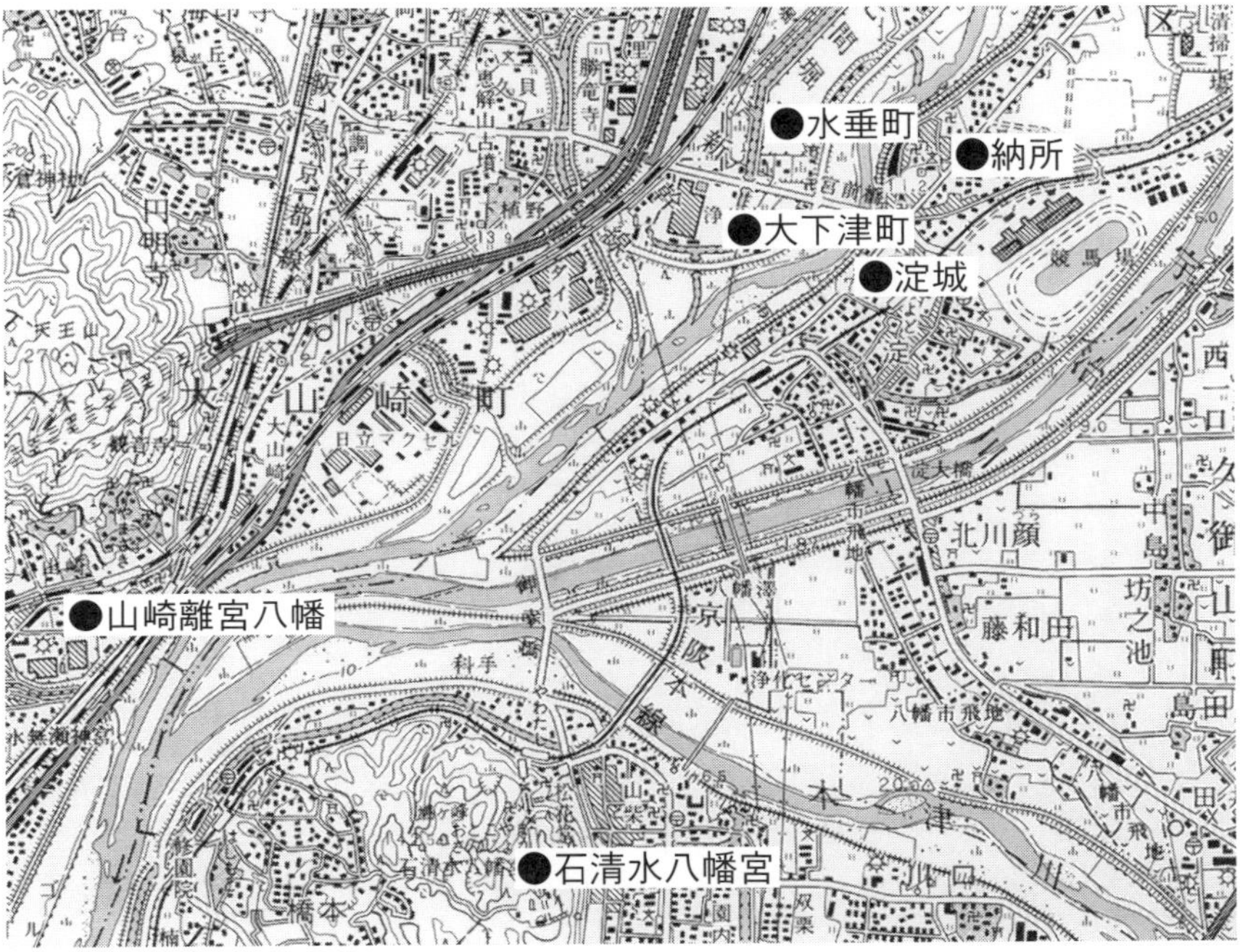

図六　山崎・淀・石清水八幡宮の位置（国土地理院　1：50,000 京都西南部）

会が多くなり河陽宮として整備される。ただし嵯峨天皇の後はこの地への行幸は減り、貞観三年（八六一）には山城国司の管轄の下、国府の機能を果たすようになる。なおその位置については、仲雄王の「河陽橋」と『山城名勝志』および貞観八年（八六六）十月の『三代実録』の記述などから、山崎橋に続く道の正面で相応寺の北にあたる、現在の離宮八幡を中心とした一帯が推定されている。

またこの地は人家が密集し、活発な経済活動もおこなわれていたことがわかっている。『日本後紀』の大同元年（八〇六）九月には、炎旱による米価の高騰をおさえるため、左右京と難波津と共に山崎で酒家の甕が封じられ、『文徳実録』の斉衡二年（八五五）十月には、山崎津頭の火事で三〇〇余家が被災している。『類聚三代格』の天安元年（八五七）四月の太政官符には、川上の「蔵屋舟船」などが洪水時には流されて橋脚

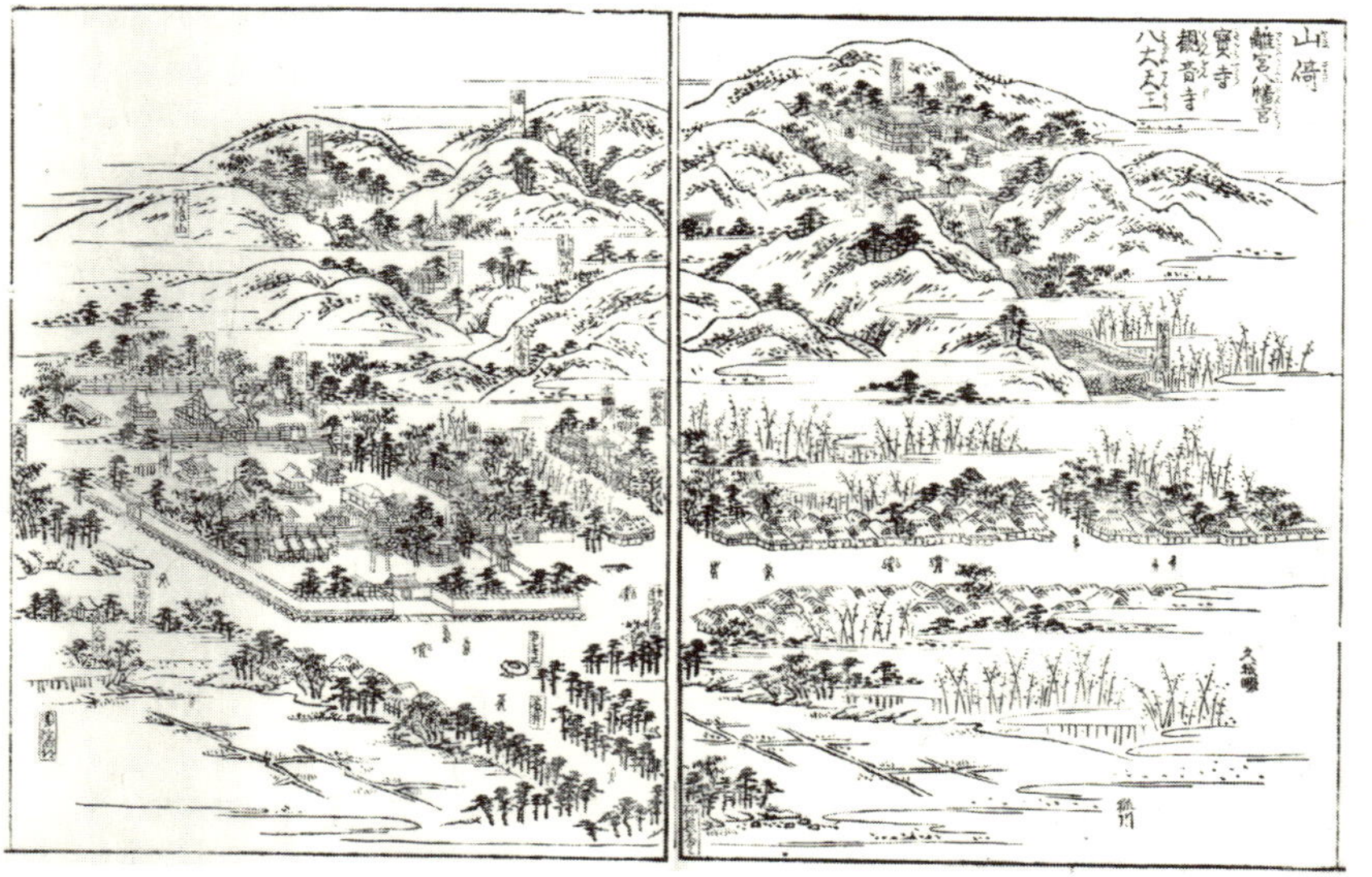

図七　山崎と離宮八幡（都名所図会）

を壊すとあり、貞観九年（八六七）七月の壹演の卒伝には、山崎橋に近い相応寺の辺りが、元々「商賈の廛、遂魚塩利之處」だったという記述がある。

紀貫之は土佐からの帰京に際し、承平五年（九三五）二月十一日に山崎に着き、同月十六日に船を降りた。その時の様子を『土佐日記』は、「山崎の橋見ゆ。うれしきこと限りなし。ここに、相応寺のほとりに、しばし船を止めて、とかく定むることあり。」と記し、相応寺の近くには柳が多く、山崎には店が並んでいたことも推定されている。

『将門記』によれば、平将門は皇居建設についての協議で「王城を下総国の亭南に建つべし。兼ねて檥橋《うきはし》をもって、号して京の山崎となし、相馬の郡大井の津をもって号して京の大津とせむ」とした。

平安時代中期までの山崎は、政治的にも経済的にも、遠方まで名の知られた畿内を代表する港湾都市であり、京の外港だったと言える。

しかし一〇世紀後半、この状況に変化がおこる。洪水の度に流される山崎橋の修復は、律令体制の弛緩に伴い困難になり、『日本紀略』の長徳元年（九九五）十一月に、一条天皇が石清水八幡宮へ行幸した時には淀川に橋が無く、数百艘の船で渡ったとしている。また山崎の国府関係の遺跡で発見される資料も九世紀中葉から一一世紀前半までの年代が考えられている。古代における重要な交通拠点としての山崎は、ほぼこの時期で歴史の表舞台から姿を消すと言って良いだろう。

これに代わって登場するのが淀である。文献に現れる淀津は、『日本後紀』延暦二三年（八〇四）七月の桓武天皇による「與等津」への行幸記事を初出とし、弘仁元年（八一〇）九月には薬子の変に際して宇治橋・山崎橋と共に「与渡市津」に兵が駐屯し、『続日本後記』の承和九年（八四二）七月にも、橘逸勢の謀反に備えて宇治橋・大原道・大枝道・山崎橋と共に「淀渡」が守られている。

また『三代実録』の貞観元年（八五九）正月には「與度神」が、同二年二月に「豫等比咩天神」が見え、『三代実録』の貞観十六年（八七四）八月には大雨で「与度渡」と山崎橋近辺で多くの家が流され、同年十二月には「姦猾の輩が城辺の地を好む」として山崎・与渡・大井などの津頭が検非違使の管轄下におかれている。そのため、その存在も山崎の成立からあまり遅くない平安時代初期に認められ、九世紀後半には山崎同様の繁栄を示していた可能性がある。

しかるに一〇世紀後半以降、淀は京の外港として、山崎より大きくクローズアップされてくる。『延喜式』巻二十六「主税上「諸国運漕雑物功賃」」をみれば、「與等津」は山陽道と南海道の各地から陸揚げされ、京へ車で運ばれる産物のターミナルとなっている。さらに同巻三十九「内膳司」には、奈良や久世郡の伊勢田周辺にあった那紀郷の御園から雑菜を運ぶ川船が「與等津」に置かれていたとされ、東大寺をはじめとする諸荘園と淀津との関わりについても西岡虎之助氏の研究から知られる。遠距離・近距離共に、水上交通の最重要拠点になっていたと言うことができよう。

一〇世紀後半に平安京の左京四条以北に、それ以外の地区と隔絶する権力の集中した空間が生まれた。また同じ頃、平安京では東市が衰退し経済の中心がその周囲の市町に変わった。さらに新城常三氏は、北陸と瀬戸内の国衙に付属

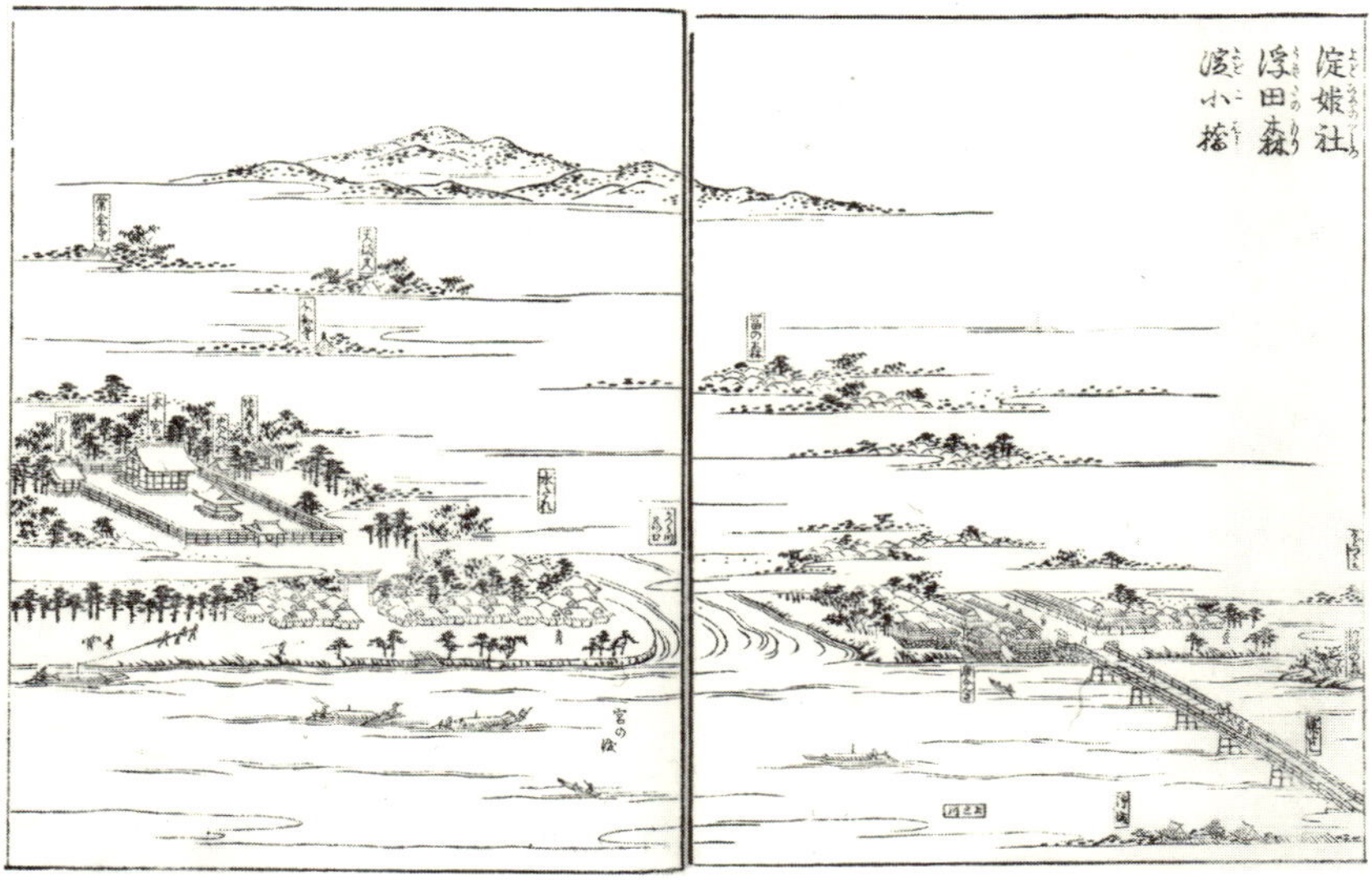

図八　淀と淀姫社（都名所図会）

する「船所」が十一世紀頃に出現することに注目して海上交通の変化を指摘する。京と西日本とをつなぐ役割を果たした場所が山崎から淀に変わったのは、まさにこの時期であった。

　その点でこの変化は、律令国家の象徴とも言える山城国府と、官道としての陸上交通路網の役割が、減少した結果であるという可能性も十分考えられる。

　ただし律令国家に代わって台頭し始めた摂関家とこの時期の淀が、どれほど強い関係をもっていたのかは明らかでない。ここでは、山崎が淀にネットワークの中心の座をゆずった時期と、平安京の都市の形に変化が生まれた時期が重なっていることに注意をしておきたい。

　とは言え、そんないわば新しい時代の流通拠点の象徴とも言える淀は、この後、山崎に代わって本格的な発展を始める。そしてそのきっかけは、桂川西岸にあった淀の、東岸を含めた地区への拡大であり、時期は平安時代の終わり頃であった。

　周知のように現在の淀は、淀城に代表される桂川の左岸に位置している。しかし、淀城跡に隣接して鎮座する現在の与杼《よど》神社は、淀川改修に際して明治三三年（一九〇〇）に伏見区水垂町から移転したものであり、当初の淀は、平安時代の瓦が採集されている桂川右岸の淀大下津町から淀水垂町の辺りにあって、現在とは場所が異なっていた。

たとえば『本朝世紀』久安三年（一一四七）二月二二日の記事にみられる近衛天皇の春日行幸のルートは、朱雀大路を南下して辰二點（午前七時半頃）に久我河原で駄餉（食事）をおこない、その後三〇分ほどで「淀津」に着き、輿に乗って浮橋を渡り、巳二點（午前九時半頃）に美豆の頓宮に着いている。美豆は現在の久御山町森の玉田神社から現在の淀の南西の範囲に推定されるため、明らかにこの時期の「淀津」は桂川の右岸にあったことになる。

したがって少なくとも平安時代に西国各地からもたらされた産物は、現在の淀ではなく、桂川右岸の淀水垂町辺りで陸揚げされ、おそらく久我畷を北上した後、鳥羽南西対岸の羽束師周辺で桂川を渡り、鳥羽作道を北上して京へ向かったというイメージを持つ必要がある。けれどもその「淀」が平安時代後期から末に現在の地まで中心を広げる。

その時期について田良島哲氏は、『御堂関白記』の寛弘六年（一〇〇九）十月五日の記事に見える「東西淀遣検非違使」や、『左経記』の長元元年（一〇二八）三月十四日の「早旦木津乗船、従東淀乗馬、入夜帰洛」の記事、そして延久四年（一〇七二）九月の荘園整理令に際して石清水八幡宮に出された太政官牒から、「淀」の「川原埼地」が桂川左岸の東淀の、さらに島之内付近に比定されるのが妥当であろうとし、その成立が遅くとも一一世紀後半に遡る可能性を指摘している。

すでに脇田晴子氏や小林保夫氏が明らかにしているように、淀津には一〇・一一世紀から内蔵寮倉庫と内膳司付属の御贄所と供御所がおかれていた。それがおそらく東淀への拡大期と前後する頃に、摂関家の淀左右散所がおかれ、藤原頼通が高野山に参詣した際には、「淀山崎刀禰散所」に板屋形船一一艘を造らせたという。また摂関家の年中行事に関わる一二世紀初頭成立の『執政所抄』にも「淀刀禰」が登場する。

そして『兵範記』仁安三年（一一六八）八月の条には「淀渡」に「問男」と呼ばれる運送業者の姿が見え、『玉葉』文治四年（一一八八）九月一五日は、「鳥羽南楼辺、并草津辺、依河水浅不能付船、仍於魚市乗船」とあり、小野晃嗣氏や豊田武氏の研究に代表される「淀魚市」が登場する。なお田良島氏はその場所を東淀島之内北端の小橋の畔と推定している。

一一世紀半ばに成立したとされる『新猿楽記』では、主人公である西京の右衛門尉の七番目の娘の夫が運送業を営み、東は大津、西は淀と山崎を交易範囲としていた。一二世紀に後白河院が編纂した『梁塵秘抄』の二六一には、「八幡へ参らんと思へども、賀茂川桂川いと速し、あな速しな。淀の渡に船うけて、迎え給へ大菩薩」という今様が見え、おそらく淀が巨椋池河口を渡る石清水八幡宮参詣の主要ルートだったことがわかる。先に掲げた貞応二年（一二二三）頃の記録とされる『海道記』の風景は、このようにして発展と拡大を遂げた淀の姿が背景にあったものとみて良いだろう。

問題は一〇世紀後半に京の外港となって後、東淀が成立することで大きく発展を遂げた淀の原動力である。その手がかりは、伊勢湾を代表する港町の大湊が、その背後に伊勢神宮の門前町である宇治山田をもっていたように、多くの場合、港はその背後にあった町とセットで考えられるところにある。

淀についてもそれは同様であり、さらに淀には二つの大きな背景があったことが指摘されている。ひとつは言うまでもなくすぐその北に位置する鳥羽離宮であり、もうひとつがその南西に位置した石清水八幡宮だった。

（二）石清水八幡宮とその門前

仁和寺にある法師、年よるまで石清水を拝まざりければ、心うく覚えて、ある時思ひ立ちて、ただひとりかちよりまうでけり。極楽寺、高良などを拝みて、かばかりと心得て帰りにけり。（『改訂　徒然草』第五二段　角川文庫）

鎌倉時代の随筆を代表する『徒然草』のこの段は、仁和寺の僧が石清水八幡宮の参詣に出かけながら、その麓にあった寺の極楽寺と摂社の高良社だけに詣り、肝心の石清水八幡宮に詣らずに、多くの人が山上へ向かうのを不思議に

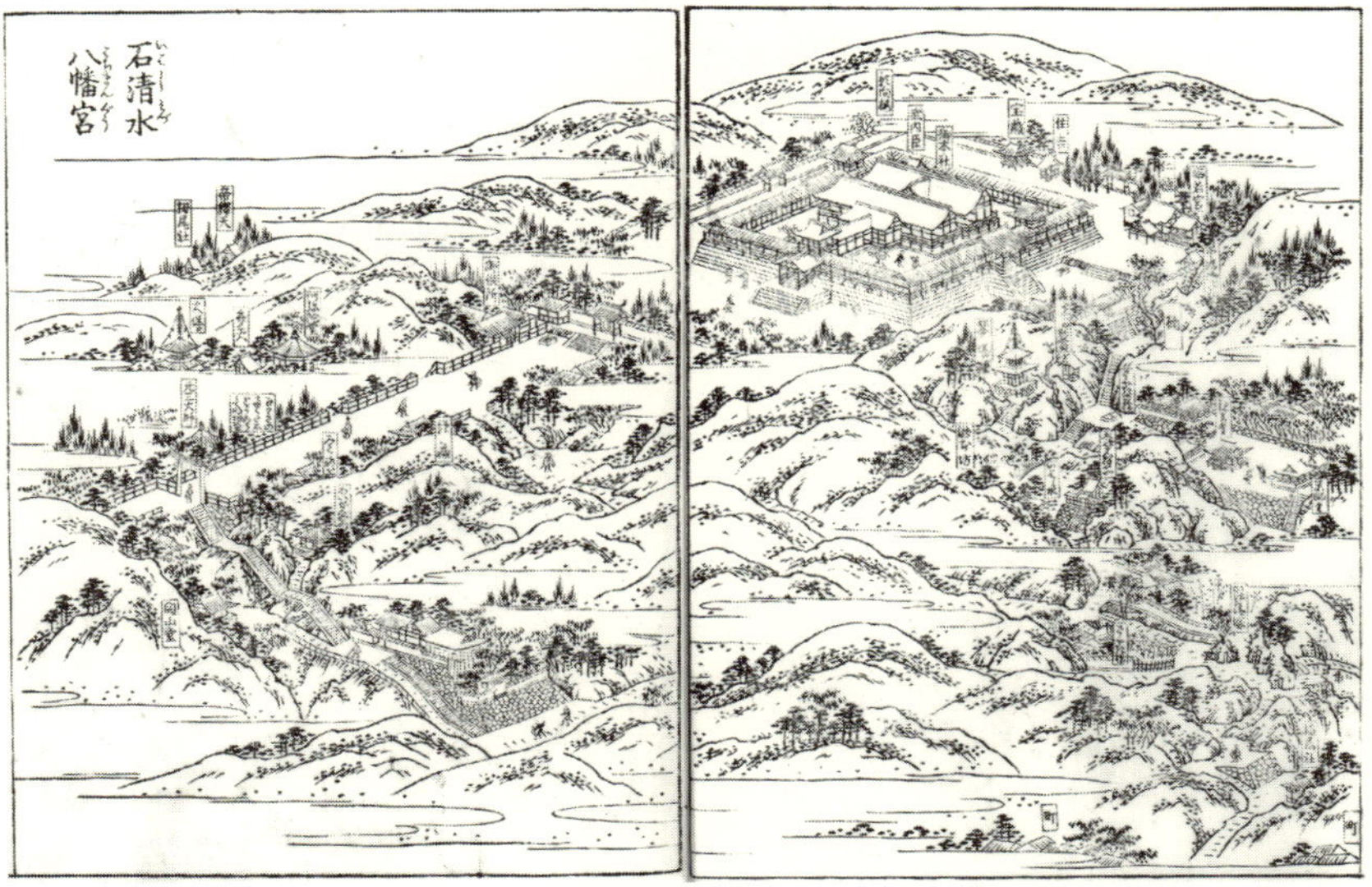

図九　石清水八幡宮（都名所図会）

思いながら帰ってきた話である。この段が伝える本来の主旨は「少しのことにも、先達はあらまほしき事なり」ではあるが、鎌倉時代の石清水八幡宮とその門前の繁栄を知る手がかりでもある。

石清水八幡宮は、南山城を流れる桂川・宇治川・木津川の合流点を北に見おろす、京都府八幡市の男山丘陵北端の山上に鎮座する。一方現在の山下には、一の鳥居と頓宮殿・極楽寺跡・高良神社などおかれるのみであるが、二の鳥居から三の鳥居までの間に護国寺跡や泉坊などをはじめとする多数の坊舎の跡が見え、その繁栄の跡をたどることができる。

『護国寺略記』によれば、その創建は貞観元年（八五九）に大安寺の僧であった行教が大分の宇佐宮へ参拝した際、八幡大菩薩からの託宣を受け、朝廷に勧請を奏請したことによる。

ただし中野幡能氏によれば、平安時代に入り天台教学と強い関係を持ち始めた八幡信仰は、すでに大同二年（八〇七）に行教によって大安寺に、天長元年（八二四）には神護寺に鎮守として勧請されており、この時期は「八幡信仰が多く仏僧の世界から天下に風靡」され始めた頃だったと言われる。

そんな中、天安二年（八五八）に文徳天皇が崩御し、藤原良房の娘明子を母とする清和天皇が即位する。良房は翌天安三年（貞観元年）に宇佐宮弥勒寺で一切経の書写を始めるが、直前に宇佐宮発向の宣旨を受けた行教が宇佐に詣で、八幡大菩薩から「近都移座、鎮護国家」の託宣を受けたのがその年の七月だった。

中野氏はこれらの経緯から、八幡神の勧請は、藤原氏の繁栄を願う良房の意図と、京都政府との密接な交渉を続けたい宇佐宮の関係を、（和気氏とつながりのあった）行教が調停することでできたものと考察する。摂関家との強いつながりをみることができるだろう。

そして、石清水に遷座された八幡神は、祭神である三柱の大菩薩・大帯姫・比大神が、応神・神功皇后・応神妃に比定されることで皇室の祖先を祀る宮とされ、天慶二年（九三九）頃には、伊勢に次ぐ高位の格を与えられ、一一世紀に入る前後から広範で積極的な活動を始める。

長和三年（一〇一四）には宇佐八幡宮寺の弥勒寺講師元命が石清水の別当に就き、その権勢を九州までのばす。一方源頼信以来、八幡神は源氏の氏神ともされ、康平六年（一〇六三）には源頼義によって相模国由比郷に勧請される。院政期に入ると石清水八幡宮と中央権力の関係はさらに強くなり、白河上皇は毎年三月に行幸し、天永三年（一一一二）には大塔が、大治三年（一一二八）には経蔵が建てられる。また鳥羽天皇の外戚となり、天承元年（一一三一）に権大僧都に補された検校光清とその孫の慶清の時代には、九州の弥勒寺・竈門神社・大隅正八幡宮も管掌下におき、ついには宮寺領が三三国一〇〇個所、極楽寺領が一五国三七個所を数えるなど全盛期を迎える。

藤原良房の強い意思によって勧請された石清水八幡宮は、一〇世紀中頃に中央政界での影響力を確立し、一一世紀以降は、西日本全体に大きな影響力を及ぼした一大勢力になっていったと言うことができるだろう。このような石清水八幡宮の歴史の中で注目されるのが、ほぼ同じ頃から、石清水神人《じにん》の淀での活躍と石清水門前の整備が始まったことである。

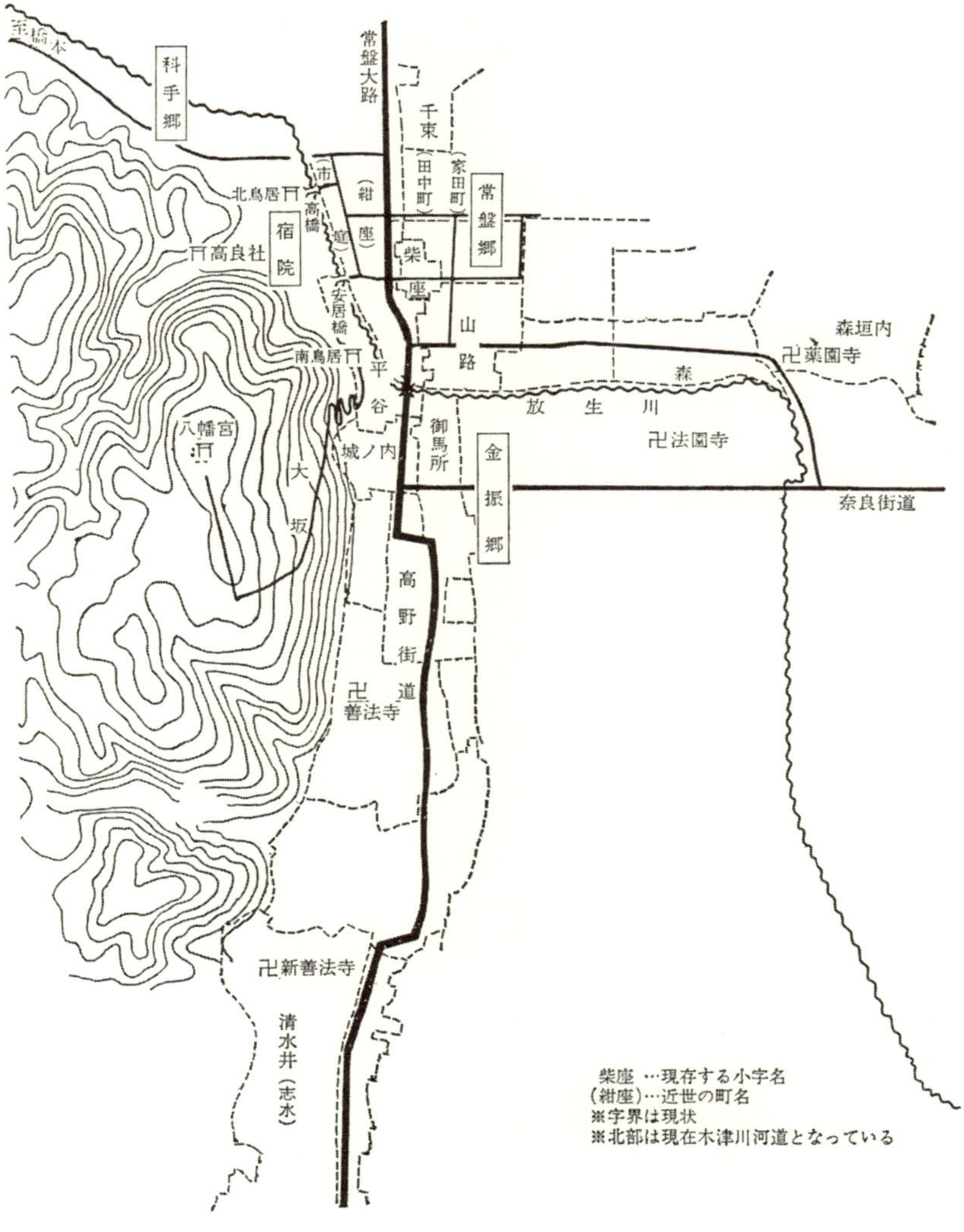

図一〇　石清水八幡宮門前図

田良島哲氏と小林保夫氏の研究によれば、最初に淀の住人として「宮寺神人」が史料に登場するのは延久四年（一〇七二）九月五日の太政官牒である。一二世紀に入ると、先に見た河原崎が保元三年（一一五八）に石清水領としてみられ、文永八年（一二七一）には石清水八幡宮の造営に用いる材木の類が淀で購入され、永徳三年（一三八三）には大山崎神人が計画した鹽商売新市に対して、「八幡宮淀魚市神人」が八幡宮社殿に閉籠し、放生会の抑留を企てるという事件がおこる。また小林氏は、淀津の石清水神人であった河原崎神人と淀庄神人のすべてが淀津の中継機能に深く関与しており、このうち河原崎神人は「東淀」を拠点とする魚市神人であった可能性が強く、淀庄神人は「西淀」拠点としていた可能性が強いとする。

石清水八幡宮と淀の関係は、延徳二年（一四九〇）三月五日の『大乗院寺社雑事記』に「淀は皆以八幡領、千間在所也」とまで記されることになるが、その源流は、このように一一世紀後半に成立した神人の活躍に遡るのである。

一方石清水八幡宮門前の姿については、田良島氏に加えて藤本史子氏の研究が詳しい。田良島氏によれば、八幡の空間構成は、大きく本宮のおかれている山上地区と山下地区に分かれ、さらに山下地区は、一の鳥居周辺の「宿院」と、その周辺にひろがる「科手郷」・「常盤郷」・「山路郷」・「金振郷」の境内四郷に分けられる。

このうち門前にあたる山下地区での最も古い開発は一一世紀中頃に遡る。『宝殿并末社等建立記』によれば、康平六年（一〇六三）に社務別当清秀によって宿院河原で牛市がたてられており、『宮寺旧記』には天喜三年（一〇五五）に隣接する高橋の架設も知られる。おそらくこの頃から、淀川堤から南下した常盤大路の西で、放生川に面する地区に、八幡宮が先導して商業ゾーンを設けたとして良いだろう。

一方境内四郷の登場については、寿永元年（一一八二）に源頼朝が鶴岡八幡宮勧請に際して御家人に代幣使を勤めさせたことに始まるとされる安居《あんご》神事にかかわる神人組織が手がかりとなっている。

科手郷は男山の北麓にあたるが、文治三年（一一八七）に安居頭人として科手大内蔵の名前が登場し、弘安四年（一二八一）には東の御幸道との出合に築地で囲まれた屋敷が設けられている。

常盤郷は、南境を安居橋筋として、北を淀川から美豆に面した地区で、放生川の東を門前の幹線道路である常盤大路が通る。ただし平凡社の『歴史地名大系』では南境を先の高橋筋とする。

この常盤郷周辺には、康治二年（一一四三）に社務慶清が住み、善法寺家と並ぶ二大社家のひとつである田中家を称した。『男山考古録』によれば、田中坊は一五世紀初めにおいて「一棟百坪之檜皮也」と記された大規模なものだった。郷の南境の評価によって、この屋敷が常盤郷に属したか、南の山路郷に属したかは異なってくるが、東の家田町に築いた家田殿とあわせて、安居橋筋の周辺が門前のひとつの核だったことに変わりはない。なお二〇〇六年におこなわれた八幡市教育委員会の調査では、山路地区から京都系のかわらけを多数廃棄した一二世紀代の池状の遺構が見つかっている。あるいは田中家に関係した館に伴うものかもしれない。

山路郷は常盤郷の南で、西と南は放生川を境として東へ細長くのびる。文治四年（一一八八）の安居頭人に山路大膳の名前がみえる。東の薬園寺では寛元年間（一二四三〜一二四七）に住人たちが境内での麹売買の専売権を受けており、同寺を中心とした集落の成立がうかがえる。

金振郷は北の境を放生川として南にひろがる。放生川に近い現在の法園寺はかつて園寺と呼ばれた。ここには、第二八代別当となった田中勝清が住み園殿と号して嘉応三年（一一七一）に没したが、園寺は、勝清の後裔にあたる宗清が三代の先師の墓所の傍らに建立した堂舎に由来する。郷の中心は志水町と言われ、建保元年（一二一三）に遡る正法寺がおかれる。また、第二七代検校の善法寺宮清にちなむ善法律寺には承久二年（一二二〇）の記録があり、藤本氏は安元二年（一一七六）に第三二代別当の祐清が、初めて大善法寺と号していることから、その頃には馬場町に屋敷が構えられていたと推定している。

藤本氏はこのような史料から山下地区の石清水門前の風景をまとめ、①一一世紀が、宿院に加えて薬園寺を中心とする森村や田中家が拠点とした園町および、高野街道と奈良街道の分岐点に生まれた志水町が発達する時期、②一二世紀中葉から一三世紀が、安居橋筋東の常盤郷と善法律寺を中心とした金振郷を中心に門前が再編成される時期、③

一四世紀代が「境内四郷」のまとまりが明確になる時期、④一五世紀代が近世につながる八幡の都市的な景観が作られていった時期と整理している。

中世前期の村落景観が、平安時代の分散的な集落景観に続くものであることは良く知られている。一三世紀以前の石清水八幡宮周辺の風景も基本的には同様であり、したがって一二～一三世紀の石清水門前が、一四世紀以降のような連続した街並みとは異なった、点在的で分散した風景だった可能性は十分考えられる。

けれども田良島氏が言うように、石清水八幡宮とその周辺には、文永八年（一二七一）の放生会の際の社殿修理や嘉元元年（一三〇三）の駿河三昧小塔の造営注文などから知られるように、神人や神人以外の人々を含めた多数の職人や商人が石清水八幡宮の運営に関わり生活をしていた。そしておそらくその構造は一三世紀以前においても大きく異なることはないだろう。そんな彼らの姿を物語る遺跡が、少し離れた集落の中から見つかっている。

佐山遺跡は、八幡市の東に位置する久御山町に所在する。京都府埋蔵文化財調査研究センターによれば、一一世紀終わり頃から一三世紀代まで続いた集落で、その一部から、幅七～八メートルで深さ一・四メートルの濠に囲まれた一辺約一二〇メートル規模の館が見つかった。濠からは鎌倉時代の腰刀が出土し、またその一角には「船着場」の施設と思われる遺構がみられ、木津川と巨椋池をつなぐ運河と排水を兼ねた大溝ではないかとも考えられている。「政所」と墨書された灰釉陶器や延喜通宝も出土しているため、この集落は、すでに平安時代から地域の拠点として存在していたことは明らかであり、さらに『石清水文書』の保元三年（一一五八）十二月三日の条にみえる石清水極楽寺領の中の「居屋狭山」との関係が推測されている。

上津屋遺跡は石清水八幡宮の東南東約五キロに位置する。この場所は、南山城を南北に流れる木津川が西へ屈曲して宇治川との合流点へ向かう位置で、また奈良を起点とする古山陰道が大住で山陽道と分かれて北進した延長上にあたる。対岸には久御山町の下津屋があり、木津川の川湊にふさわしい場所と言える。

八幡市教育委員会の調査によって見つかった遺物の量は一一世紀後葉から増加し、鎌倉時代後半には館を囲んだと

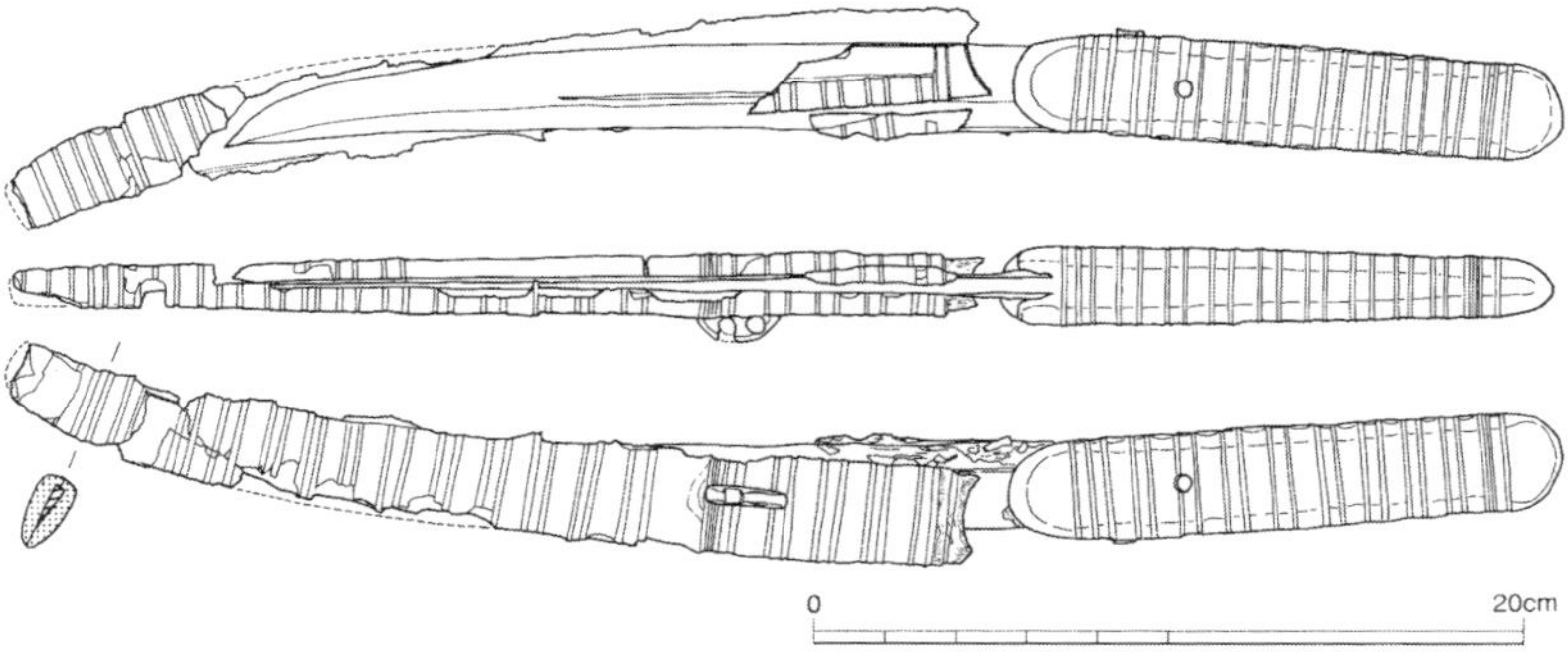

図一一　佐山遺跡出土の腰刀

思われる溝が現れ、室町時代には複数の館の並ぶ集落だったと推定される。

溝で囲まれた館の内部から、井戸・建物などと共に陶磁器・金属製品・木製品など多彩な遺物が出土しているが、なかでも注目されるのは、「足金物」と呼ばれる太刀飾りである。青銅の鋳造品であり、鍍金されている。類例は春日大社の沃懸地獅子文毛抜形太刀や和歌山県丹生郡比売神社の銀銅蛭巻太刀などで、鎌倉時代初期のものと考えられている。八幡宮坊人の中で祠官の社務宋清が太刀を持っていたことがわかっているが、この館の主人も同様な立場の人物であった可能性がある。

このように、平安時代終わりから鎌倉時代の石清水門前の風景は、男山丘陵の山麓だけではなく、より広い範囲で拠点となる村に住んでいた神人の存在を視野に入れて考える必要がある。ただし彼らにはひとつの共通点があった。佐山遺跡の館は船着場と推定される施設を持ち、上津屋遺跡は木津川の川湊だった。つまり水上交通のネットワークである。

石清水八幡宮には、その場所が畿内中心部の中で最も有名な水陸交通の要衝であったことが重要な要素として加わる。中でも一二世紀の石清水八幡宮は、先に見てきたように宇佐八幡や弥勒寺との関係を強く持ち、大きな影響力を瀬戸内海を含めて九州まで及ぼして

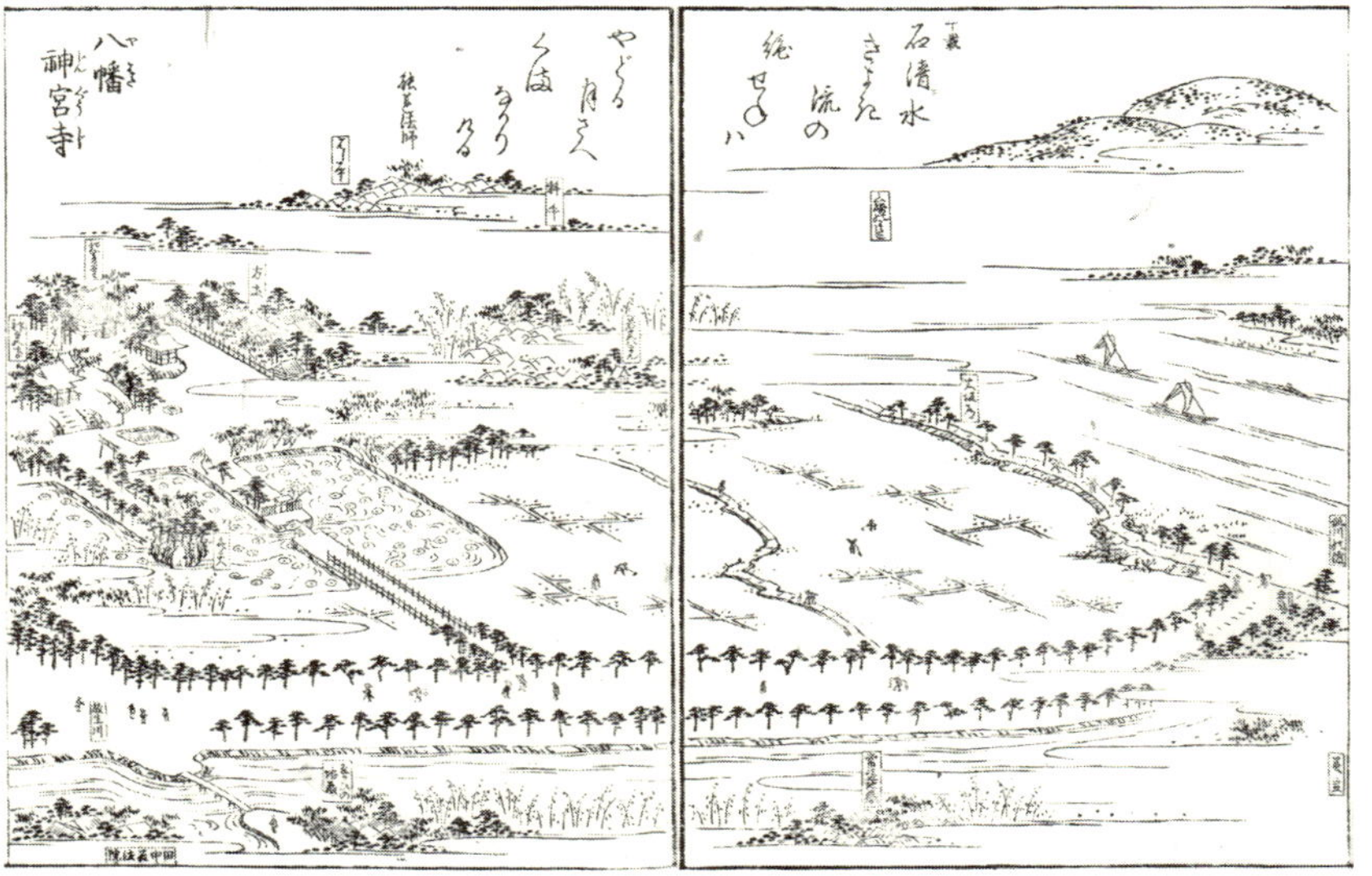

図一二　石清水八幡宮北麓と淀川（都名所図会）

いた。そんな石清水八幡宮にとって当然必要とされるのが水上交通の技術者だった。

田良島氏は、淀津の石清水神人が全て流通の中継機能に深く関与していたとし、小林氏は、永仁六年（一二九八）の記録から、八幡神人が所有する商売船の河川通行を指摘している。佐山遺跡の館の濠から見つかった船着場と推定される遺構が示唆的なのは、この点に関わる。しかるにこのような水上交通と同時に石清水八幡宮が最も重視したのは、瀬戸内海を通じて北部九州まで掌握していた海上交通のネットワークであったろう。

その点で注目されるのが、石清水八幡宮と東淀の間に所在する木津川河床遺跡である。現在の木津川は、男山丘陵の東を北流し、ちょうど石清水八幡宮の真北で淀川と合流しているが、この流路は明治初期の工事によるもので、江戸時代以前の木津川は、現在より北東の東淀南西を流れていた。

木津川河床遺跡は、この明治初期の付け替え工事によって埋没した河川敷とその周辺を指すが、京都府埋蔵文化財調査研究センターと八幡市教育委員会の調査

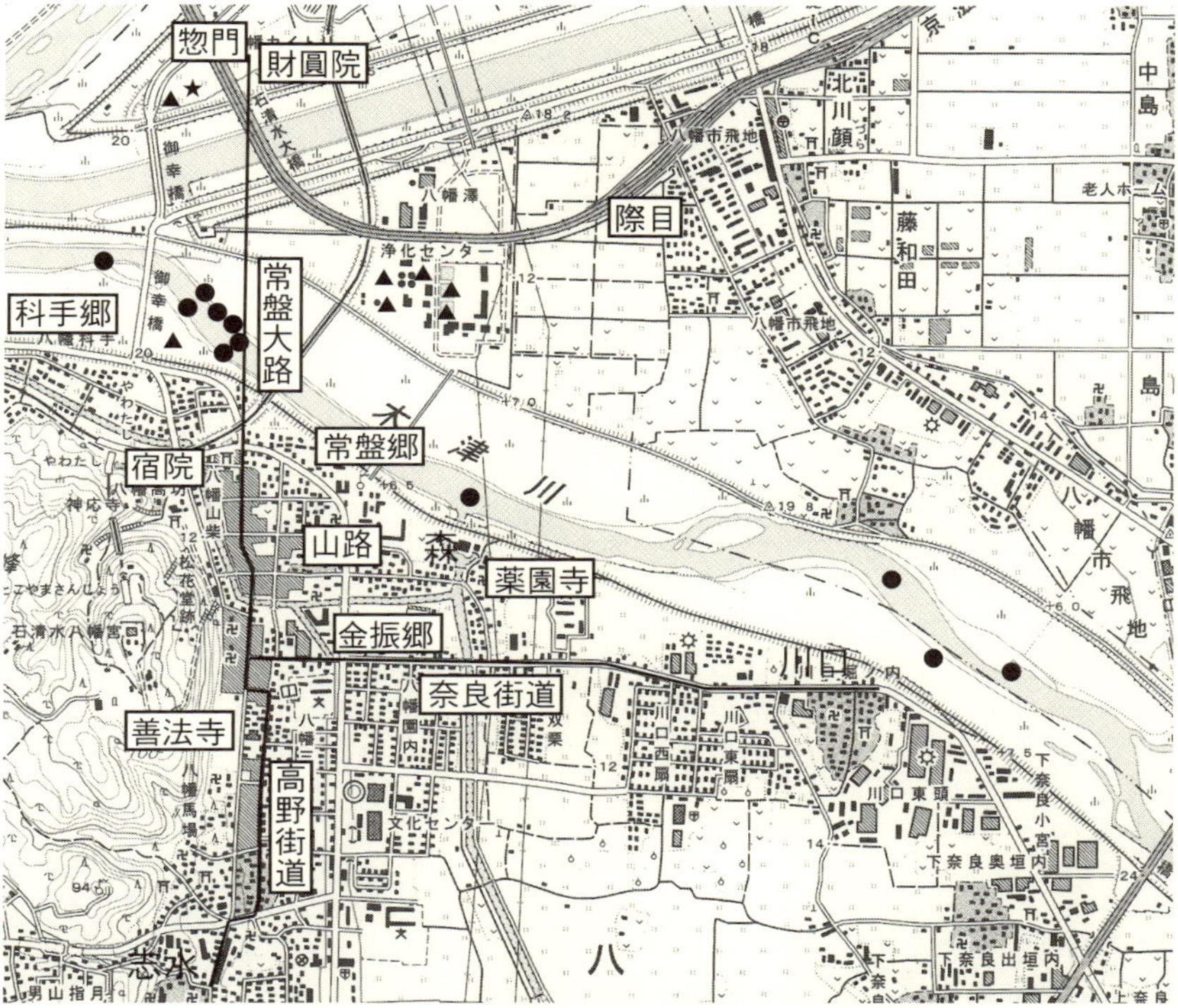

●は井戸、▲は12世紀後半から13世紀前半の遺物、★は13世紀の墓

図一三　石清水八幡宮門前の推定復原（国土地理院　1：25,000 淀）

により、この地区から古墳時代～中世の遺跡と遺物が見つかり、現在の木津川に架かる御幸橋からその北側にかけての空間が、古墳時代以降の人々の生活の場であり、中世前期には集落や墓も営まれていたことがわかってきている。

また採集された遺物の中で注目されるのが、一二世紀代の中国製白磁碗の量である。いずれも採集遺物であるために詳細な場所の特定はできないが、この一帯には石清水八幡宮と淀の間をつなぐ中世集落があり、そこでは、一般の集落を超える比率で中国製の陶磁器が使われていた可能性が考えられることになる。これはこの地区が、畿内中心部の中でも、海上交通のネットワークによって、より東アジアにつながっていた場所と考えられる条件になる。

さらに八幡市教育委員会の調査によれば、時期は特定できないものの、現在の木津川河床から多くの井戸枠が見つかっており、その分布が現在の御幸橋の東に集中している。

京阪電車の八幡市駅の真北にあたる現在の御幸橋の東には、弘安二年（一二七九）五月の「神輿入洛記」（『男山考古録』）に登場する「常盤大路」が南北に走っていた。この道は、室町時代には足利直義や義政の社参にも利用された八幡境内の幹線道路であるが、先に紹介した現在の木津川河床に残る井戸枠の分布は、この常盤大路に沿った場所に集中しているのである。

また八幡宮から常盤大路を淀川へ向かう途中に財恩寺《ざいおんじ》（財園院）と八幡惣門があったとされ、田良島氏はとくにこの常盤大路の惣門をもって八幡境内の内と外を画するランドマークだったとする。現在財恩寺の跡は、常盤大路の推定延長線上にあたる宇治川の北に「在応寺」という地名となって残っている。そして在応寺から北東へ向かえば、美豆を経て旧木津川を渡った先が東淀になる。

先に、田中家の屋敷が並ぶ安居橋筋沿いの一帯を、門前のひとつの核として見てきたが、八幡境内を示す象徴としての財恩寺または惣門の存在と井戸の分布、さらに一二世紀代の中国製磁器の存在をふまえれば、常盤郷の中心は、東淀にも宿院河原の市庭にもつながる常盤大路沿いにあり、そこが石清水八幡宮門前の最も大きな核だったとも考えられることになる。

中世村落の基本構造は「市」または「宿」と「館」あるいは「政所」といった、大きな二つの要素で整理される可能性がある。その意味で淀は、石清水八幡宮を「館」あるいは「政所」とした時の「市」または「宿」にあたり、一二世紀後半以降の淀の発展は、ひろく西日本に影響力を及ぼすようになった石清水八幡宮との関わりの中で成立した常盤郷と強く連動したものであって、それはそのまま伊勢の大湊と宇治山田の関係にもつながるものではないかと考える。

ただし淀も石清水八幡宮も摂関家の強い影響下にあった。したがって両者は合わせて、一〇世紀後半に左京の四条以北に出現した高級貴族の邸宅密集地区に対する巨大な京の外港とも位置付けられることになる。そしてこの巨大な京の外港に関わったのは石清水八幡宮だけではなかった。

二、鳥羽殿

> いかにおぼしめすにか、九条のあなたに、鳥羽といふ所に、池・山広うおもしろう造らせ給は、「下《お》りさせ給べき御心設《もうけ》にや」など申思へるに程に、十一月二十六日に、二宮に御位譲申させ給。（『栄花物語』巻第四十「紫野」（日本古典文学大系）岩波書店）

『栄花物語』は平安時代を代表する歴史物語で、赤染衛門の作と伝わる正編が村上天皇の代から藤原道長の死までを、続編が後一条天皇から堀川天皇の代までを記す。序章でとりあげた安和の変がその最初の巻であり、最後の巻で白河院政が始まる。まさに摂関家の興隆と衰亡の全ての歴史を描ききった作品と言える。

この文章は、その最終巻のなかでも、応徳元年（一〇八四）九月二二日に中宮賢子を失った白河天皇が、応徳三年に院政の拠点となる離宮を鳥羽に造営し、後に善仁《たるひと》親王（後の堀河天皇）に天皇の位を譲った様子を描く。

鳥羽殿（通称鳥羽離宮）は、白河上皇と鳥羽上皇が、現在の名神高速道路京都南インターチェンジの周辺に営んだ院の拠点で、そこはあたかも左京の四条以北の様に、多くの壮大な邸宅が密集して営まれた特殊な空間だったと推定されている。前項との関係で言えば、鳥羽殿の造営が始まった時期は一一世紀後半であり、淀では桂川左岸の河原崎が港湾機能を拡大し、石清水八幡宮はひろく西日本に影響力を強めはじめ、その門前では宿院河原の市庭が登場した頃にあたる。

造営時の模様を最も詳しく記している『扶桑略記』応徳三年（一〇八六）一〇月二〇日の条によれば、鳥羽殿は、九条以南の鳥羽山荘に新たに建てられた後院で、広さは一〇〇余町（約一キロ余四方）。近習や侍臣さらには地下雑人までも宅地を班給され屋舎が建てられ、その様子はさながら遷都のごとくだったと言う。

図一四　秋の山（南殿推定地）

この場所は、平安時代初め頃には宮廷貴族の狩猟の場とされ、『日本紀略』延喜元年（九〇一）九月一五日条には、藤原時平の「城南別荘（城南水石亭あるいは鳥羽水閣）」がみられ、一一世紀には、奇しくも安和の変の背景の一方の当事者であった小野宮実頼末裔の備前守藤原季綱が山荘を営んでいた。

鳥羽殿の造営は、これが白河天皇に献上されたことに始まり、藤原季綱は山荘を提供したことで重任され、高階泰仲は御所の造営で重任の宣旨を受けた。大がかりな造成工事で築かれた池は、南北八町（約九〇〇メートル）、東西六町（約七〇〇メートル）という広大なもので、蒼海を模して島をつくり、蓬山を写して岩を並べたその風景は、他に比べるものが無いほどの美しさだったという。

白河上皇は、一一世紀後半という時期に、何のためにこのような空間を鳥羽に築いたのだろうか。

鳥羽殿の造営以後、いわゆる院政の時代が本格的に始まる。それまで日本の政治は、左京の四条以北を中心におこなわれていた。しかしこの時期以降、政治の重要な拠点として、この地と鴨東の白河・法住寺の地が大きくクローズアップされることになる。

そのため鳥羽殿は、離宮であると同時に政治的な施設としての役割も担わされていたのであるが、これは古代都城の平安京と中世都市京都をつなぐ院政期の社会と京都の都市史を考える上で重要な意味をもつ。言い方を変えれば、そこには中世都市成立に関わる重要なキーワードが隠されていることにもなる。

それではあらためて、白河上皇は一一世紀後半という時期に、何のためにこのような空間を鳥羽に築いたのだろうか。京都の都市史にとって鳥羽殿はどのような意味をもつのだろうか。それを解き明かすために、文献と遺跡からアプローチされてきた、これまでの研究を振り返ってみたい。

（一）三つの地区と二つの性格そして金剛心院

①文献からのアプローチ

『中右記』・『兵範記』・『百練抄』などの史料から、検討されまとめられた鳥羽殿の意味は、村井康彦氏が『京都の歴史』第二巻で示した「三つのブロックと二つの性格」に代表される。

鳥羽殿の範囲は、東が現在の竹田駅、北西の端が名神高速道路京都南インターチェンジ、南はほぼ久我橋筋にあたると推定される。ただし、現在の鴨川の流路は江戸時代に整備されたもので、鳥羽殿時代の鴨川は、東高瀬川と一部重なりながら鳥羽殿の南を西へ流れて桂川に合流していたと考えられている。

この中に、御所と御堂をセットにした邸宅群が三カ所に分かれて造営され、それが三つのブロックと呼ばれた。

第一は現在の名神高速道路京都南インターチェンジ辺りに推定されている北殿と勝光明院、第二はその南の鳥羽離宮公園に推定されている南殿と証金剛院、第三が竹田駅の南西に一部が現存する安楽寿院および成菩提院と東殿である。なおこれらのブロックとは別に馬場殿と田中殿および金剛心院も史料に登場し、共に北殿に伴うものと位置付けられている。

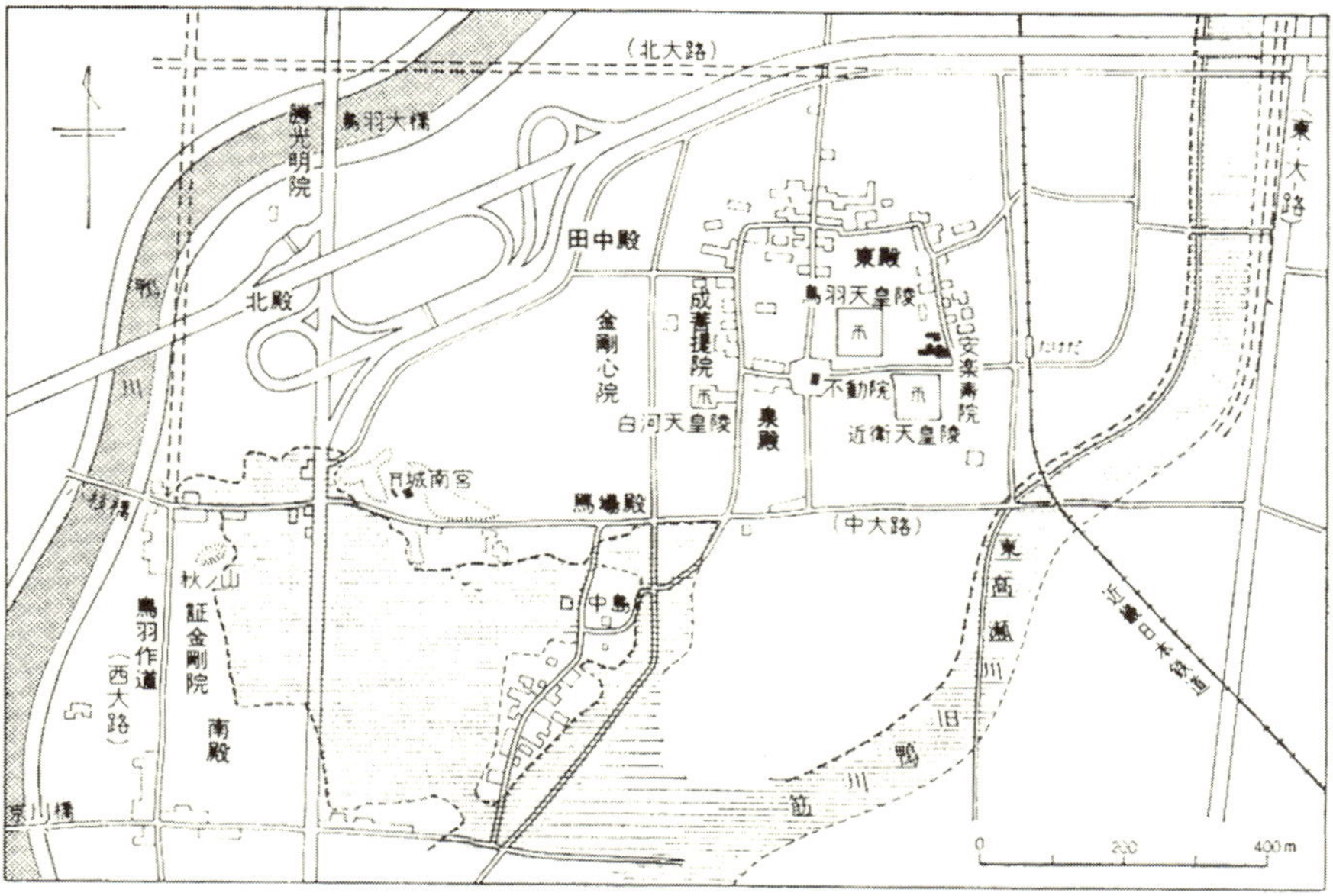

図一五　鳥羽殿とその御堂

また鳥羽殿内には、これらの邸宅群をつなぐ形で、西大路・北大路・中大路という三条の大路が走る。このうち西大路は朱雀大路を南下した延長上の鳥羽作道にあたり、鳥羽殿エリアの西寄りを南北に走る。北大路と中大路はこれに直交して東西に走る。また北大路と西大路の交差点には北楼門が、西大路の南端には南楼門が設けられ、石清水八幡宮や熊野へ参詣の際は、この南楼門の南から乗船することがあったとされる。

なお基幹道路だった西大路の西側で桂川との間には、白河院第一の近臣だった六条修理大夫顕季の直廬（館）がおかれ、この地区が院を支えた貴族の屋敷街だったとも言われる。

このように、鳥羽殿は白河上皇と鳥羽上皇によって整備された御所と御堂の組み合わせからなる複数の邸宅の集合体であり、頻度は減るものの、その後も利用され、最終的には南北朝時代の戦火によって荒廃し、その役割を終えたと考えられている。

一方鳥羽殿の性格については、それが院の離宮

図一六　鳥羽天皇陵

であったこととあわせて、西国受領の権益が反映された場所でもあったとする、二つの対照的な視点から検討されてきており、現在は美川圭氏と大村拓生氏がその代表と言える。

美川氏は鳥羽殿の造営事業を大きく二つの段階に分け、白河上皇時代を「後院」、鳥羽上皇時代を「王家の墓所」とし、あわせて王家の権門都市としての見方を提案している。

「後院」としての鳥羽殿の特徴は、「宗教勢力の統制を目的とした国家的法会開催」の場所として造営された法勝寺の白河地区に対して、院御所が次々と整備された寛治元年（一〇八七）の南殿から同六年（一〇九二）の泉殿完成までの期間に象徴され、そこでは、「王家の優越を示すという意味で政治的色彩をも」った様々な遊興（歌会・観月会・船遊び・競馬・騎射・流鏑馬など）が催され、さらに公的な院御所議定とは異なり、王家の家政についての公卿会議がおこなわれたと言う。

また史料に最も多く登場する施設は院の近臣の宿所であるため、鳥羽殿の景観とは、「白河院譲位後

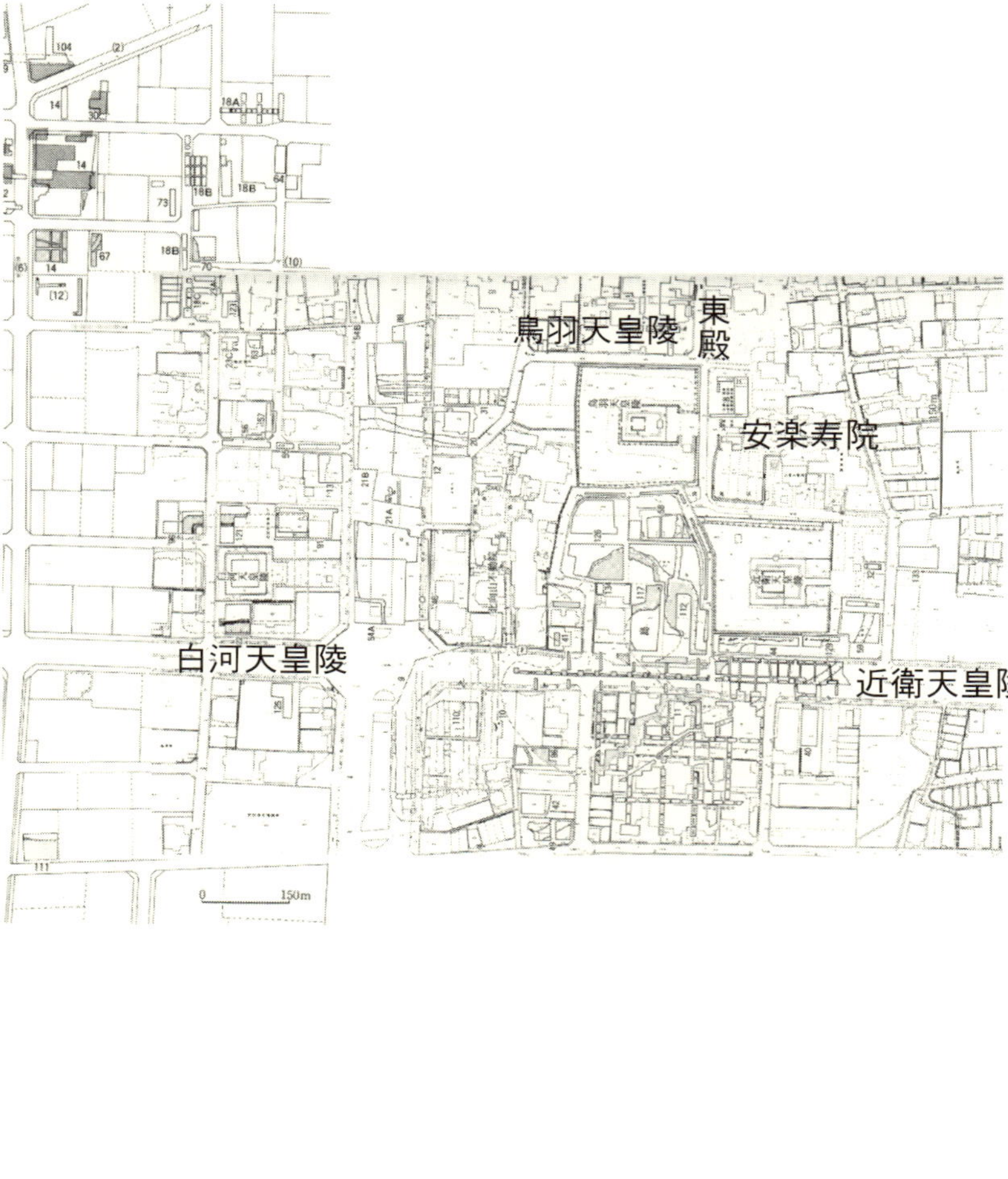

図一七　鳥羽殿跡調査地点図

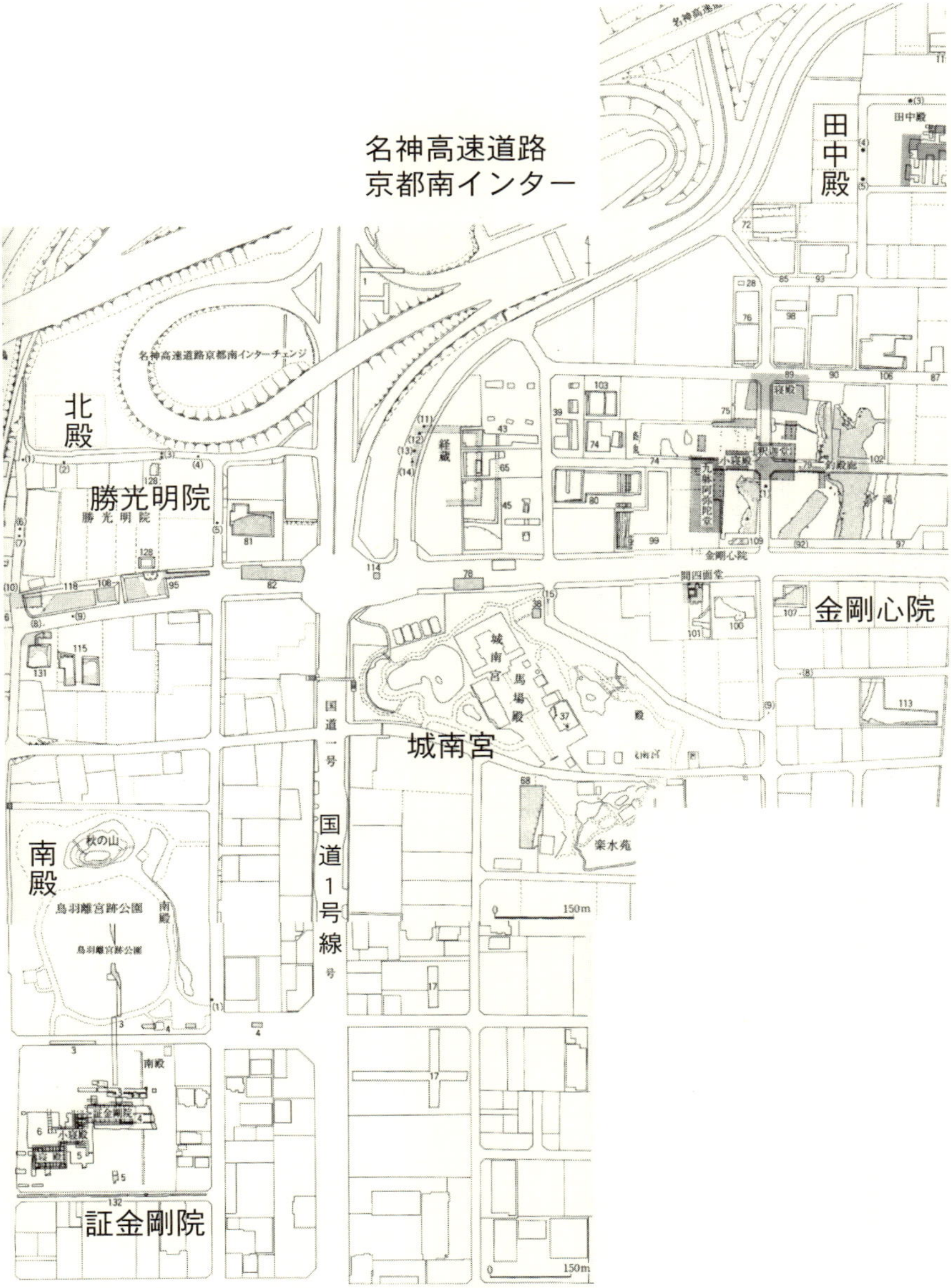
名神高速道路
京都南インター
田中殿
北殿
勝光明院
金剛心院
城南宮
国道1号線
南殿
証金剛院
名神高速道路京都南インターチェンジ
鳥羽離宮跡公園
楽水苑
0　150m

の御所として、当初遊興の場であり、御所の周辺には院近臣の宿所が路に面して配置され」た、「御所を近臣の邸宅が囲繞する王家の権門都市」だったと推定する。

続く鳥羽上皇期は、安楽寿院と藤原家成の造進による鳥羽陵に象徴されると言う。安楽寿院領は、鳥羽皇后の美福門院得子と皇女八条院に譲られ、その後の王家領の核となっていくが、それを支えたのが美福門院得子のいとこにあたる藤原家成だった。美川氏はその関係に注目して、鳥羽院による「墓所」としての意識が強まる中で、白河院政時代に活躍した藤原長実（得子の父）から引き継がれた院の近臣が、実質的な鳥羽殿の運営と管理をおこなったとした。

さらにその時に意識された「宇治の模倣は、鳥羽院政下での鳥羽上皇と（藤原）忠実の政治的連携を象徴するもの」で、それは院政期における王家と摂関家それぞれが独自の「権門都市」を創出しようとした結果ではないかとしている。

一方これに対して大村拓生氏は、水陸交通の要衝の地という鳥羽とその周辺地域の特徴に注目することで、鳥羽殿の造営背景を説明している。

鳥羽とその周辺は、永祚二年（九九〇）九月五日の『小右記』の記事から知られるように、鳥羽殿造営以前から淀川交通の要衝として知られていたが、藤原季綱と高階泰仲の鳥羽殿造営への関与はこれが前提にあって、おそらく鳥羽の周辺にあったであろう彼らの「倉」の権利保全をはかるためだったとする。加えて鎌倉時代の鳥羽については、宇治を背景とした岡屋津および、石清水と関連した淀によって、あたかも巨椋池を囲む形でネットワーク化される洛南の交通路の重要な一角を担ったともしている。

②遺跡からのアプローチ

名神高速道路京都南インターチェンジの建設を契機とした最初の調査は、一九五八年におこなわれた森蘊《おさむ》氏による五〇〇分の一の地形測量である。地形図の細部によれば、基本的に紀伊郡の条里によった地割がこの地区の全体を

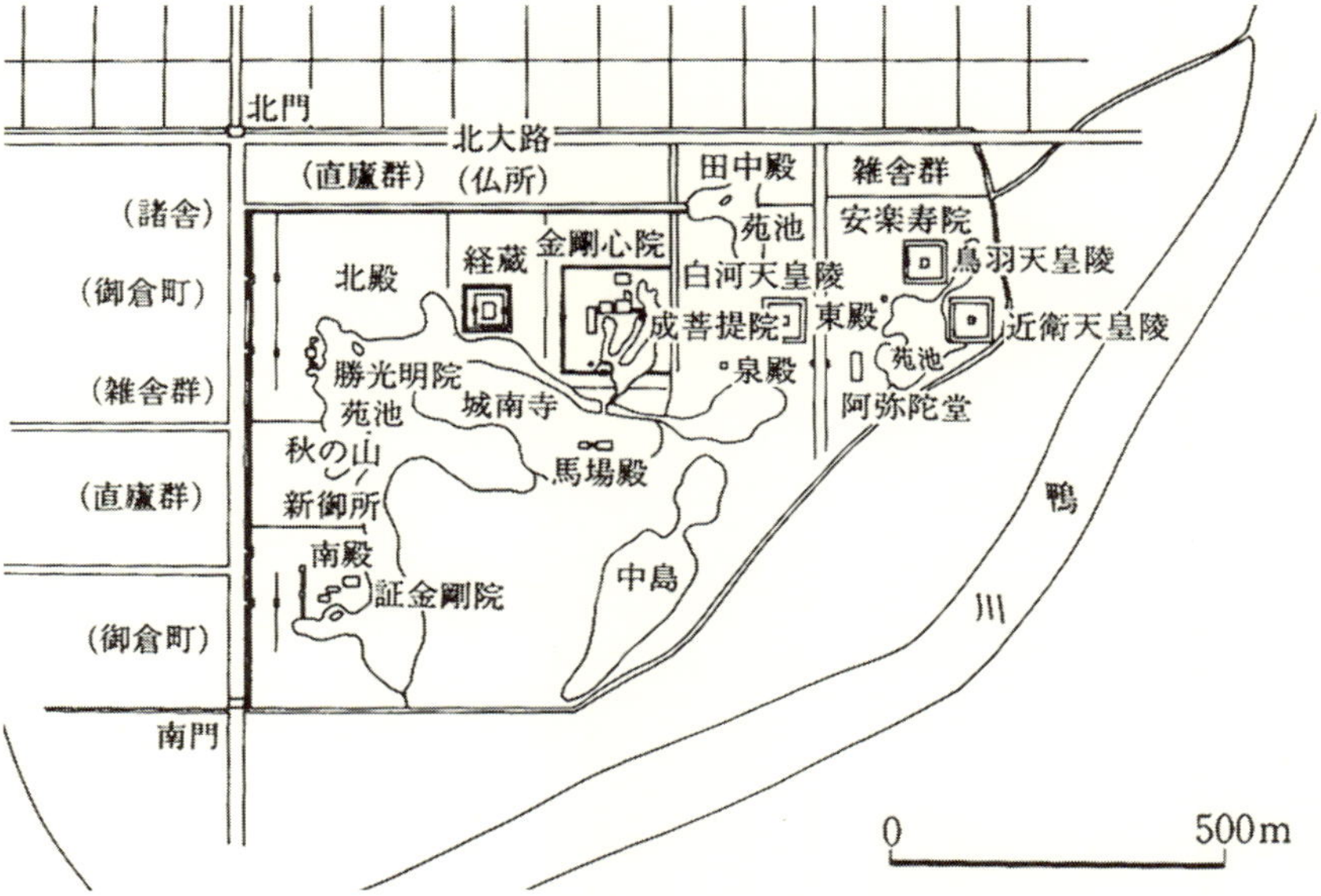

図一八　鳥羽殿概略図

覆い、これに旧鴨川の流路を思われる地形の跡がその南東をよぎる。またこれらの地割とは別に、北西―南東を軸とした城南宮参道が見える。

このうち現在もわずかに中世の雰囲気を残す中島地区は、その一部に舟入と呼ばれた場所を残すが、旧鴨川との関係で見れば、あたかも右岸の自然堤防とも言うことができ、城南宮の参道が、これに直交する関係となる。あくまで想像ではあるが、中島地区の東側中程にあったとされる「舟入」が実在したならば、城南宮の参道はこの舟入に向かってのびていたと考えられるかもしれない。

初めての発掘調査は、一九六〇年に杉山信三氏によってインターチェンジ内と中島堀端町でおこなわれた。ただし、このときは鳥羽殿にかかわる明確な遺跡は発見されなかった。

鳥羽殿関係の遺跡が見つかったのは昭

和三五・三六年の第二次調査で、田中殿町地点から田中殿の寝殿跡とみられる地業跡が発見された。推定される殿舎の東には池があり、瓦の出土が少ないため、建物は檜皮葺と考えられている。なお七二次調査で田中殿へ入る道が見つかっている。

昭和三八〜四一年におこなわれた第三〜六次調査の場所は、現在鳥羽離宮公園となっている秋の山の南で、南北の長いトレンチによって池の縁のラインがみつかり、さらにその南の拡張区から、廊でつながった雁行形の建物が発見された。その後の検討により、これらの遺構は寝殿・小寝殿・証金剛院と推定されている。

昭和四六年からは、白河天皇陵の東と安楽寿院の南側を中心に発掘調査がおこなわれた。このうち白河天皇陵の南東で中島地区の北東に位置する第九次調査区では、南北方向に玉石を積みあげた突堤状の遺構が並んで見つかった。これらの遺構は、当初船着き場と考えられていたが、その後同様な遺構が建物の基壇下で発見されたことにより、現在は大規模な地業の痕跡と考えられている。また白河天皇陵の第四六次調査で一一世紀後半の井戸と土坑が見つかり、泉殿と推定され、近衛天皇陵の南では新たな庭園遺構が確認されている。確かにこの時期の淀の様子を勘案すれば、鳥羽殿に大規模な港湾施設があったとは考えがたい。

なお、安楽寿院と鳥羽天皇陵の北側地区からは、平安時代から江戸時代にかけて営まれた建物跡が見つかり、史料に残されなかった鳥羽殿とその後の姿についても新しい情報が得られている。

昭和五三年以降は城南宮の北側一帯が調査され、このうち六五次調査を中心とした地区では、基壇建物と中門と南北四五メートルにおよぶ雨落溝が見つかり、勝光明院の経（宝）蔵と推定されている。さらにその東の七五・七九次調査区周辺では、後述する推定金剛心院跡のほぼ全域が調査され、史料との対比で個々の建物が検討されている。

昭和五八年以降は、国道一号線の西で秋の山の北が調査の対象とされ、苑地とその北から礎石建ちの二棟の建物および、西から基壇建物が見つかり、後者は勝光明院阿弥陀堂と推定されている。

五〇年近くにおよぶ調査によって、鳥羽殿を構成したそれぞれの地区で、さまざまな遺構と遺物が発見され、その全貌がようやく明らかにされつつある。その中で、現在最も注目されているのが推定金剛心院跡地点の調査である。これまでの鳥羽殿関係の研究は、北・南・東の御所と御堂に目が向けられ、金剛心院についてはあまり注目されることが無かった。

しかし調査の成果をまとめた長宗繁一・鈴木久男の両氏は、鳥羽上皇期の鳥羽殿のほぼ中心に位置するこの施設を重視して、鳥羽殿が①御所と御堂がおかれた政治空間・②諸司厨町空間・③墓空間に分かれ、なかでも墓空間は極楽浄土を意識した阿弥陀堂や不動堂によって聖域化されたもので、鳥羽殿とはこれらをあわせて創り出された新しい政治都市ではなかったかとした（図一八）。

両氏が提起した鳥羽殿の風景は、これまで一般に理解されてきたような御堂と御所の組み合わせによる三つのブロックとその付属地区からなる鳥羽殿のイメージとは異なる姿であるが、発掘調査で甦った壮大な金剛心院を軸にして、平安京との関係もふまえた重要な見方である。

このように、白河上皇が一一世紀に洛南の地に築いた鳥羽殿の意味は、文献史研究から、空間構造としての三つのブロックと、機能論としての二つの性格が、遺跡研究から鳥羽上皇期の金剛心院を中心とする姿が検討されてきていると言える。

もとより歴史の諸相は、つねに重層的で多様な側面をもっている。したがって、鳥羽殿にかかわる史料や資料から読み取ることの出来る姿を一元的に表現するべきではない。おそらくこれらの見方はなんらかの形で少なからず鳥羽殿が担っていた特徴だったと思われるからである。

けれども、そういった多様な側面が、鳥羽殿の全域で見られたのか、あるいは一部の場所の特徴だったのか、または全ての時代に見られたのか、あるいは異なった時期の特徴だったのかについては、明確にする必要がある。

とくにこれまでの研究で焦点となった、白河上皇期の鳥羽殿と鳥羽上皇期の鳥羽殿の違いについてはできるだけ明確に整理する必要があるだろう。また新たに明らかになった金剛心院と勝光明院経蔵周辺地区の意味も検討する必要がある。

これまでの鳥羽殿研究では、この二人の上皇と鳥羽殿との関わりを一元的に見ていたとも言える。したがってこれらの問題を明らかにすることができれば、現在復原されている多様な鳥羽殿の姿は、より実態に近い形で説明できる可能性がある。そこで次項では、それを直接反映した結果である遺跡と文献の詳細なデータをもう一度最初から掘り直し、それらを総合する作業をすすめてみたい。

（二）鳥羽殿関係遺跡を発掘する

鳥羽殿跡の発掘調査は、二〇〇六年までに一五〇次を数え、さらにこれに試掘等の調査が加わる。発見されている遺跡の時代は弥生時代から近世におよび、なかでも古墳時代では埋没古墳や集落の存在が知られ、鳥羽殿の地理環境を復原する際に重要な手がかりとなっている。また、鳥羽が鳥羽殿造成以前から交通の要衝であり遊興の地であったことを示すように、平安時代前・中期の遺物も出土している。

鳥羽殿成立以後は、調査対象の全域で遺構と遺物が見つかっている。ただし後に触れるように、大量に出土するのは瓦であり、具体的な生活の痕跡を示す土器・陶磁器は多くない。また遺構については、史料から、軟弱地盤の湿地に大規模な地業をおこない建物を建てていた例が知られ、その意味で鳥羽殿は、自然環境よりなんらかの規範に基づいて整備されたことがうかがわれる。そして一三世紀以降は、東殿地区の北に生活の場としての新たな中心が生まれることは多くの先学の指摘するところである。

ここでは、このような膨大な発掘調査の成果から、鳥羽殿造営期の情報を出来る限り読み込んだデータベースを作成し、それを白河上皇期と鳥羽上皇期に分け、それぞれの特徴を浮かびあがらせることを目指した。

鳥羽殿跡の調査地点から最も多く出土するのは瓦である。しかしこれらは白河上皇期と鳥羽上皇期の識別をおこなう資料としては、あつかいが難しい。また次に多く出土し、詳細な時期の判定に使われるのは土師器皿と瓦器碗であ

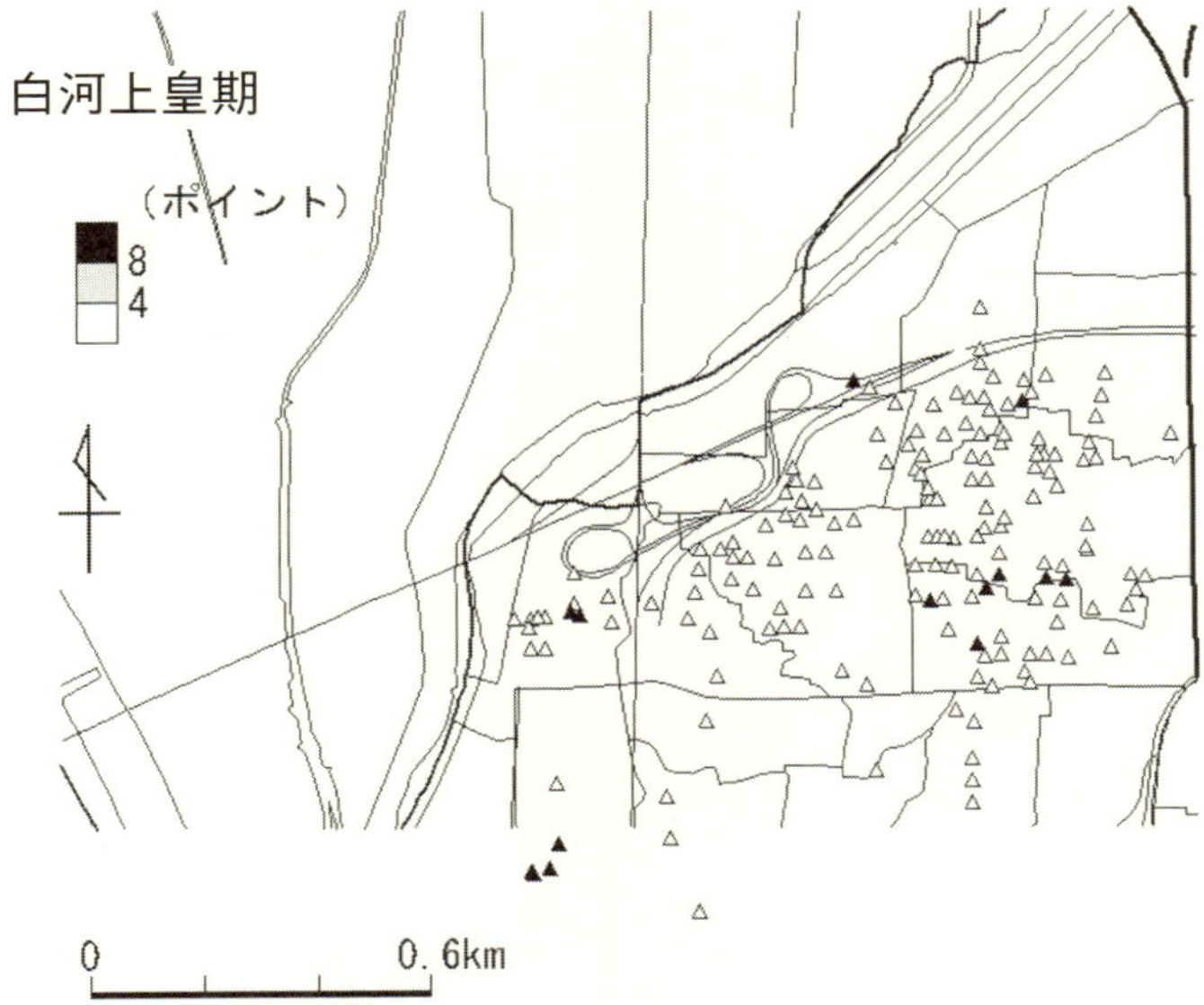

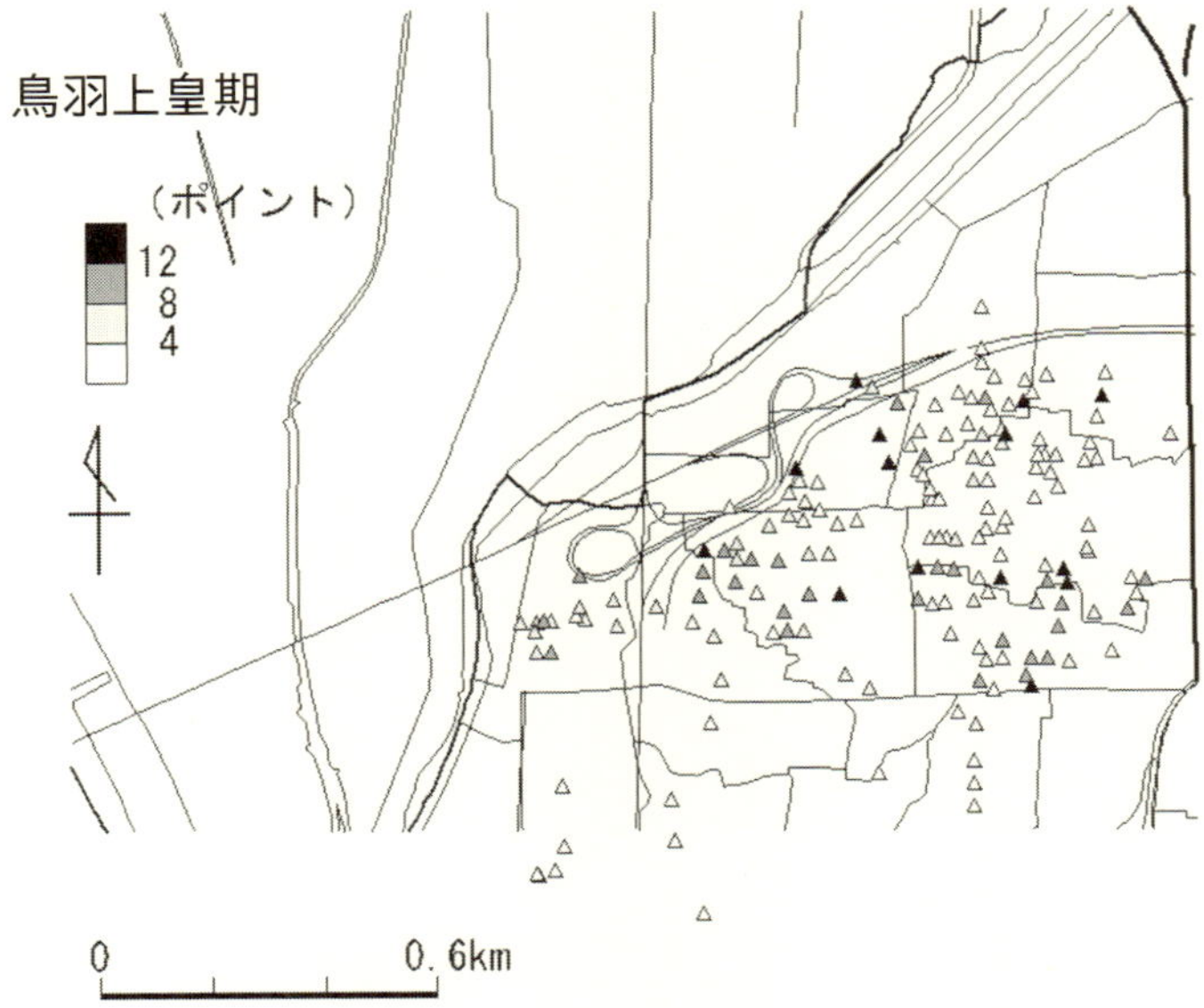

図一九　白河上皇期と鳥羽上皇期の出土遺物分布

る。しかしこれらの資料も、多くの場合細片で出土するため、時期の特定が困難な場合が少なくない。

これに対して灰釉陶器・緑釉陶器および山茶碗と東播磨系の製品は、おおまかではあるがその指標になる。ただし灰釉陶器と緑釉陶器は一〇世紀または一一世紀の製品が、山茶碗については一二世紀と一三世紀の製品も出土しているため、その一部は鳥羽殿造営の前か、鳥羽上皇より後の時代にあたる可能性も考慮しなければならない。

以下これらの条件を基に、谷謙二氏の地理情報分析支援システムＭＡＮＤＡＲＡで分布図を作成し、白河上皇期と鳥羽上皇期に違いに注目した検討をおこないたい。

①白河上皇期と鳥羽上皇期の中心地

ａ、一一世紀後葉から一二世紀初頭（白河上皇期）

この時期と判定された資料は少ない。また詳細な判定は難しいが、南殿推定地の諸調査もこの時期にあたると思われる。土師器皿などを指標とすれば、分布は鳥羽殿推定範囲の全域で見られる。ただし、北殿地区と南殿地区は、東殿地区より分布の密度が高く見て取れる。なお代表的な資料としては、北殿地区内の第九五次庭園地業内から地鎮具と推定される一一世紀後半の土師器皿が一括で出土しており、造営儀式との関係が検討されている。

ｂ、一二世紀前半から中ごろ（鳥羽上皇期）

報告された瓦器碗・土師器皿に加えて、畿内における一般的な出土傾向をもとに、山茶碗・白磁碗などもこの時期の指標になる可能性が高いとした。分布は明らかに東殿地区からその西側一帯を中心としている。

一般的に土器・陶磁器は、日常生活に密着した資料とされているが、そうであるならば、この時期の鳥羽殿は、白河上皇期の鳥羽殿より多様な遺物が見られる点で、「生活感」が増した空間だったと考えられることになる。またその時の中心は東殿だけではなく、その西側地区まで広がっていたことも推定できる。

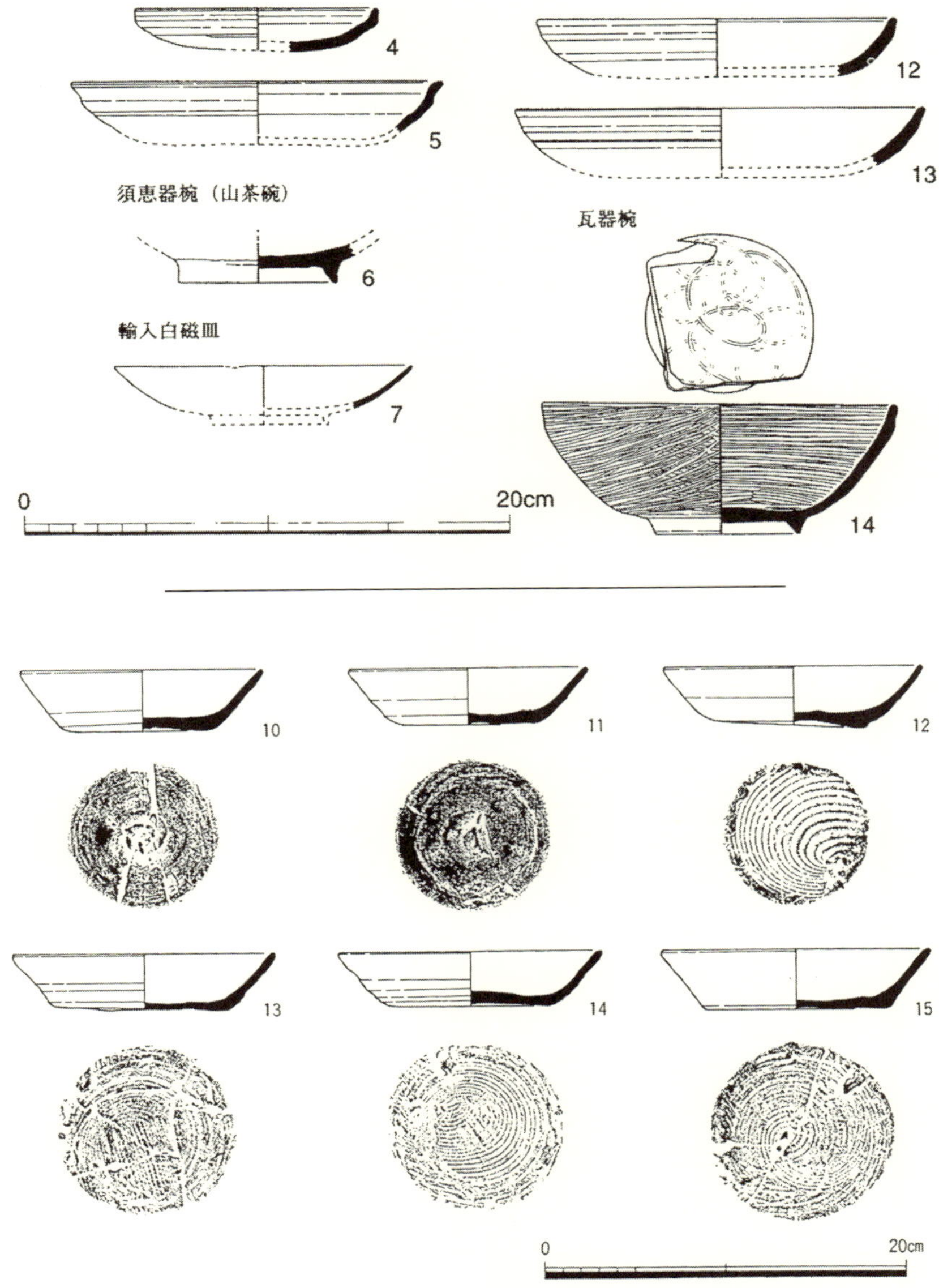

図二〇　141次地点の瓦器碗（上段）と130次地点のロクロ土師器

②鳥羽殿をささえた人々—瓦器碗・ロクロ土師器・瓦—

北向不動院西の第一四一次調査では、九世紀から一六世紀までの土器と陶磁器の破片数が数えられ、その中で鳥羽殿の時代は瓦器碗の比率が二五％と高い点が指摘された。

良く知られているように、平安京内における土器の主役はかわらけと呼ばれる素焼きの皿（土師器皿）であり、外面に煤を付着させて瓦質に焼き上げた素焼きの碗（瓦器碗）は、摂津・河内・和泉・大和といった平安京の外で多く用いられた製品である。その点で、上皇という平安京の主役が築いた鳥羽殿で、平安京内より多く瓦器碗が見つかることは矛盾した状況に見える。

これに対して調査者は、鳥羽殿が上皇の「後院」である前に、平安京の周辺という場所にあったこと、または鳥羽殿内で平安京とは異なった生活文化を持った場所があった可能性を指摘している。

これは鳥羽殿を考える上で、逆の意味できわめて重要な指摘である。基本的に瓦器碗は平安京から来た貴族とは関係の薄い食器であるため、それが鳥羽殿のどこでどのように見つかるかということは、上皇の生活ではなく、その周辺で実際に「後院」を支えていた人々がどのような人々であったのか、あるいは、そういった人々がどこに住んでいたかを知る手がかりとなるからである。

なお瓦器碗の分布は、鳥羽殿範囲の全域で平均的に見られるが、とくに多く出土する場所は東殿地区となっている。

一方、東殿地区に含まれる第四〇次・第一三〇次調査地点から出土したロクロ土師器は、また別の意味で鳥羽殿を支えた人々の姿を物語る資料となる。ロクロ土師器とは、平安京内の土師器皿が手捏ねでつくられているのに対し、回転台を利用してつくられたものを言い、中でもこれらの資料は、瀬戸内沿岸に起源を持つことがわかっている。さらにこれらは、平安京内でも左京五条二坊八町と左京北辺三坊一町などで知られる非常に稀な製品である。

鳥羽殿周辺におけるロクロ土師器の存在は、八幡市以西の木津川および淀川河床遺跡で知られており、淀津を終着点とする瀬戸内沿岸地域との交流を物語る資料として注目されている。したがって鳥羽殿におけるロクロ土師器の出

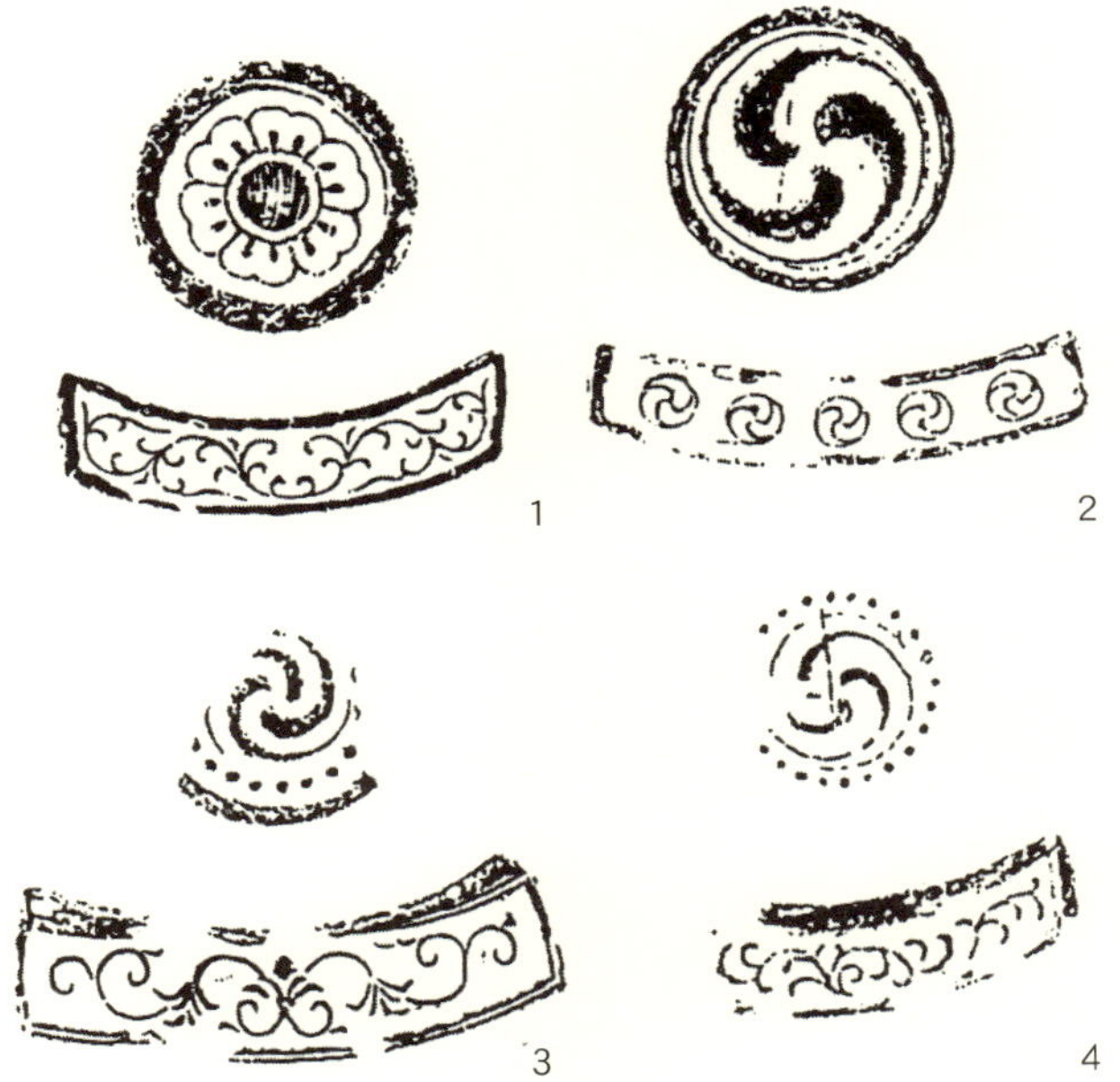

1：播磨系　2：讃岐系　3・4：尾張系

図二一　鳥羽殿出土の軒瓦

土も同様に、瀬戸内沿岸地域とのつながりを示すものと考えて良いだろう。

　ちなみに左京北辺三坊一町の調査地点は、現在の新町中立売北西の新町小学校にあたり、その北に一条通が走る。この調査では中世の区画溝や中国製の白磁四耳壺も見つかっており、承久三年（一二二一）一〇月三日の『百練抄』によれば、鎌倉時代の有力者であった西園寺公経の邸宅が、その北の「一条町」（一条大路と町小路の交差点）にあったことがわかる。極めて重要な点であるが、その詳細は次章以降におくる。

　そして京外から運ばれてきた瓦が、鳥羽殿を支えた人々に深く関わる資料であることは言うまでもない。これまでにわかっている瓦の産地は京都・播磨・讃岐・尾張・南都などで、とくに金剛心院跡では詳細な数量調査が行われ、瀬戸内を代表する古代窯業生産地の播磨と讃岐が中心的な位置を占め、さらに軒先瓦の主要生産地が播磨であるのに対して、非軒先瓦の主要生産地に讃岐が加わっているなど、播磨と讃岐のやきもの生産の特質を反映した姿が示されている。なお讃岐は最初の鳥羽殿造営に貢献した高階泰仲が守となった国である。

けれども金剛心院以外の地点で報告されている瓦の生産地では、瀬戸内と対照的な位置にある尾張が目立つ。尾張もまた古代窯業を代表する生産地であり、その意味で瓦の造進は、西国との関係のみには限定できないことになる。なおその分布も、おおむね東殿地区を中心としている。

一五〇次を超える発掘調査地点のデータの全てが網羅できたわけではなく、また白河上皇期と鳥羽上皇期の区別も明確にし難いところが多かった。そのため、白河上皇期の鳥羽殿については、明らかな特徴を提示することはできなかった。けれどもこれらの検討からも、鳥羽殿の遺跡群が一元的にとらえられるものではないことは明らかで、さらに「東殿地区を中心とした鳥羽殿」または「鳥羽上皇期の鳥羽殿」は、「瓦器碗」と「ロクロ土師器」、「尾張系の瓦」に代表されるような、「京都色の薄い」特徴をもち、しかし一方では「(白河上皇期)より生活感の濃い」空間であった傾向は指摘できると思う。

それではこのような鳥羽上皇期の鳥羽殿の風景に対して、白河上皇期の鳥羽殿はどのような空間と考えられるのだろうか。それを検討するために、文献史料に登場する鳥羽殿関係の項目を網羅的に見ていくことにしたい。

(三) 鳥羽殿関係史料を発掘する

鳥羽殿が実質的に機能したのは白河上皇と鳥羽上皇を中心とした時代だった。これを実年代に直せば、白河天皇は応徳三年(一〇八六)に鳥羽殿の造営を始め、大治四年(一一二九)に没し、鳥羽天皇は康和五年(一一〇三)に生まれ、保元元年(一一五六)に没しているから、鳥羽殿に関わる史料も、この期間を中心に見ていけば良いことになる。

鳥羽殿関係の史料は、『中右記』を始めとして、同時代の日記など多数知られているが、ここでは東京大学史料編纂所が公開している「史料綱文」「古記録」「平安遺文」のデータベースに、『院家建築の研究』・『城南』・『平安京提要』・『歴史地名大系』でとりあげている史料を加え、応徳三年（一〇八六）から元暦元年（一一八四）の間の記事について「鳥羽」などをキーワードにして検索し、一一〇〇件を越えるデータを得た。

これらのデータを元にして、最初に諸施設の初出記事を確認することで、白河上皇期から鳥羽上皇期にかけての鳥羽殿の空間構造の整理をしてみたい。

①施設の初出記事

初めて鳥羽殿の諸施設の詳細が知られるのは、『中右記』寛治元年（一〇八七）二月五日の白河上皇による「鳥羽水閣」への御幸記事で、これが後に南殿と称される施設である。したがって、その前年に書かれた『扶桑略記』や『栄花物語』に描かれた鳥羽殿の風景は、鳥羽上皇期にひろく展開した鳥羽殿空間に対して、その南西の一角から見たものとなる。

注目されるのは、同じ月の一〇日に、右大臣源顕房の古（久）河水閣を遊覧し帰京していることである（『中右記』）。後に触れるが、鳥羽殿の造営時期は院と摂関家が勢力争いをおこなっていた時期であり、村上源氏は院側の有力勢力と考えられている。そのため、この記事は鳥羽殿造営に際して村上源氏の荘園を意識していたことを推測させる。

なお、仁平二年（一一五二）三月七日におこなわれた鳥羽法皇の五十賀の記録により、南殿には寝殿と小寝殿・釣殿・中門・仏殿があり、南には池と中島をおき、滝が落とされ反橋が架けられていたことがわかる。

次に登場する施設は北殿である。『中右記』寛治二年（一〇八八）三月五日の白河上皇による「鳥羽殿新御所」への御幸記事で、一般的にはこれをもって北殿の初見とされる。

北殿に次いで登場する施設が馬場殿で、『中右記』寛治四年（一〇九〇）四月一五日に鳥羽殿馬場で競馬がおこな

図二二　白河天皇陵

われる。なお杉山信三氏は『兵範記』の仁平三年（一一五三）一〇月一八日の条から、馬場殿が金剛心院の南にあったことを指摘している。

　また同年には鳥羽殿には院の生活を支えた人々の居宅も登場する。『中右記』寛治四年（一〇九〇）一月一六日の記事には、上皇が前日に鳥羽御精進所《そうじどころ》に御幸した際に、藤原師信朝臣の「直廬」が見える。なお精進所は、とくに熊野詣に際して心身を清める場としてその後もしばしば見られる。

　後に述べるように、鳥羽殿は白河上皇期と鳥羽上皇期で姿を変える。鳥羽殿内の諸施設もこれに応じて変化しており、鳥羽殿の構造がわかりにくい原因のひとつがここにある。次に登場する泉殿も白河上皇期では見られるが、鳥羽上皇期では見えない施設のひとつであり、その成立は寛治六年（一〇九二）と承徳二年（一〇九八）の二つの見方がある。

　寛治六年は『中右記』二月一七日と四月一五日に「新御所」の記事が見えることで、杉山信三氏はこの新御所の候補に泉殿をあげている。

承徳二年は『中右記』四月二日に、丹波守高階為章を工事担当として閑院の舎屋を鳥羽殿へ移す記事によるものである。この新造御所について、村井康彦氏は（北殿の）泉殿とし、景山春樹氏は田中殿としている。ただし「田中殿」は、関連する記事の頻出が長承三年（一一三四）以後であるため、この時期に存在していたとは考え難い。一方「泉殿」については、その場所が後に「東殿」の「成菩提院」になっているため、これまで「北殿」とした記事と矛盾するとされてきた。しかし、「東殿」が史料に登場するのは天仁元年（一一〇八）であることから、この時はまだ「東殿」が存在しておらず、後の「成菩提院」の場所が「北殿」地区と意識されていた可能性もある。

ちなみに康和五年（一一〇三）八月二二日の『為房卿記』には鳥羽殿侍の人数が百人で、その内訳は北殿七五人、南殿一七人、泉殿八人とあり、北殿と泉殿が分けられており、東殿は出てこない。

鳥羽殿の道の記事は施設より遅れて登場する。『中右記』承徳元年（一〇九七）二月一六日に鳥羽殿の西大路から桂川に向かう二つの道があり、ひとつは藤原顕季の直廬の北の路で、もうひとつはその北の路とあり、このうちのひとつが北大路と推定されている。ただしこの路は西大路より西であり、東へのびる「北大路」が記録に登場するのは、東殿の安楽寿院新御堂の供養を記した『本朝世紀』久安三年（一一四七）八月一一日以降であるため、西大路より東の成立は鳥羽上皇期に入ってからとも考えられる。

さらに鳥羽殿と水上交通関係の記事も登場は遅く、『台記』の久安六年（一一五〇）八月三日の「鳥羽南津」以降である。

なお中大路は、康和五年（一一〇三）一一月五日の『中右記』に見え、この時は法皇が中大路を経て、西大路の西にあった顕季の直廬へ行っている。

これ以後、御堂関係の記事が登場する。

南殿の証金剛院は、『長秋記』の康和三年（一一〇一）三月二九日の記事により、白河上皇の発願で越前守藤原家保の尽力により落慶供養がおこなわれている。丈六阿弥陀仏を本尊とする大御堂で、東塔の金物の経費を備後・近

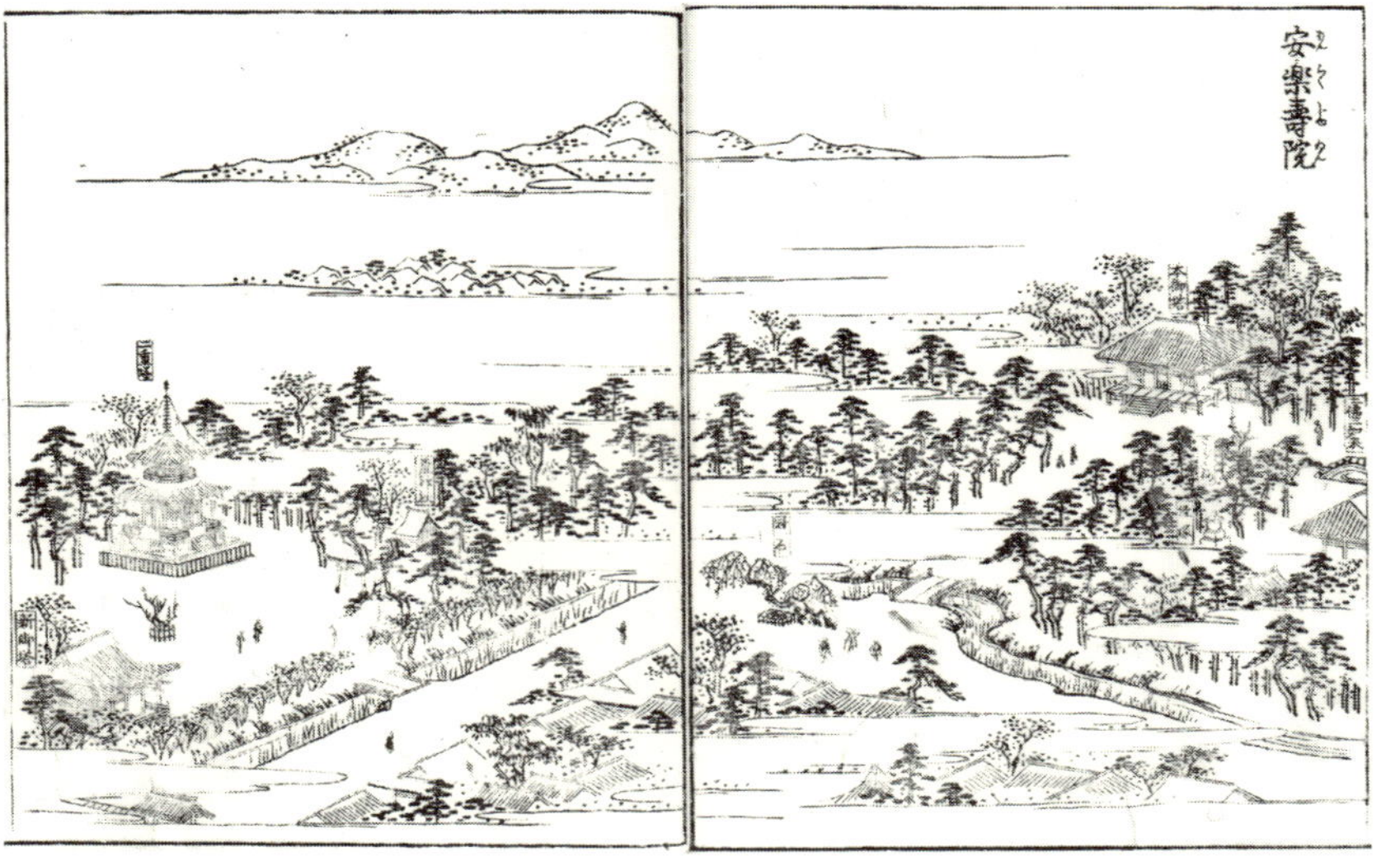

図二三　安楽寿院（都名所図会）

江・播磨・安芸が、西塔の金物の経費を伊予・讃岐・阿波・周防が負担した。

城南寺の初出は遅く、『中右記』の康和四年（一一〇二）九月二〇日に鳥羽城南寺で明神御霊会がおこなわれたという記事に登場する。

東殿の初出は『中右記』の嘉承三年（天仁元年 一一〇八）六月三日条で、白河上皇が三重の塔を建てるために東殿を探索している。この時まわりが木々で囲まれた場所を選んでおり、東殿地区は未開発地だったことがわかる。

なおこの直後に東殿に塔が続いて造営される。天仁二年（一一〇九）八月一八日には、伊予守藤原基隆の寄進により白河上皇の陵墓とする三重塔造営供養がおこなわれ（『殿暦』）、天永二年（一一一一）三月一一日には、播磨守藤原長実が多宝塔を造営（『殿暦』）、天永三年（一一一二）一二月一九日には上野介藤原邦宗が多宝塔を造営する（『殿暦』）。

成菩提院は、『長秋記』の天承元年（一一三一）七月八日の記事によって、泉殿の跡に造営されたことがわかる。建物は三条烏丸御所の西の対屋を平忠盛が移築したもの

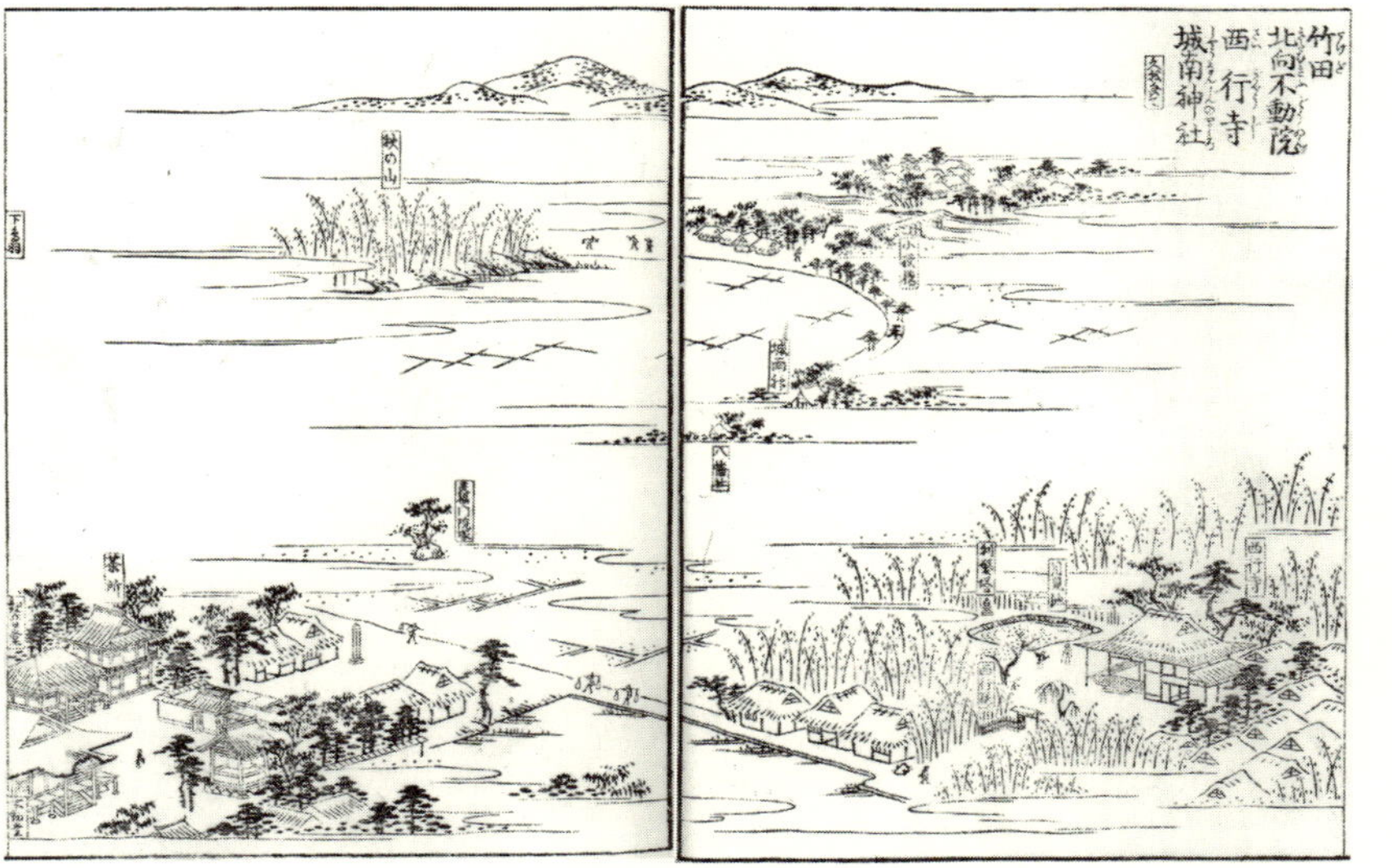

図二四　城南神社（都名所図会）

で、七間四面で孫庇をもつ白河法皇の墓所御堂だった。また三重塔を向き、南面していたとも言われる。

北殿に造営された勝光明院は、『拾芥抄』などに保延二年（一一三六）三月二三日の供養として見える。鳥羽上皇が長承二年（一一三三）から北殿の東に計画をすすめ、造営は伊予守藤原忠隆が命ぜられ、実際の工事は源師時があたった。御堂は東に池が掘られ、宇治平等院を写した瓦葺き二層の一間四面であったという。造営には近江・山城・尾張・大和・和泉・伊賀・土佐・三河・下総などに課役され、景山氏は南殿の苑地造営に次ぐ大工事だったと推定する（『中右記』『本朝続文粋』『長秋記』）。

勝光明院経蔵は、『長秋記』の長承三年（一一三四）八月一八日の記事に見える。その場所は田中に面した北殿御所の釣殿の東で、水害のおそれがある所でもあったため、堤防を築く相談がされている。ただし現在勝光明院経蔵跡とされている地区からは、古墳時代の遺跡も見つかっており、この記事が示す水害が何によるものかはわからない。

保延三年（一一三七）一〇月一五日以後、安楽寿院関係の記事が連続する。この日、鳥羽上皇没後の菩提所となる安楽寿院で、右兵衛督藤原家成の造営による落慶法要がおこなわれ（『中右記』『百錬抄』）、保延五年（一一三九）二月二二日には、鳥羽上皇の納骨所として藤原家成が三重塔（本御塔）を造進している（『百錬抄』）。

また安楽寿院には、新しく造られた付属の御所もあったようで、『台記』の久安元年（一一四五）一二月一七日条に「東御所」がみえる。位置は現在の北向不動院の北あたりに推定されている。

さらに『本朝世紀』の久安三年（一一四七）八月一一日条には、鳥羽新御堂供養とあり、美福門院が安楽寿院御堂の南に周防国藤原賢頼の造進で九体阿弥陀堂を建立している。

なお現在の北向不動は、『兵範記』の久寿二年（一一五五）二月二七日に「安楽寿院中不動明王堂」として見え、藤原忠実が鳥羽殿鎮守のために、東殿御所の東庭に建立したとされる。

安楽寿院にともなう堂舎造立の最後は、美福門院の御蔵骨のために建立されながら、後に近衛天皇の骨が納められることになる新御塔で、『安楽寿院由緒記』によれば、保元二年（一一五七）一二月二日の供養とされる。

現在も地名の残る田中殿は、『兵範記』の仁平二年（一一五二）六月四日の記事に、出雲守経隆朝臣が造進した鳥羽殿北田中桟敷御所へ御渡とある。また法皇・美福門院も同新御所へ御幸しており、八条院の御所とも考えられている。田中殿の南に推定されている金剛心院は、『兵範記』の仁平四年（一一五四）八月七日に鳥羽田中新堂または鳥羽新堂としての供養記事がある。備後守藤原家明が九間四面の九体阿弥陀堂を造営し、播磨守藤原顕親が三間四面の釈迦堂を造営した。

そして保元元年（一一五六）七月二日、鳥羽法皇は安楽寿院で没し、さきの本御塔に葬られる。応徳三年（一〇八六）に始まった白河上皇と鳥羽上皇による鳥羽殿の造営事業は、ここに幕を閉じることになった。

これまでも指摘されてきたことではあるが、最終的には、鳥羽殿内の諸施設が複数のブロックと御所・御堂の組み合わせで構成された景観を見せてはいるが、実際には、白河上皇による御所の優先的な造営と、鳥羽上皇による御堂と塔の優先的な造営の結果だったことを確かめることができる。

ただし史料を詳しく見ていくと、それとは違った面が見えてくる。応徳三年（一〇八六）に始まった白河天皇の鳥羽殿造営は、もちろん鳥羽殿全体の工事ではない。大規模な工事ではあったが、あくまで南殿を中心としたものであり、『栄花物語』や『扶桑略記』の記述はその目で見直す必要がある。

次の工事は北殿と、おそらく城南宮付近につくった馬場殿および泉殿だが、馬場殿も泉殿も小規模で自立した施設であったかどうか疑わしい。大規模な事業は再び南殿に戻った証金剛院の造営で、最後がまだ未開発地であった東殿地区に建立された墓塔になる。また街路についても、白河上皇期は西大路とその西側地区についての記事が見られるのみである。したがって白河上皇の鳥羽殿の景観は、鳥羽作道に沿った南北を軸としたものと言える。

一方、鳥羽上皇期は積極的な東殿地区の整備を特徴とする。白河法皇墓所御堂の成菩提院を造営した後、北殿の勝光明院関連の工事を始める。宇治の平等院を意識した経蔵をふくめ、その規模は南殿に次ぐものだったと景山氏は言う。また経蔵は御所の釣殿の東に建てられたため、北殿地区は東に拡張されたとも考えられる。

さらに上皇は東殿地区に安楽寿院と御所および本御塔を造営し、田中殿の南には、九間四面の九体阿弥陀堂を中心とする金剛心院を建立する。西大路から東への路が付けられるのもこの頃となる。鳥羽上皇によるこのような一連の造営事業にこれによって、北殿から東殿までは連続した空間となる。したがって鳥羽上皇の鳥羽殿の景観は、東西を軸としたものと言えるだろう。

白河上皇と鳥羽上皇の鳥羽殿に対する関わり方には、白河上皇＝御所、鳥羽上皇＝御堂という違い以外に、北殿・南殿・東殿の組み合わせや構成の違いもあった可能性がある。

問題は、この違いの意味である。ここでは、先の文献データベースを基に、鳥羽殿に関係する項目を定量的に見ることで考えてみたい。

②項目の定量的検討

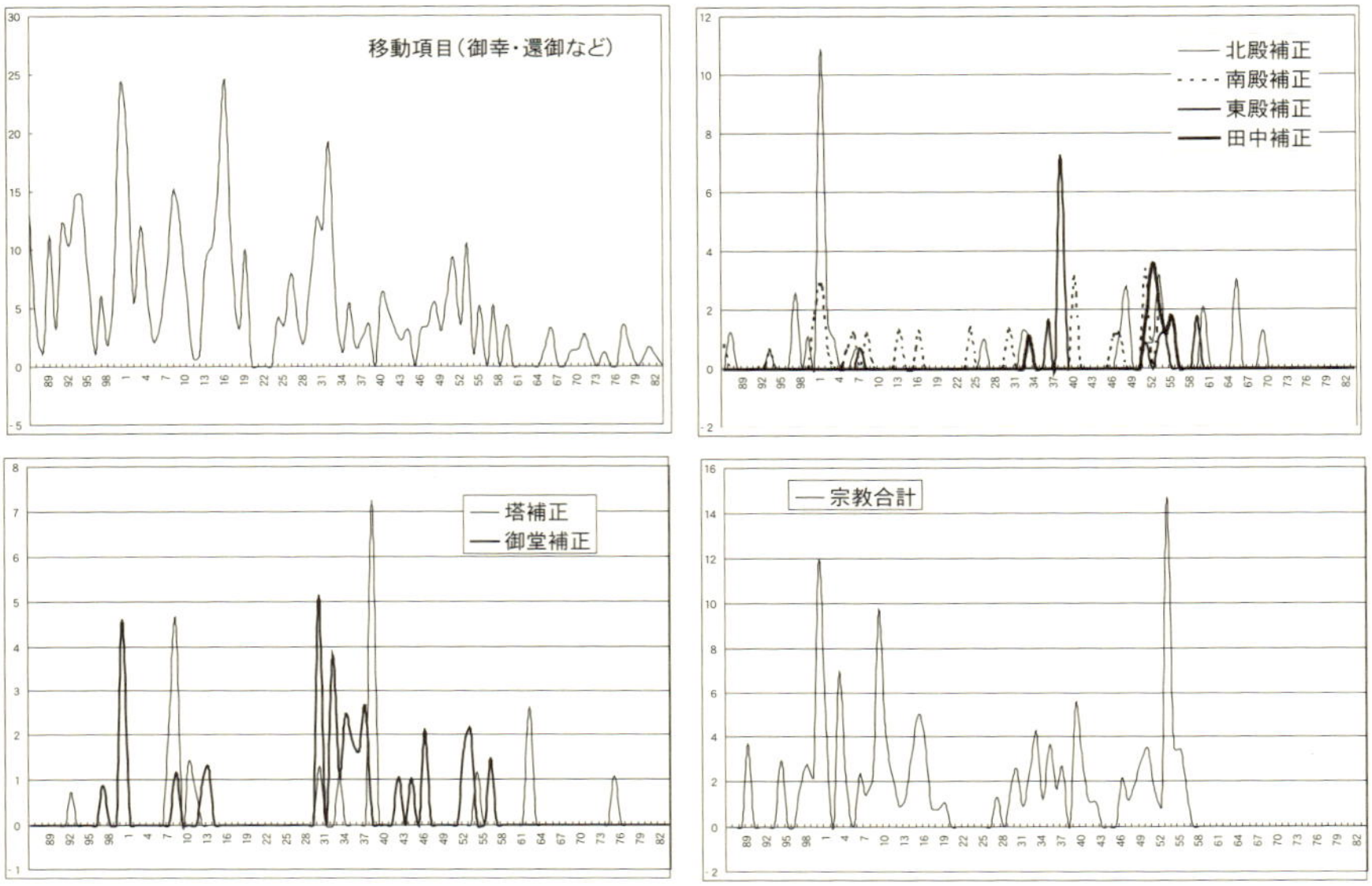

図二五　鳥羽殿関係項目の定量グラフ
（横軸は西暦の下二桁、縦軸は回数の補正値）

「鳥羽」について記された史料から、多岐にわたる関係項目をａ「上皇の利用度」、ｂ「院司公卿の利用度」、ｃ「御所と御堂」、ｄ「遊興および宗教儀式」に大別した上で、一年毎にそれらの出現数を数え、さらにその数値を、一年毎でばらつく全体を平均することで補正し、グラフにしてみた。

ａ、上皇の利用度

「御幸」などに代表される上皇の利用度は、基本的に還御とセットになるだろうが、中には鳥羽殿を経由して宇治や熊野などへ行く場合もあり、その内容は一様ではない。したがって本来は、それぞれの移動理由についても考慮しなければならない。グラフから明らかなように、上皇と鳥羽殿との関わりは、白河上皇期と鳥羽上皇期で大きな二つのピークがあり、さらに後白河上皇と鳥羽殿との関わりは、それ以前と全く違ったものだったことがわかる。

ｂ、院司公卿の利用度

彼らの存在を示す事例は「直廬」を代表とする。しかし「宿所」も多く見られ、両者を合わせた数は、概ね「御所と御堂」の数に並ぶ。ただし白河上皇期と鳥羽上皇期を比べると、後者の数がやや少ない。これが意味のある差であるかどうかは、検討が必要である。

c、御所と御堂

御所は白河上皇期の「北殿」が最も多く、ここが鳥羽殿の中心施設であったことがよくわかる。これに次いで多いのが「東殿」で、鳥羽上皇期における東殿地区の重要性が示される。また「南殿」は全時期を通じて見られるが、その数は「北殿」や「東殿」におよばない。これらの状況は、白河上皇期と鳥羽上皇期の中心地の違いを示し、かつ「南殿」とそれ以外の施設との役割の違いを示す可能性がある。

一方御堂は、白河上皇期が証金剛院のみであるのに対して、鳥羽上皇期は安楽寿院を中心として複数見られる。グラフはそれを端的に示したものであろう。

d、遊興および宗教儀式

遊興は、前栽にある風物を主題として歌合わせを行う「前栽合」をはじめとして、花観・雪観・舟遊など多岐にわたる。今回はグラフに載せていないが、両上皇共に同様な頻度で鳥羽殿を利用していたことがわかる。

一方宗教儀式の中心は、仁王経や五壇法などに代表される国家鎮護に関わる行事である。白河上皇期と鳥羽上皇期で大きな二つのピークがあり、「御堂」記事の出現数は鳥羽上皇期が多いが、これらの儀式は白河上皇期においても重要な位置にあったと言える。

以上より、次のようなまとめができる。

i．上皇の利用は、白河上皇期と鳥羽上皇期の間で一端途切れる。ii．白河上皇が最も利用した地区は北殿で、鳥羽上皇が最も利用した地区は東殿である。iii．南殿はこれらとは別の機能を持った施設で、その使われ方は、両上皇共に変わらないように見える。iv．御堂との関わりは鳥羽上皇期が多い。v．国家鎮護などの儀式への関わり方は、両上皇共に同様である。vi．院司公卿に関係する施設の数も両上皇共に同様な傾向を示す。

このうちi・ii・ivは、白河・鳥羽の両上皇が、それぞれ異なった立場や意図で鳥羽殿を利用していた可能性を示し、iiとivは、その異なった立場または意図に関わる内容を示す。

ただし、対立する関係にも見える「北殿」と「東殿」の関係については、東殿地区における御所の実態が明らかでない点に加えて、鳥羽上皇期は、「東殿」以外に「田中殿」や「北殿」も並行して利用されているため、「東殿」と「北殿」は同じ意味と機能を持っていたのではなく、白河上皇期は「北殿」が卓越した存在であったが、鳥羽上皇期の「東殿」は、複数の施設の中心的な存在だったと見るべきであろう。これは、発掘調査結果や施設の初出史料の検討結果と同様に、鳥羽上皇期の鳥羽殿が、東殿地区を中心にしながら、その西の田中殿や北殿を含めた範囲で広がり、利用されていたことを示すものと考える。

(四) 鳥羽殿の二つの貌

最初に見てきたように、鳥羽殿についてのこれまでの最も一般的な説明は、御所と御堂が一組になって、北殿・南殿・東殿の三つの地区に分かれて機能していた姿だった。この見方は、鳥羽殿のアウトラインを理解する上で非常に大きな役割を果たした。しかし鳥羽殿の実態は、それだけでは説明できないことがわかってきた。

遺跡と文献によるこれまでの検討をふまえれば、白河上皇期は、北殿と南殿をつなぐ形で西大路が南北にはしり、その西側に桂川へ向けて東西路がのびる。また、北殿と南殿の東は、城南寺を中島《なかのしま》状にして池と林や田が広がった未開発地域だったと推定される。一方これに対して鳥羽上皇期は、先に示した長宗・鈴木両氏の復原案に賛成で、金剛心院を中心に、北殿から東殿まで東西に広がって利用されていた姿が推定できる。

そして、このように異なった風景を見せていた白河上皇期と鳥羽上皇期の鳥羽殿の背景を説明する手がかりとなるのが「南殿」である。

発掘調査結果でも初出史料の検討でも気づかれず、項目の定量的な検討で初めて浮かび上がってきたのが、iiiで確認した「北殿」や「東殿」と異なる「南殿」の特殊性である。鳥羽殿の「北殿」と「南殿」が異なった役割を担って

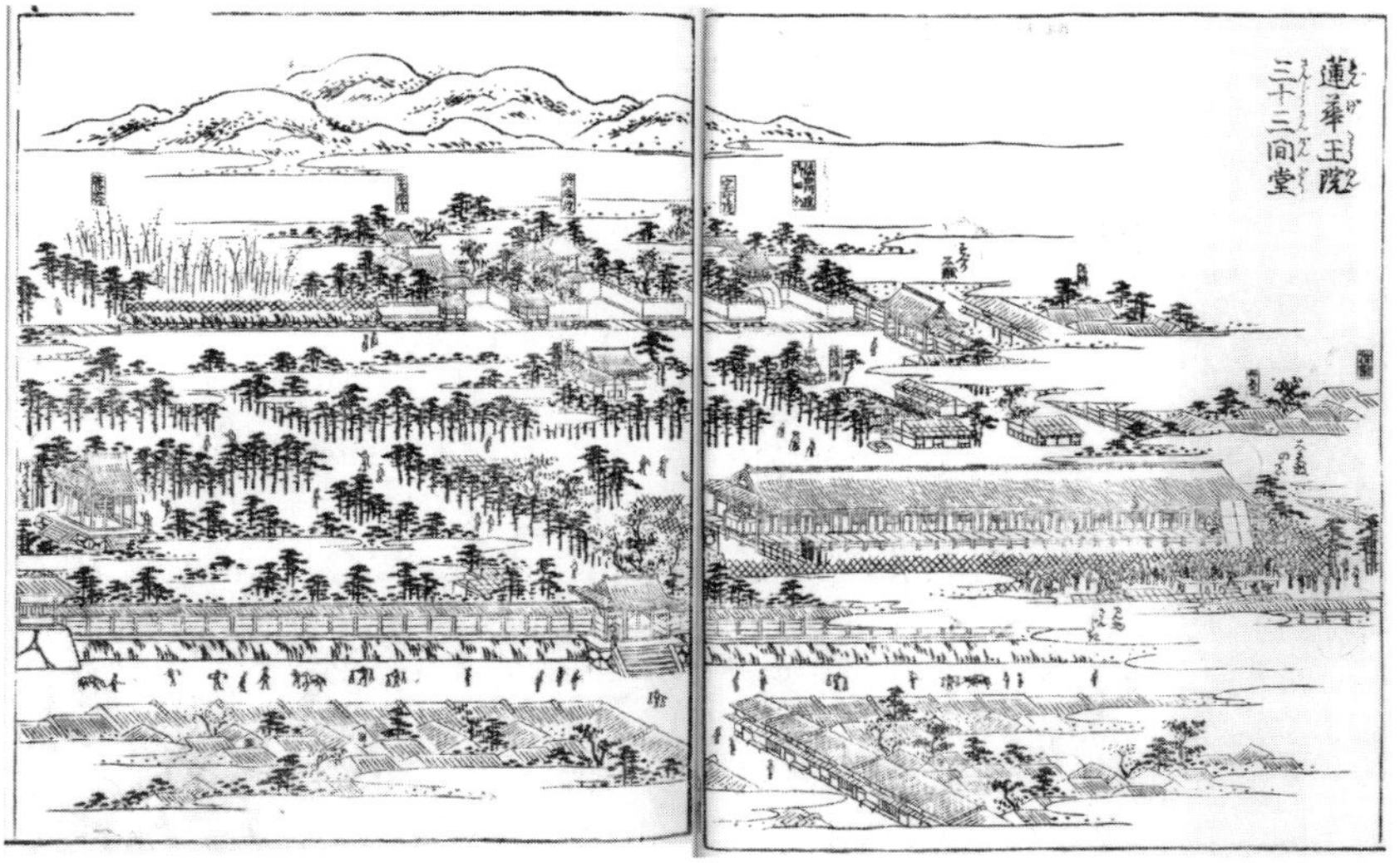

図二六　蓮華王院（都名所図会）

いたことは、既に松井茂氏によって指摘されているが、先のまとめの内のⅲはそれを裏付けるものになる。

そしてこのような鳥羽殿の「南殿」と非常に良く似た「南殿」が、鳥羽殿に続く法住寺殿に存在していたのである。

①鳥羽上皇の鳥羽殿と後白河上皇の法住寺殿

現在、京都国立博物館の南に位置する蓮華王院（三十三間堂）と法住寺の周辺は、後白河上皇によって造営された院政期最後の京外拠点だった。川本重雄・江谷寛・上村和直氏の研究に学びながら、その様子を確認してみたい。

平安時代の法住寺殿地区には、『扶桑略記』永延二年（九八八）三月二五日の記事に右大臣藤原為光の法住寺が見え、その後藤原信西によって法住寺堂や邸宅が築かれていた。後白河上皇による東山御所（南殿）の移徙は永暦二年（一一六一）で、川本重雄氏によれば、平治の乱で焼失した藤原信西の八条坊門末の屋敷に、藤原信頼の中御門西洞院殿の殿舎を移築して法住寺南殿が造営されたという（『法住寺殿御移徙部類』）。なおその背景として隣接する六波羅の平氏邸宅群が前提にあったという指摘も周知のとお

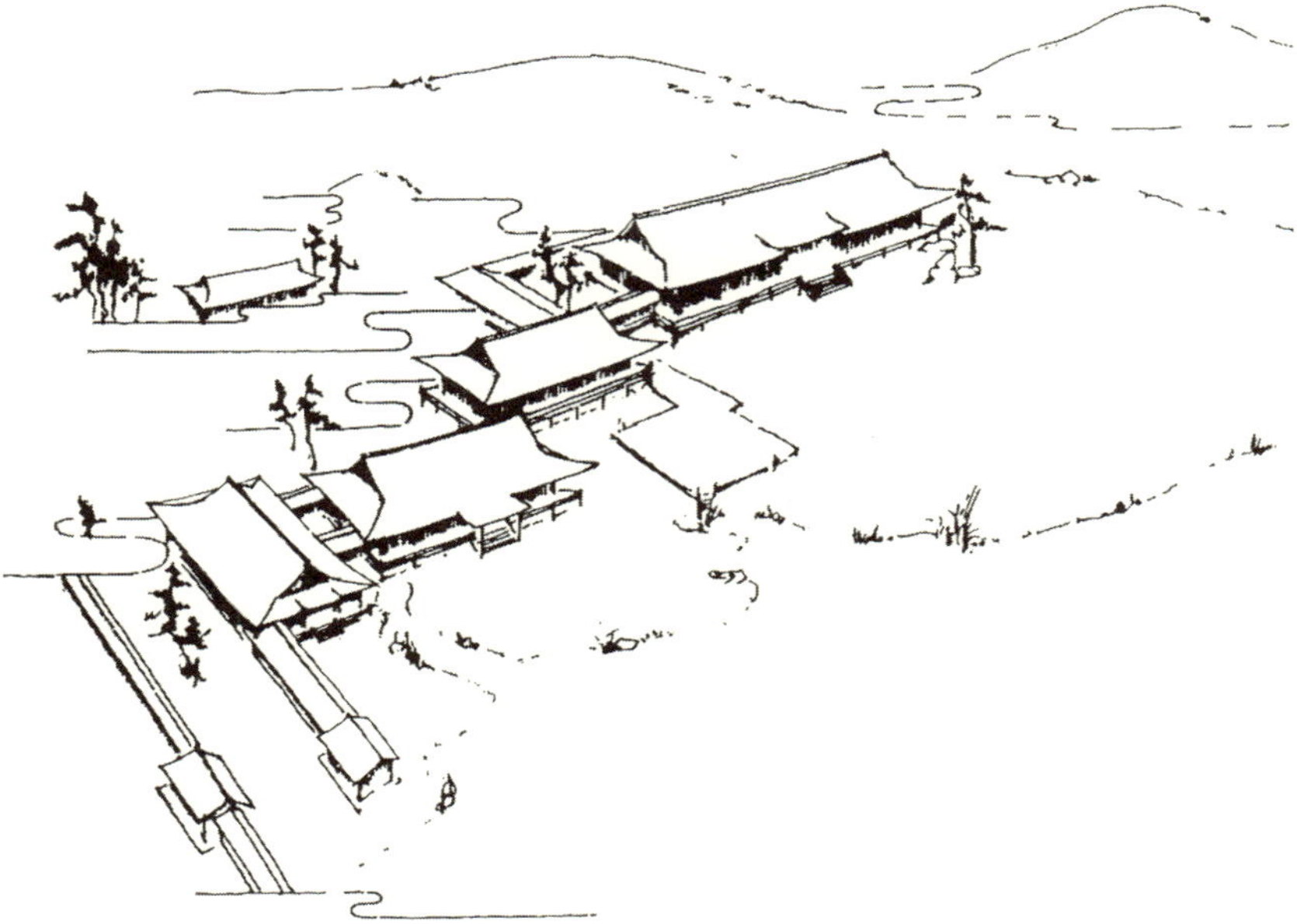

図二七　南殿推定復原図

りである。

その後の法住寺殿周辺の変遷であるが、応保元年（一一六四）に蓮華王院の供養がおこなわれ、一方南殿は、朝覲行幸《ちょうきんぎょうこう》などの儀式にあわせ、仁安二年（一一六七）に周防守季盛の支援によって建て替えられる。これは、同時にあった七条上御所、七条下御所と共に、それぞれが儀式用（南殿）・後の高倉天皇御所（七条上御所）・後白河院と滋子の御所（七条下御所）として使い分けられていたことによるとされ、さらに承安四年（一一七四）には、その上下の七条御所が破却され、馬場殿や桟敷も持った七条殿が新造される。

川本氏は、この結果あらためて、南殿が儀式用、七条殿が院の生活空間として使い分けられることが明確になったとするが、重要な指摘であろう。なお承安三年（一一七三）には建春門院によって最勝光院とその南御所が築かれ、蓮華王院法住寺殿を構成する全ての施設が完成することになる。

ここで注目したいのは、法住寺殿の「南殿」が儀式用の施設だったという点である。先に見てきたように、鳥羽殿の「南殿」は、「北殿」や「東殿」と異なる特殊な空間であるが、「南殿」と同様に両上皇期を通じて変わらない史料項目を先の中から探せば、dの「遊興および宗教儀式」が該当する。さらに、両上皇期において五十賀がおこなわれたのはいずれも南殿であり、藤田勝也氏も「南殿」を「ハレの空間」と表現している。

鳥羽殿の「南殿」は、法住寺殿の「南殿」と同じ、儀式のための施設または空間だったと考えられるのである。

さらに、鳥羽殿と法住寺殿の南殿が同じ機能をもった施設だとすると、両者に共通するもうひとつの特徴が見えてくる。空間構造を比べると、法住寺殿が「七条殿・南殿―蓮華王院―後白河陵」で、鳥羽上皇期の鳥羽殿が「北殿・南殿―金剛心院―安楽寿院（鳥羽陵）」と、きわめて類似しているのである。

法住寺殿は鳥羽殿に対して、院の生活の場としての性格が強かったと言われている。けれども、法住寺殿が鳥羽殿の持っていた機能を継承し充実させたものであるという美川氏の指摘をふまえれば、このことは、後白河上皇の法住寺殿が鳥羽上皇の鳥羽殿をモデルに造営された可能性を示すものとも考えられる。

つまり、院政期に連続して造営された京外拠点の構造は、それに先行する拠点と深い関係があり、白河上皇期の鳥羽殿と鳥羽上皇期の鳥羽殿の違いも、そこに求められる可能性が考えられるのである。それでは具体的に鳥羽殿の空間構造や景観のモデルとなったのはどこなのだろうか。それを検討するために、次は白河天皇の意図を探ってみたい。

②白河上皇の意図と師実の宇治

上島享氏は、白河殿がおかれた六勝寺の地が藤原氏歴代の故地であったことをふまえ、法勝寺の造営と「道長の王権」の象徴である法成寺と「国王ノ氏寺」と呼ばれた法勝寺の造営を対比し、それが「累代の別業」たる白河殿を破壊した跡地につくられたという事実を、「摂関政治の否定を世に示した」ものとした。しかしその法勝寺の実態は法成寺の継承および発展であり、また白河天皇による政治の内実も、道長政治の展開上に位置付けられるものであったという。

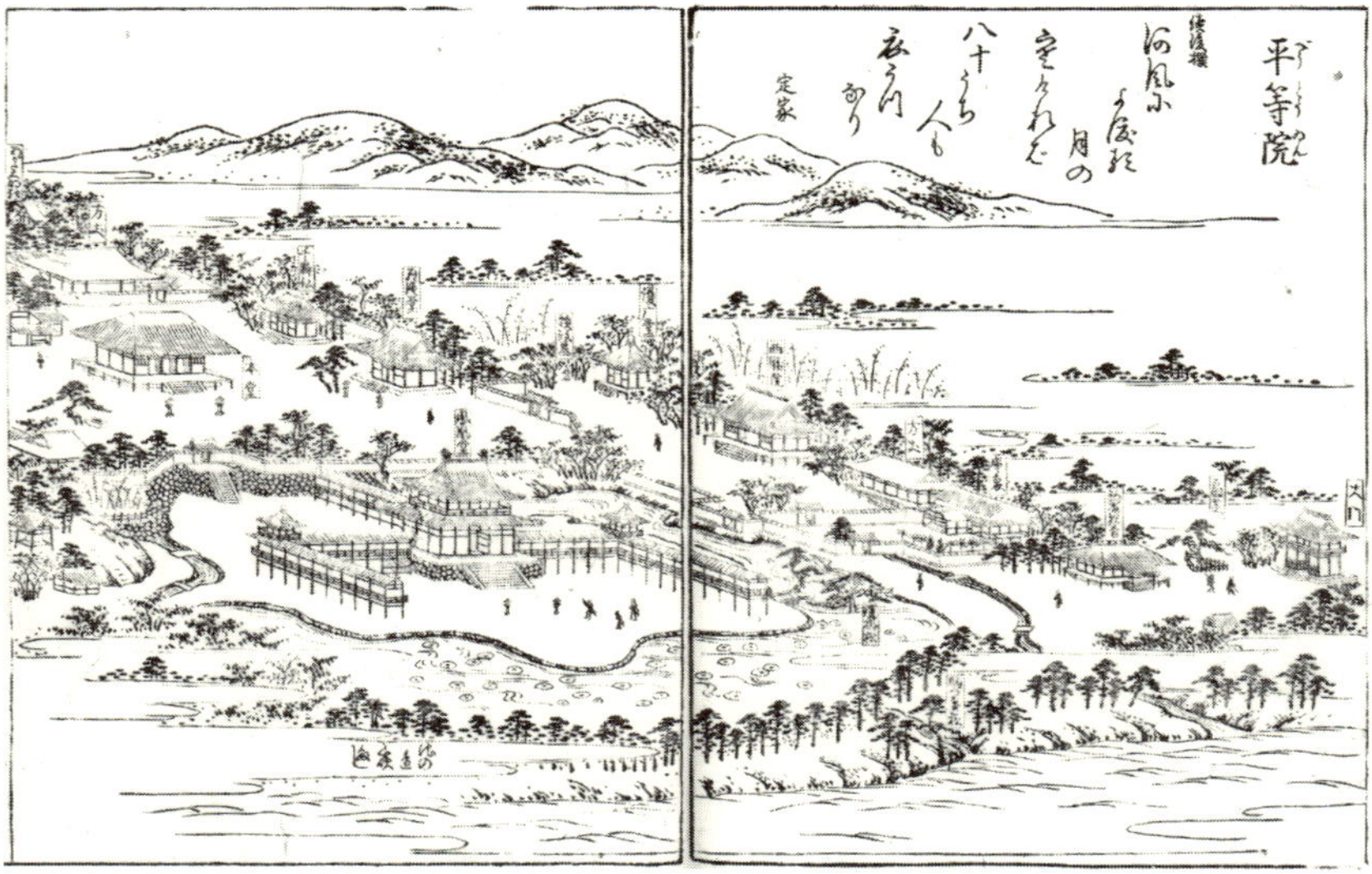

図二八　平等院（都名所図会）

この「院の権力＝道長の王権の継承・発展」とする氏の意見が、この時期の都市・京都を考える際の、非常に大きな手がかりとなる。

すなわち、氏が言うように白河上皇が道長と同様な行動様式をとったならば、白河上皇と鳥羽殿の関係に対応するような場を、道長においても京外に求めなければならないことになる。そこでそれを求めた時、登場するのが宇治になる。

宇治が高級貴族の遊興の地として知られたのは平安時代前期に遡り、『扶桑略記』寛平元年（八八九）には、左大臣源融の別邸が宇治郷にあったとされ、陽成天皇が行幸している。また『蜻蛉日記』によれば、宇治川右岸には藤原兼家の宇治院があり、左岸には県院と呼ばれた藤原師氏の宇治院があった。

宇治はまた、藤原氏にとって聖地とも言える葬送の地だった。藤原冬嗣の「後宇治墓」は東西・南北一四町の広さだったとされ、藤原基経も「次宇治墓」を設けたと伝える。藤原忠通以後は、現在の東福寺北にあたる法性寺山が藤原氏の葬地に変わっていくが、それまでは宇治の北に位置する木幡に葬られることが通例だったと言われる。

道長と宇治の関係については、上島氏が藤原道長の法成寺と浄妙寺の関係を、白河上皇の法勝寺と鳥羽の成菩提院の関係に照らしているが、平等院は源融の宇治院が六条左大臣源重信を経て、長保元年（九九九）頃に道長によって購入されたもので、『御堂関白記』寛弘元年（一〇〇四）を見れば、その地で秋の遊宴がおこなわれている。宇治は道長にとってステイタスの高い場所であり、聖地でもあったのである。

一方鳥羽の地は、九世紀終わりには藤原時平の「城南別荘（城南水石亭あるいは鳥羽水閣）」が築かれ、一一世紀には小野宮実頼末裔の備前守藤原季綱が山荘を営んだという。鳥羽もまた藤原氏に所縁の地だったことになる。したがって、法勝寺に対する白河上皇の意図が、道長の法成寺に対する意識であったならば、鳥羽殿に対する白河上皇の意図も、道長の宇治に対する意識としてみることが可能ではないだろうか。

ただし、白河上皇が鳥羽殿を造営しようとした時に実際に見た宇治は、藤原道長時代の宇治ではなく、白河上皇と協調関係にあったと言われる藤原師実時代の宇治であり、その点で厳密に言えば、白河期の鳥羽殿の景観は、師実期の宇治の景観と対照して考えなければならないことになる。

頼通の子の師実は、「後宇治殿」と呼ばれて宇治に居を構えていたことが知られる（『後二条師通記』）。しかるにその場所は平等院ではなく、「宇治泉殿」と呼ばれた館で、寛治元年（一〇八七）五月一九日には白河上皇がそこを訪れている（『為房卿記』）。具体的な場所は確定されていないが、その名称から宇治の七名水のひとつとして後世伝えられた折居川扇端部の旧巨椋池近接地が比定地とされる。また、頼通の子の四条宮寛子もまた宇治に池殿をもっており、その場所は巨椋池の近くであったと考えられている。いずれも平等院から独立し、しかも距離をおいた場所であり、さらにそこが巨椋池の汀に近い場所であった点を特徴とする。

先に見てきたように、白河期の鳥羽殿は、西大路と南北の御所および、城南寺に隣接する馬場は確認できるが、天仁元年（一一〇八）の白河上皇による東部地域の巡検から知られるように、そこから東は池および見通しのきかないような林と湿地帯だったものと推定される。白河期の鳥羽殿の風景は、この師実期の宇治の風景と共通する要素が多い。

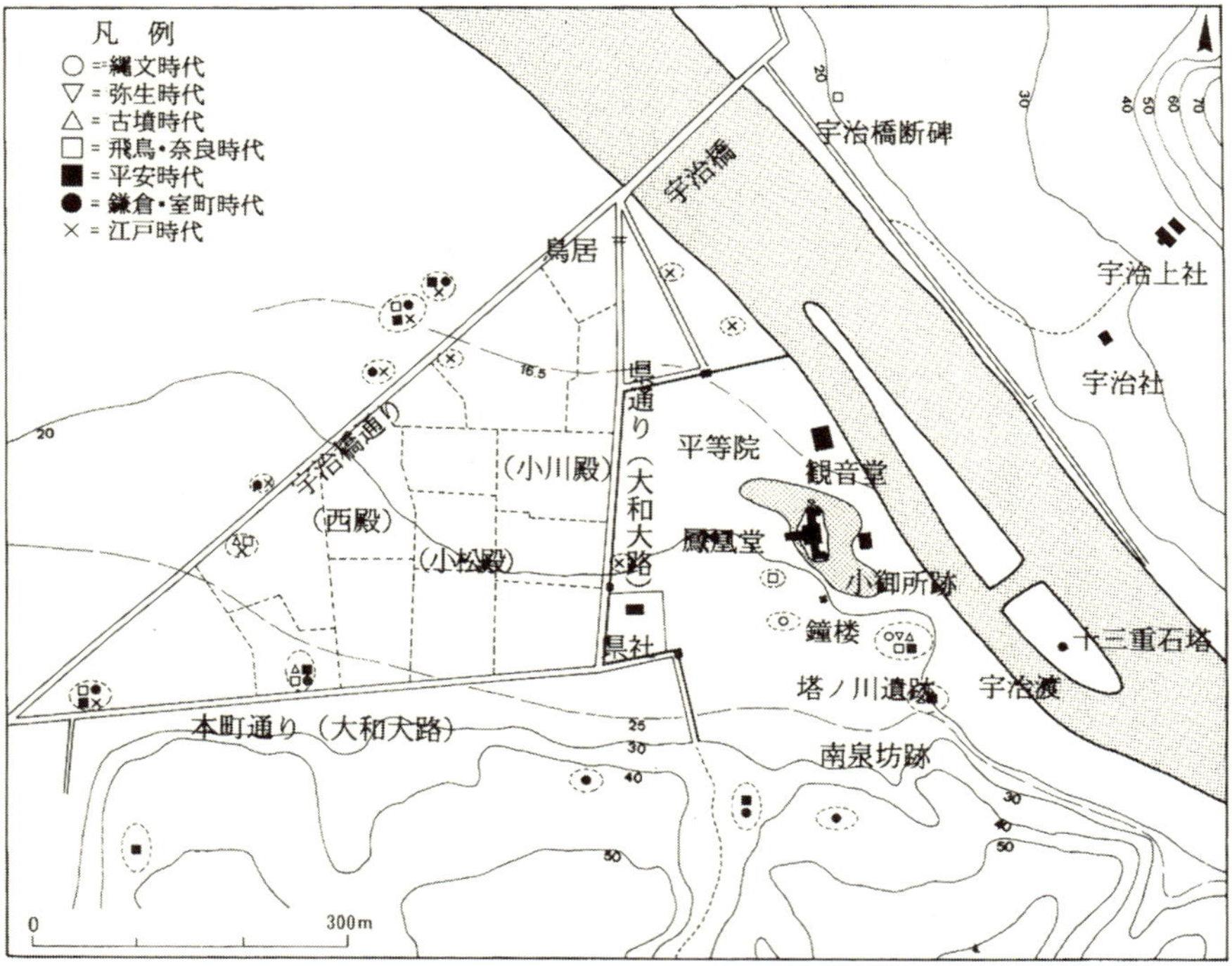

図二九　平等院西方の街区

③忠実の宇治と鳥羽上皇の鳥羽

それでは鳥羽上皇期の鳥羽殿についても同様な見方ができないだろうか。実はその点で、宇治にとって頼通同様に重要な存在と言われているのが、師実の孫の忠実である。彼は承徳三年（一〇九九）に、父師通の早世により二二歳で氏長者となった。この時期、摂関家は衰退を余儀なくされていたが、忠実はそれに対しさまざまな努力を重ね再興をめざした。

宇治に対する忠実の関係で最も代表的な事業は平等院の整備で、現在見られるような瓦葺きの姿は、彼の手によるものと考えられ、また同時に複数の別業を造営したことも知られている。彼は最初、すでに父の師通の時期から存在していた富家殿（北殿）と呼ばれる邸宅を、平等院から離れた宇治橋あるいはその北にもっていた。『殿暦』によれば、永久元年（一一一三）に関白に就任した翌年頃から、この富家殿に対して、平等院に比肩するほどの規模の大整備を加え、永久三年（一一一五）に白河法皇の御幸を迎えている。しかし、富家殿が太治四年（一一二九）に焼亡すると、その後は富家殿を捨て、平等院の西に位置する成楽院小松殿および西殿へその本拠を移す。近年の発掘調査により、忠実の時代の遺跡が平等院の西側一帯から見つかってきており、この頃には、平等院の西側地区に、方格に組まれた街路が整備され、忠実が拠点とした邸宅をはじめとする、複数の邸宅が建ち並んでいたことがわかってきている。忠実の時代は、宇治においても大きな景観の変化があったようなのである。

そして鳥羽上皇による鳥羽殿の整備は、忠実が富家殿から小松殿へ移った以後で、平等院西側地区の整備が進んでいった時代にあたる。横内裕人氏は「白河院との不和によって宇治に籠居していた忠実を復権させ、その提携のもとに院政を推し進め」たのが鳥羽院政期とする。周知のように、鳥羽期の鳥羽殿を象徴する施設は、平等院をモデルにした勝光明院と経蔵、および九体阿弥陀堂の金剛心院である。経蔵のモデルについても天王寺と共に平等院が意識されている。また『玉葉』の承安元年（一一七一）一一月一日の記事によれば、法住寺殿の最勝光院の造営にあたっても平等院をモデルとした検討がおこなわれている。

白河天皇が、道長に象徴される摂関家の権勢に対する意識の中で、道長の宇治に対する意味での鳥羽殿を造営したと見ることができるのならば、それと同様に鳥羽上皇もまた、摂関家に対する意識の中で、忠実が整備した宇治に対する形での鳥羽殿を造営したと見ることが可能と考える。そしてもとより宇治は藤原氏歴代の葬地であった。鳥羽上皇と後白河上皇は、摂関家の本拠を象徴した葬地・御堂・御所から構成される宇治のコンパクトな姿を、鳥羽殿と法住寺殿で人工的につくりだそうとしたのではないだろうか。白河上皇期の鳥羽殿と鳥羽上皇期の鳥羽殿の異なった空間構造は、これにより説明できると考える。

④道長から後白河へ

このように平安時代後期から院政期にかけての新たな京外拠点の変遷を見てくると、白河上皇の鳥羽殿と鳥羽上皇

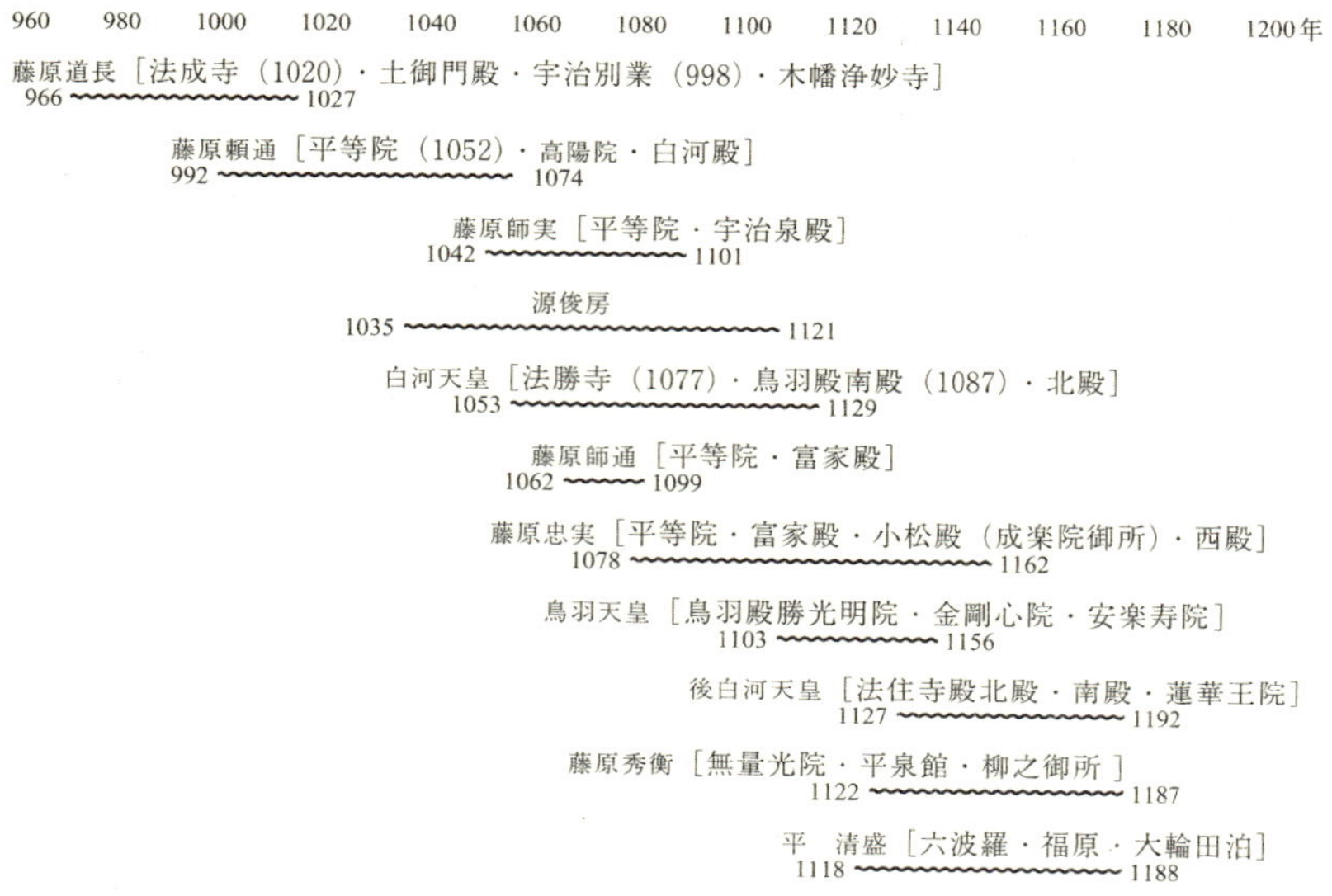

図三〇　平安時代後期から院政期の主要人物とその施設

の鳥羽殿の間にあった大きな歴史の転換が見えてくる。白河上皇期の鳥羽殿は、あくまで京中の諸施設との関係にあった。それはあくまで離宮であり、政治より儀式のための空間と舞台であった。

　しかし鳥羽上皇期の鳥羽殿は、諸施設が集約的に独立してまとまった街区を形成することで、地域拠点としての性格と機能を強める。藤原忠実の宇治や鳥羽上皇期の鳥羽殿はその萌芽期で、法住寺殿はこの段階におけるある意味での完成形と言える。鳥羽上皇期の鳥羽殿によって、その後に出現してくる地域拠点の原型につながるひとつの形が生まれたのである。

　視野をひろげれば、奥州藤原氏の拠点である平泉の中で、秀衡期の景観は、まさにこの時期の、なかでも法住寺殿との比較で考えることができるのではないだろうか。

　ただしこの時期の鳥羽殿あるいは法住寺殿が、石清水八幡宮と淀の関係で見てきたような港と館から構成される「拠点都市」となっていたかどうかについてはさらに検討が必要である。そのために必要な要素を鳥羽殿で探せば、確かに淀は一一世紀後半から左岸にも拠点を拡大して発展している。また、平泉についても淀に対比される場としての衣が関が存在している。けれども淀は鳥羽殿だけの港だったわけではなく、さらに法住寺殿については付属する港が見られない。したがってこれらの拠点は、外部との交流を担う流通機能を完全整備しえなかった点において、その後の地域拠点の原型につながるひとつの形とはなったが、原型にはなりえなかったと言える。

これに対して、積極的にその機能を意識して拠点をつくりあげようとしたのが平清盛の福原である。『交流・物流・越境』（新人物往来社二〇〇五）で整理したように、福原は鎌倉の原型と言える要素を多く持っており、これが、まさにその後の地域拠点となっていく中世都市の原型と言って良いと考える。

それではあらためて、このような変革を生み出した原動力が何かというと、その最も直接の背景は、良く言われるように藤原忠実が置かれていた環境であろう。先に見てきたように、院に押されて摂関家勢力が衰退傾向にある中、忠実は二二歳で氏長者に就く。彼のその後の活動はこの状況の打破であり、摂関家勢力の復活であった。平等院とその西側地区の開発と整備については、祖父の師実の段階から始まっている可能性も指摘されているが、平等院の位置付けを個人の寺院から氏の寺院へ変更することとあわせて、忠実の時期に大きな整備がおこなわれたことは、大方の認めるところである。院に対して勢力の立て直しをはかる忠実にとって、これは必要な拠点整備だったように推測する。

そして鳥羽期の鳥羽殿は、まさにその姿に対照される院とその近臣の活動の結果だったと思われる。石丸熙氏は、院庁の勢力図が、藤原師実・師通死後の康和四年（一一〇二）において、それまでの摂関家優勢から村上源氏系に代表される非摂関家優勢に転換したこと、およびそれによる実質的な院政の開始を指摘しているが、鳥羽上皇期の鳥羽殿で実質的な運営者となった藤原長実など受領層の活躍もこの時期以後としている。

詳細な検証には至っていないが、一二世紀中葉以後の瓦器碗に代表される遺跡情報は、文献情報の減少に関わらず増加傾向にある。その意味で、西国の近臣受領と鳥羽殿の関わりは、白河上皇の鳥羽殿より鳥羽上皇の鳥羽殿以後に強く、また意味を持ってくる可能性がある。

　中世都市の原型につながる拠点形成の原点は、摂関家に対して院の近臣がめざした、新たな時代を切り拓く「知行国主」としての王の居所の形にあり、それは鳥羽上皇期の鳥羽殿にあったものと考える。

　ところで正応五年（一二九二）の「弓削島問丸申詞」によれば、年貢塩一九〇俵が淀大橋北橋端で備後弥源太に売却され、それは七条坊門の塩屋商人を経て洛中で売りさばかれたと言う。鳥羽殿が衰退して以降も京の外港として発展を続けた淀の運営に、石清水八幡宮の神人が関わり、産物を京と南都へ運んでいった具体例であるが、その中でも京へ運ばれた各地の産物で最も賑わっていたのが京都駅前を中心とする一帯だった。

第二章　再生する都市——上辺《かみわたり》と下辺《しもわたり》——

一、七条町《しちじょうまち》と八条院町《はちじょういんちょう》

保元元年七月二日、鳥羽院ウセサセ給テ後、日本国ノ乱逆《らんげき》ト云コトハヲコリテ後、ムサ（武者）ノ世ニナリニケルナリ（『愚管抄』（日本古典文学大系）岩波書店））

保元元年（一一五六）の鳥羽院崩御をきっかけにおこった保元の乱を経て、後白河上皇が七条大路末の法住寺殿に移徙したのは永暦二年（一一六一）だった。藤原忠実を祖父とする慈円は『愚管抄』の中で、それが武者の世の始まりだったと記した。しかるに、それまで京外にあった政権の中心が再び京内に戻ってくるのがこの時になる。ただしその場所は、元の左京四条以北の乾《いぬい》と艮《うしとら》ではなく、後の上京と下京の関係に似た、京の上辺《かみわたり》と下辺《しもわたり》だった。

この上辺と下辺が具体的にどこをさすかは、史料では明らかにされていない。ただ、このうち下辺の中心は、後に述べる状況から、おおむね北が現在の東本願寺正面で、南が京都駅八条口までの範囲と考えられる。現在の東本願寺正面は、平安京の条坊で言うと六条大路と七条大路の中間にあたる七条坊門小路で、八条口は八条大路にあたる。したがって正応五年（一二九二）に、淀の商人を経由して洛中で一俵四〇〇文の塩を売りさばいた前章の塩商人が、七条坊門を拠点としていたのは偶然ではなかった。そしてそれは七条大路の東端に法住寺殿があったこととも関係があると考えている。

そんな下辺の中心部にあたるのが現在の京都駅の北側一帯である。この地区では、一九八〇年代以降、比較的広い面積の発掘調査が続き、さらに一九九三年からは京都駅ビルの新築工事に伴う発掘調査がおこなわれた。

政権の中心が京外にあった院政期から武士が登場する時代、京内ではなにがおこっていたのであろうか。下辺の発掘調査は、それを詳細に具体的に物語ることになった。

調査地	2	3	4	5	6	9	10	11	12	13	19	20
9･10世紀	井戸･緑釉		河川･土馬			溝･川	井戸･灰釉･土馬	河川･土馬	河川･土馬			河川
11世紀	井戸･柱穴	井戸	井戸	井戸･土坑	井戸･中国製壺		井戸	井戸･柱穴	溝･井戸	井戸	河川	河川
12世紀	井戸･柱穴･溝	井戸	中国製合子	井戸･建物	井戸			*刀装鋳型*	井戸･土器群	土坑多数		
13世紀前葉～13世紀中葉	中国製褐釉壺･坩堝･砥石	中国陶磁器多数･坩堝	井戸	中国陶磁･建物	石鍋･鋳型･砥石･水溜土坑	中国陶磁大量	砥石･鋳型	*刀装鋳型*･井戸	*刀装鋳型*･井戸	中国陶磁多数･漆器		鏡･刀装鋳型？
13世紀後葉～14世紀前葉	**礫墓**	**墓･石鍋**	**墓**	埋甕･建物･砥石	鋳型･羽口	建物	鋳型･埋納銭	羽口･仏具鋳型	井戸･甕墓	井戸多数	**鏡鋳型･炉･蔵**	**鏡鋳型･石鍋**
14世紀中葉～14世紀後葉	**墓**	**鋳型･墓･石鍋**	**甕墓**	礫群･仏具鋳型		**銭鋳型･倉･甕墓**	**甕墓**	礫墓？（北部）	甕墓	鋳型･漆器･木棺？	**鏡鋳型･炉･蔵**	**鏡･銭鋳型**
15世紀前葉～15世紀中葉	**墓･濠**	**墓**	**鍋墓**	仏具鋳型･建物		**鍋墓**	**甕墓･濠**		土坑	炉床？･墓？		
15世紀後葉～16世紀	濠	濠								墓群	耕作地	耕作地

図三一　京都駅前の調査地点と主な調査一覧

平安時代以降で初めてこの地区に現れる遺構は主に自然河川である。京都駅ビルの調査地19では南北方向の河川が見つかり、一二世紀に埋められて室町小路として整地されている。塩小路通の北にあたる調査地4・11・12などからも、概ね北東から南西を軸とした河川が見つかり、平安京が幕を開けた後も、左京の七条以南はあまり家が建っていなかったことになる。

ただし調査地13からは奈良時代の井戸が、調査地14から池状遺構が、そして調査地28からは平安時代中期の園地（洲浜）が見つかっており、遺物も土師器・須恵器・黒色土器以外に、緑釉陶器・灰釉陶器・銭貨が出土するなど、その西北にあった東市との関わりの中で、この地が平安京にとって全くの縁辺だった訳ではないことも示している。

一一世紀代に入り、調査地の大半からは河川が消え、整地が進む中で発見される遺構も増加する。ただしこの時はまだ、この地区は特殊な場所ではなかった。

（二）下辺《しもわたり》を掘る

しかし一二世紀に入ると、この地区を特徴づける鋳造工人の最初の痕跡が現れる。塩小路通沿いの調査地11では、G二一P一一と呼ばれる深さ六〇センチで一辺が三メートル程の土坑から、中国製の白磁碗や青白磁四耳壺と共に、刀装具鋳型・坩堝・鞴羽口が出土した。時期は同時に見つかった土器から一二世紀中頃から後半と考えられる。また東本願寺の調査地4からは、五点の中国製青白磁合子をはじめ、やはり中国製の白磁碗や四耳壺が見つかっている。中国製陶磁器のうち、碗や皿は全国の多くの遺跡でも見つかっているが、四耳壺や合子が見つかる遺跡は限られている。その意味でこの時期の七条大路～塩小路周辺には、明らかに一般の集落とは異なる人々が住んでいたことになる。

一三世紀前葉～中葉は、さらにこの地区の活動が活発化する。調査地4では井戸の数がピークとなり、調査地11でも井戸と柱穴の数が一一世紀代の四～九倍になる。そして前代と同様に、この地区を強く特徴づけているのが、やはり鋳造関連遺物と中国製陶磁器である。

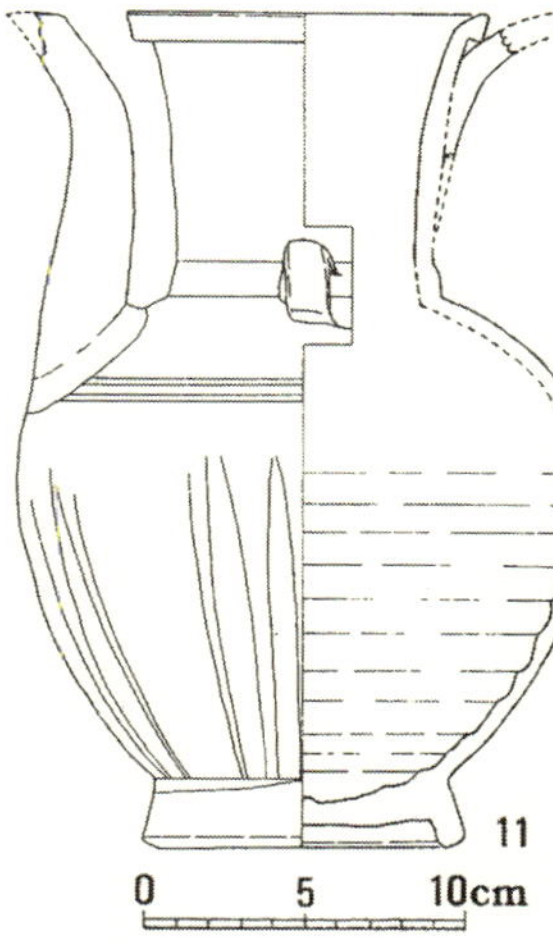

白磁水注

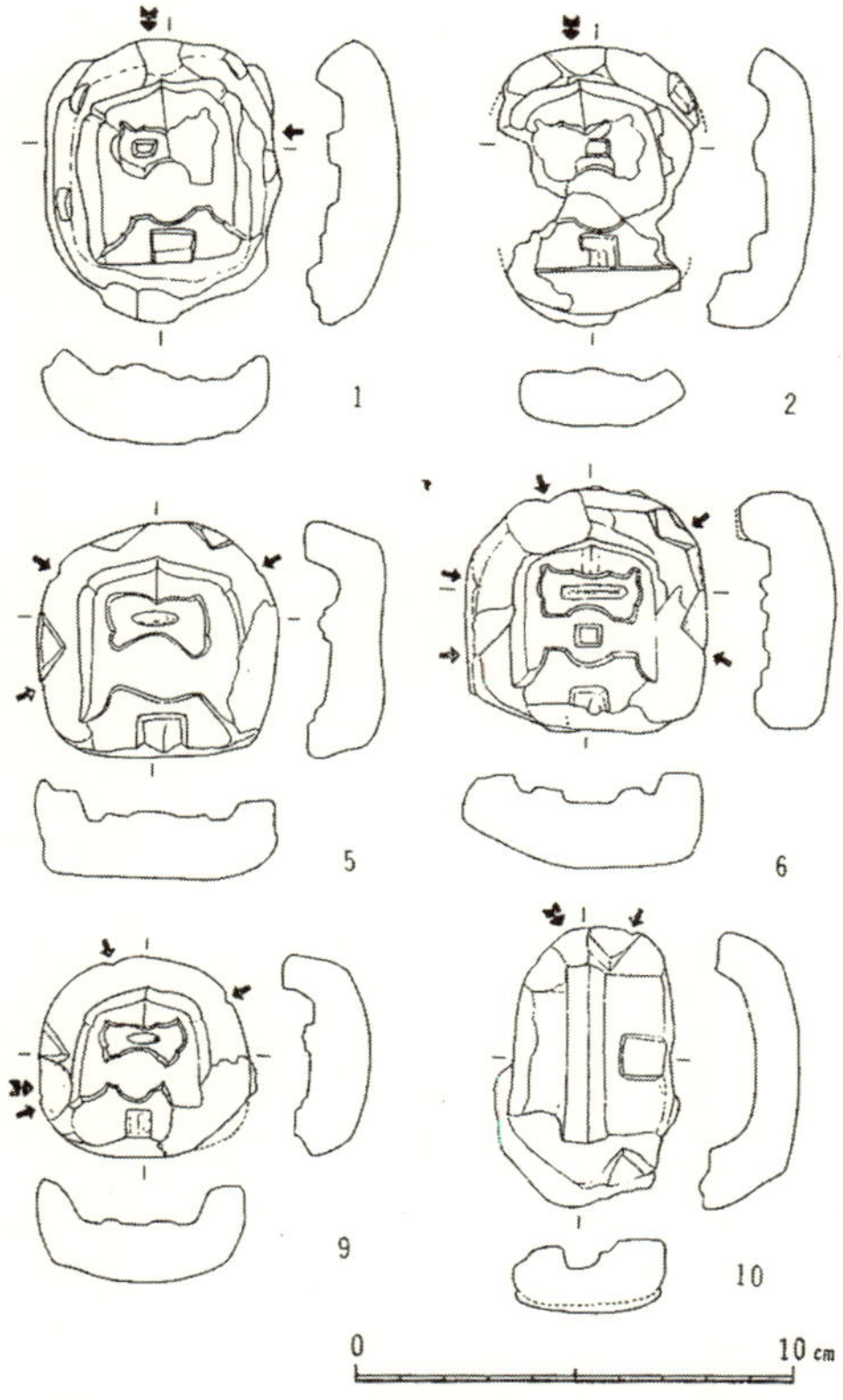

刀装具鋳型

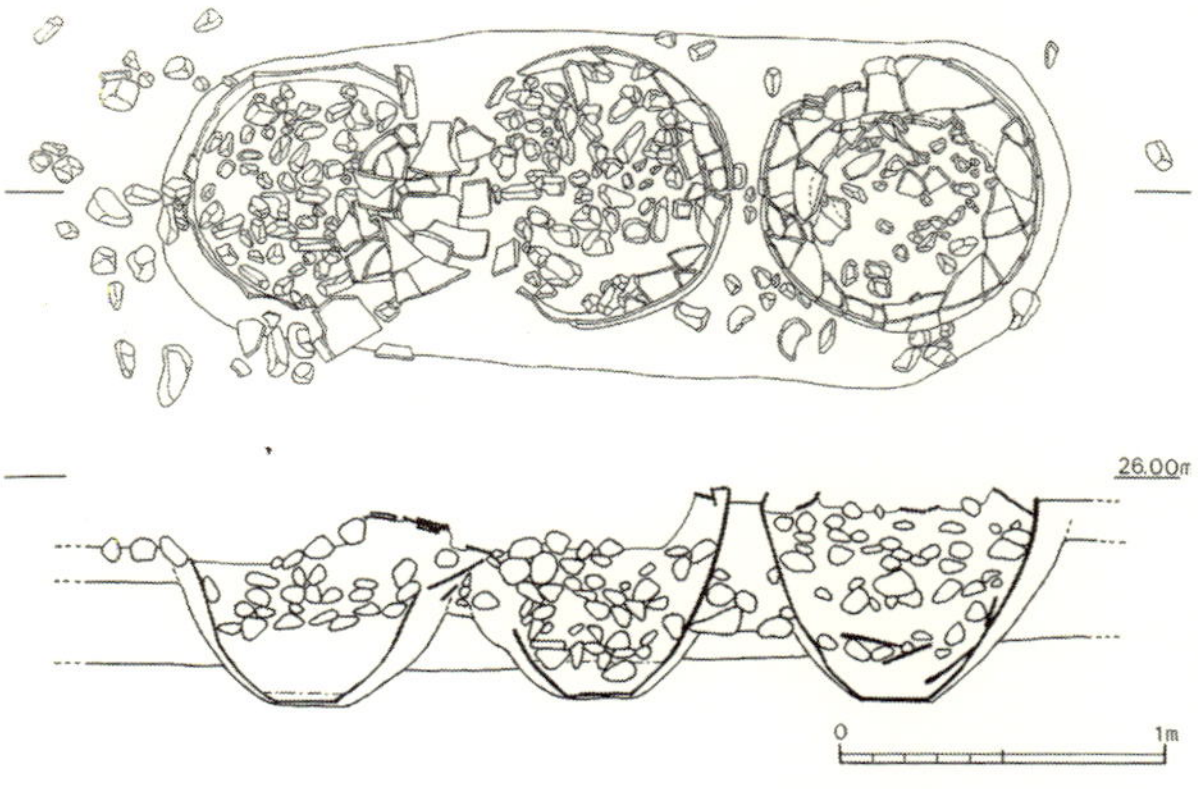

甕棺墓

図三二　調査地11の刀装具鋳型と白磁水注と調査地12の甕棺墓

例えば調査地11からは、刀装具鋳型などが大量に出土し、調査地3では多数の中国製陶磁器が見つかっている。また調査地12では、井戸二四からは兜金の鋳型が、井戸九から中国製黄釉盤が出土している。調査地28の土坑24からは刀装具鋳型と青白磁合子の蓋が見つかった。

調査地11からは中国製の青磁水注と、白磁壺あるいは水注と思われる製品の一部や中国製の陶器壷が出土し、調査地9のSD（溝）二四でも同様な状況が見られる。また調査地26で白磁壺、青白磁梅瓶、同合子、同水注が多く見られる。こういった壺類は、いずれも一般の集落ではあまり見かけない器種である。

一三世紀中葉または後葉以降、この地区の状況は大きく変化する。

最初の特徴は、東本願寺から塩小路通北の調査地1～4・8・12などで墓と思われる遺構が目立ち始めることである。

その最も一般的な形は主に礫を埋土とした集石墓であり、さらにその上に黄褐色の泥砂土を盛り上げてマウンドとしているものもみられる。また調査地12からは常滑や東播磨で焼かれた埋甕が七基見つかり、いずれも甕棺墓と考えられている。

さらにこれらの調査地の南西にあたる調査地13では、室町時代に入って集石あるいは溝状で土師器皿と東播磨系捏鉢を伴った土坑が発見され、やはり墓である可能性が高い。またその西に位置する調査地14からは、西洞院大路に近い位置で一四世紀代の木棺墓が見つかり、その南西にあたる調査地23では犬の骨を含む一〇基の墓が見つかり、その西に接する調査地24では二五基の木棺墓が見つかっている。

これまで、現在の東本願寺周辺では室町時代の墓が多く見つかることが知られていた。今回新たに発見されたこれらの墓は、その範囲がさらに南西方向へ広がる可能性を示している。

ところがこのような、特殊なあるいは高級な中国陶磁器と鋳造関係の遺物および墓群で特徴づけられるのは、現在の東本願寺から塩小路通までの一帯か、その南西の一角であり、それ以外の地区ではまた別の状況が現れていた。

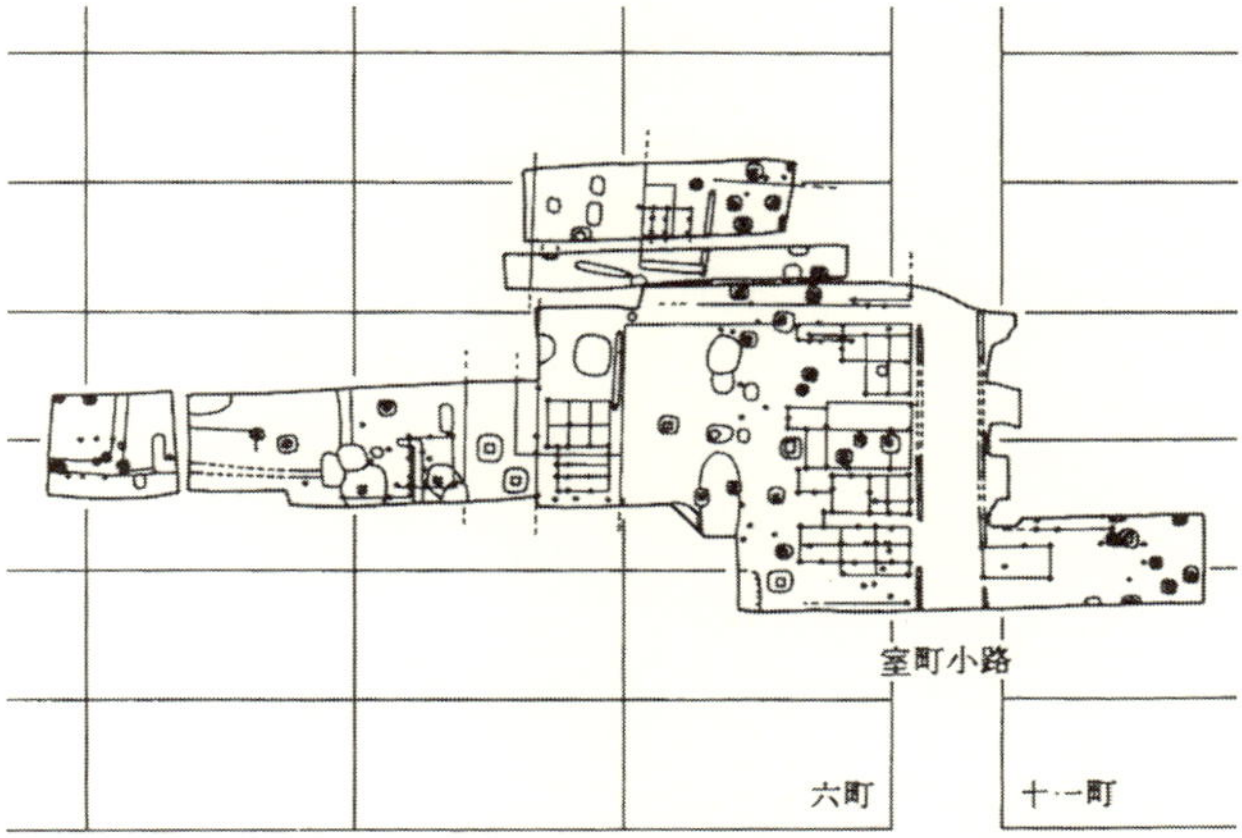

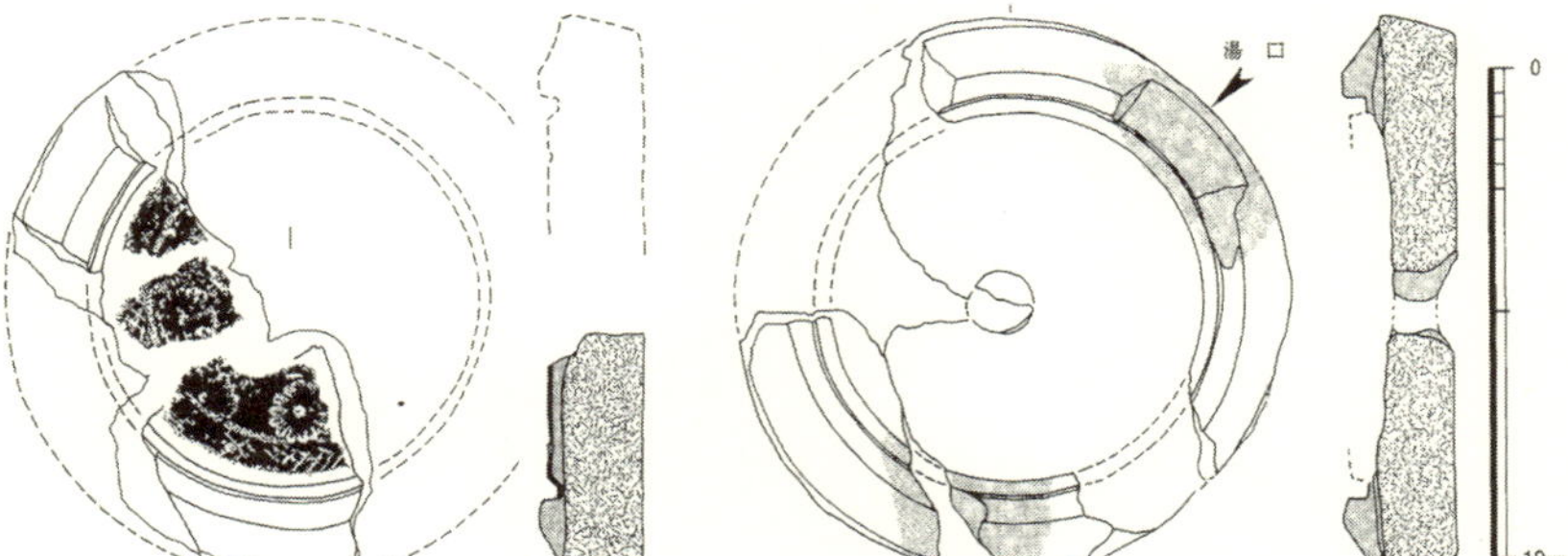

図三三　調査地19の遺構配置図と鏡鋳型

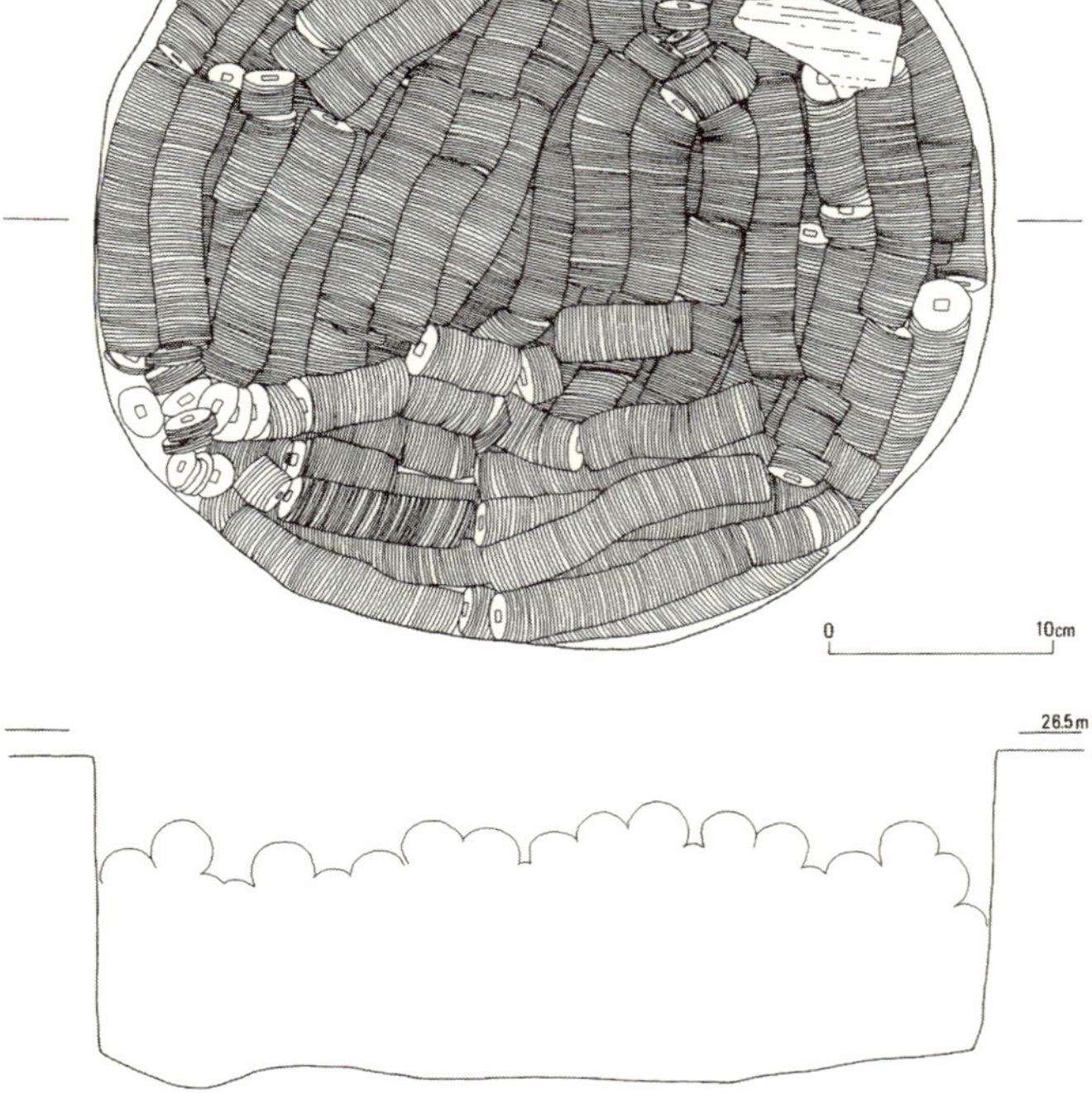

図三四　調査地10の埋納銭

京都駅の北東にあたる調査地7・9・21・22などでは、一三世紀後葉になってようやく、遺構の数と種類が増え始める。このうち最も広い面積の調査がおこなわれ、大きな発見のあったのが京都駅ビルの調査地19である。中心となる年代は一三世紀後半から一四世紀前半で、室町小路に面して間口の狭い建物が並び、その間の路地を入った奥の空間から、蔵や鋳造土坑・溶解炉および、大量の鋳型が発見された。鋳型の種類と量は鏡が圧倒的に多く、仏具では懸仏と推定されるものと磬がみられる。

また堀川通に近い調査地15の一四世紀前半頃の遺構面からも、複数の鋳造工房の跡が見つかっている。八条坊門小路に面して、炉が四カ所以上と炭や焼土の溜まった土坑や礫溜まりが並び、その奥から井戸や甕を並べて埋めた跡が検出されている。また炉の近くからは「洗い場」と思われる細長い土坑も見つかっており、製品にならなかった銅を再利用するため「ゆりもの」作業がおこなわれた場所とも考えられている。なおこの調査地から見つかった遺物も大量の鏡の鋳型である。

ほかにも、京都駅の西に位置する調査地17からは、鏡鋳型のほかに、鋳造途中で割れたと思われる銅鏡の破片が出土し、その北東の調査地14からは鏡と仏具の鋳型が見つかっている。また駅の北にあたる調査地20でもほぼ同じ時期に銭と鏡の鋳型が出土している。

さらに調査地22では、道路に面して間口が狭く奥行きの深い家が並び、その裏から大量の箸と二〇〇点にのぼる漆器が、一部は整然と埋められた状態で出土した。特殊な種類の中国陶磁器は出土しなかったが、このような漆器の出土状況は、一般の集落では見られない。

ところで新町塩小路北東の調査地10からは、三万枚を越える銭が曲物に入れられた状態で出土した。時期は最も新しい時期の銭貨から一四世紀前葉と推定されている。これらは現在の価値に置き換えれば約二〇〇万円近い金額になると言う。ただしこれらの銭貨が埋められた理由については、金庫代わりか、網野善彦氏が言うような呪術的な意味が付与されたものか即断はできない。

したがって一三世紀後葉から一四世紀代の京都駅前の風景を復原すれば、その北西には墓地が、南東には集落がひろがっていたことになる。

そして一五世紀中葉以降、京都駅前の北西地区は再び違った姿を見せる。東本願寺前から続いて広がっていた墓地は減り、それに代わって濠が出現する。調査地２の濠（溝状遺構一）は東西を軸に幅が三メートル以上あり、調査地10の濠は東西から南北につながり、幅は二・五〜三メートルある。これらは町を囲んだ「構」の一部であった可能性が指摘されているが、戦国期に全国各地で見られる館の濠にあてることも可能と考える。

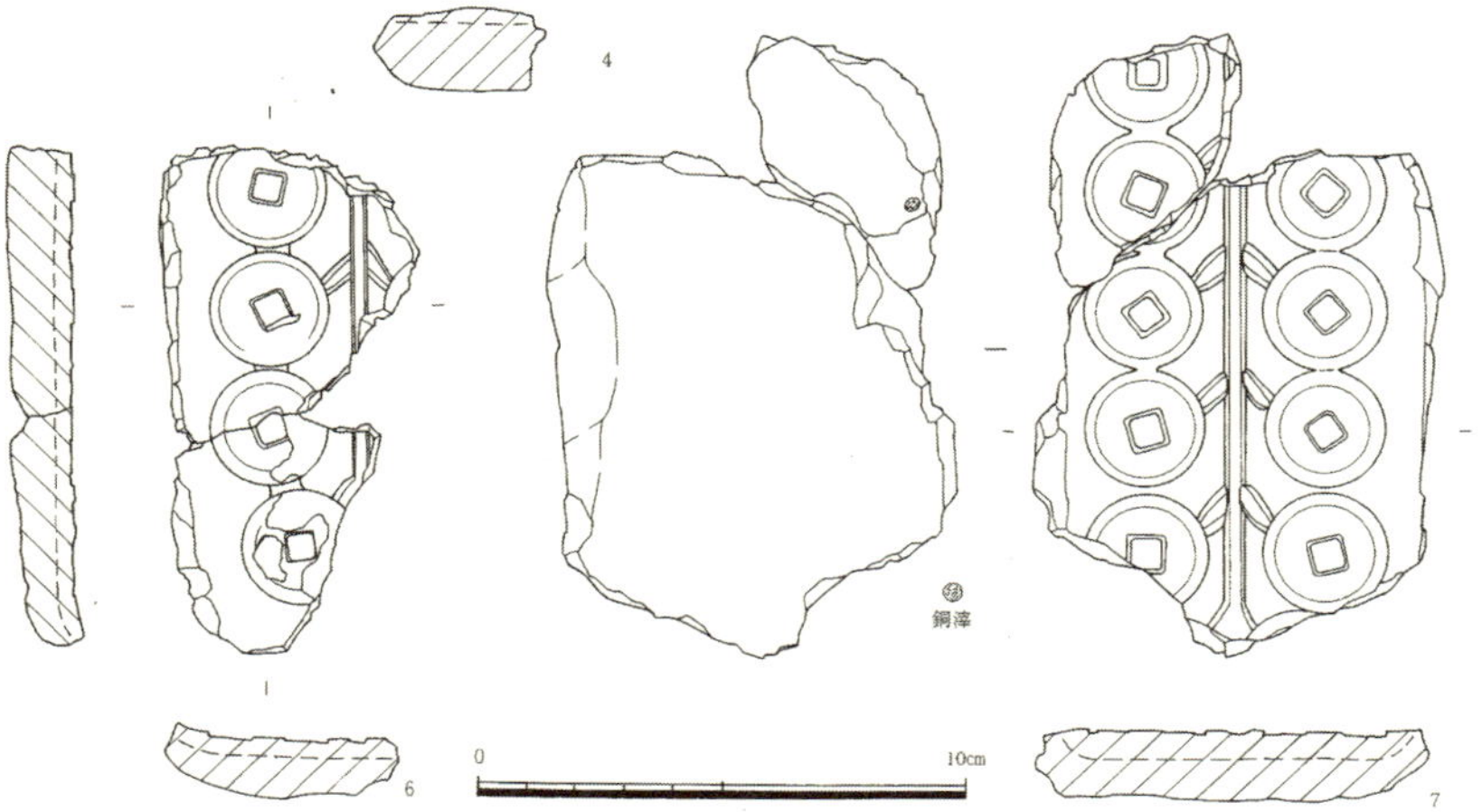

図三五　調査地18の銭鋳型

（二）二つの地区と二つの時代

これまで見てきたように、東本願寺前から京都駅前周辺の平安時代終わりから南北朝期の特徴は、鋳造工人の姿と高級な中国陶磁器に代表される。ただし、調査成果を詳細に検討してみると、その特徴は、この地区全体で均一に見られたのではなく、実際には、場所と年代によって違いのあったことがわかる。

たとえば鋳造関係の遺構と遺物をみれば、現在の塩小路通より北にあたる調査地9・11・12などでは、一二世紀から一三世紀中葉を中心に刀装鋳型と銭鋳型を用いた鋳造作業がおこなわれ、一方現在の塩小路通より南にあたる調査地14・18・19などでは、一三世紀後葉から一四世紀後葉を中心に鏡鋳型と仏具鋳型を用いた鋳造作業がおこなわれていたことになる。

実は当時の塩小路は、現在の塩小路通のやや北に位置し、現在の塩小路通の南には八条坊門小路が走っていた。したがってこれを当時の姿にもどせば、概ね八条坊門小路を境にして、その北と南では造っていた鋳造製品の種類と、おこなわれていた作業の年代が異なっていたことになる。

次に中国陶磁器をみれば、やはり現在の塩小路通より北にあたる調査地2・4・11・12などからは、一般の集落遺跡でもみられる碗・皿類以外に、白磁または青磁の四耳壺・水注・合子や、黄釉・褐釉などの陶器の盤や壺が多く見られた。さらに調査地20では、室町時代ともされているが、青磁合子・香炉、白磁壺・合子、褐釉壺が出土し、調査地13からも褐釉壺が出土している。碗・皿以外のこれらの中国陶磁器が見つかる遺跡は、西日本の集落遺跡の中でおよそ二割に限られる。また、その中でもとくに壺類は、西日本より東日本で目立つ器種とも言われている。いずれも西日本の一般の集落とは異なる出土状況を示す。

なお中国陶磁器以外の目立つ製品では、長崎県の西彼杵半島を産地とする滑石製の石鍋がある。時期はおおむね一三世紀代であり、これらは中国陶磁器と同時に、西方との強いつながりを示す可能性がある。

最後に墓についての検討をおこないたい。平安京から中世京都の墓地については、堀内明博氏と山田邦和氏の研究が知られ、この地区については「七条町型」として、通りから奥まった町並みの裏側につくられる墓として分類されている。

ところが先に見てきたように、この地区に墓が広がるのは基本的に一三世紀後葉から一五世紀中葉であり、その範囲は東本願寺前から南西へ向かい、塩小路堀川に近い調査地14へかけての一帯である。この地区は、その前の時代に高級な中国陶磁器や刀装鋳型が見つかった地区とほぼ重なり、一方この地区に墓が造られていた一三世紀後葉から一四世紀代には、その南東にあたる京都駅ビルの調査地19周辺では鋳造工人に代表される町が存在していた。

さらに一四世紀代で墓と鋳造工房が混在する塩小路堀川南の14・15周辺の地区も、墓は鋳造工房の後の時代に登場する可能性がある。

したがって一三世紀後葉から一五世紀中葉における洛中南部の墓地と町の基本的な関係は、共存ではなく分離であり、それを京都全体でみると、駅ビルの調査地19を中心とした鋳造工人などの集落は、現在の東本願寺から南西に広がった墓地群で京都の中心から切り離された、衛星村落的な景観を示していたと考えられるのである。

東本願寺前から京都駅前周辺の発掘調査成果は、一元的に整理されるものではなく、おおむね現在の塩小路通（おそらく実際は八条坊門小路）を境にして、時期的にも質的にも異なった北地区と南地区の二つの地区に分けて整理することが必要である。

すなわち北地区は、一部で一一世紀から町並みが形成され、一二世紀から一三世紀中葉をピークとして、一般の集落では出土しない種類の中国陶磁器をもち、刀装鋳型を中心に作業をおこなう人々も生活をしていた。しかし一三世紀後葉から一五世紀後葉は一面が墓となり、また一五世紀以降には町または館の周囲をめぐると思われる濠も築かれるようになる。

一方南地区は、北地区の町並みが終焉をむかえた後の一三世紀後葉から一四世紀を中心に、主に鏡と仏具を鋳造した工房と漆器を大量に保有していた家や蔵などの建ち並ぶ町がひろがる。けれども一五世紀代以降は、その多くが耕作地に変わる。

京都駅前周辺の平安時代終わりから室町時代までは、このように全く異なった特徴を示す二つの「町」が、時期を異にして展開していたのであった。それではこのような京都駅前周辺の変遷は、京都の都市史の何を反映したものだったのだろうか。

（三）海内の財貨只其の所に在り

一昨日の火事の実説。烏丸の西、油小路の東、七条坊門の南、八条坊門の北、地を払ひて焼亡す。土倉、員数を知らず。商賈充満す。海内の財貨只其の所に在りと云々。〈略〉翌日より皆造作すと云々。商賈富有の同類、相訪ふ者山岳の如くに積み置く。先ず大路を隔てて各々幔を引き、其の中の境に居う。飯酒肴計るに勝ふべからず。（『訓読　明月記』第六巻　河出書房新社）

文暦元年（一二三二）八月五日の『明月記』によれば、洛中の南で大火があり、多くの家が焼失したという。その範囲を現在の場所で言うと、東が烏丸通で西が油小路通（堀川通の一筋東）、北は東本願寺の正面通から南は京都駅前塩小路通のやや南だった。この一帯には、金融業者が数多く住んでおり、商賈が大変盛んで、京都中の財貨が集まっていた。さっそくその翌日から復興が始まったが、その様子は、同業者が集い、焼け跡に幔幕が張られ、大層にぎやかなものだったと言う。

平安時代後期において、平安京の経済の中心は東市とその周辺の市町だった。東市の場所はほぼ現在の西本願寺にあたるが、脇田晴子氏が言うように、当時その周辺には、『新猿楽記』の金集百成に代表される手工業者や商人たちが集住していた。しかし、一二世紀の後半には、その中心は現在の新町通と七条通の交差点を中心とした「七条町」に移り、その影響で三条・四条がさびれたとも言われる。藤原定家による『明月記』のこの記事は、その様子を具体的に示したものとして名高い。

ただし、この時期に七条町の周辺に住んでいたのは、商人と手工業者だけではなかった。最初に紹介したように、後白河上皇が鴨川を渡った七条大路末の法住寺殿に移徙したのは永暦二年（一一六一）だった。一方JR嵯峨野線が北へ曲がる梅小路公園周辺には平清盛の西八条殿があった。『拾芥抄』の絵図には仁安元年（一一六六）に造営されたと書かれ、『玉葉』の安元三年（一一七七）六月一日の記事にもみえる。したがって「七条町」は、東西を当時の最高権力者の拠点にはさまれ、そのちょうど中間にあった一大商業ゾーンだったことになる。そしてこれに加えて、京都駅の東端から北にあったのが、八条院暲子の院庁だった。

八条院暲子は、鳥羽天皇の皇女で美福門院を母として保延三年（一一三七）に生まれる。鳥羽の安楽寿院領も含め、後に大覚寺統の重要な経済基盤となる莫大な所領を両親から譲られ、彼女には様々な権力が関わった。五味文彦氏によれば、女院は平頼盛を支援し、九条兼実とも親しく、後白河皇子の以仁王を養子としていたことにより、以仁王の乱は八条院を舞台としておこったと言う。後白河院と清盛の間にあって、独自の立場と権力を持った存在だったようである。また八条院の院庁をとりしきっていたのは大宰府長官の藤原実清で、これは東アジア交易につながる要素と

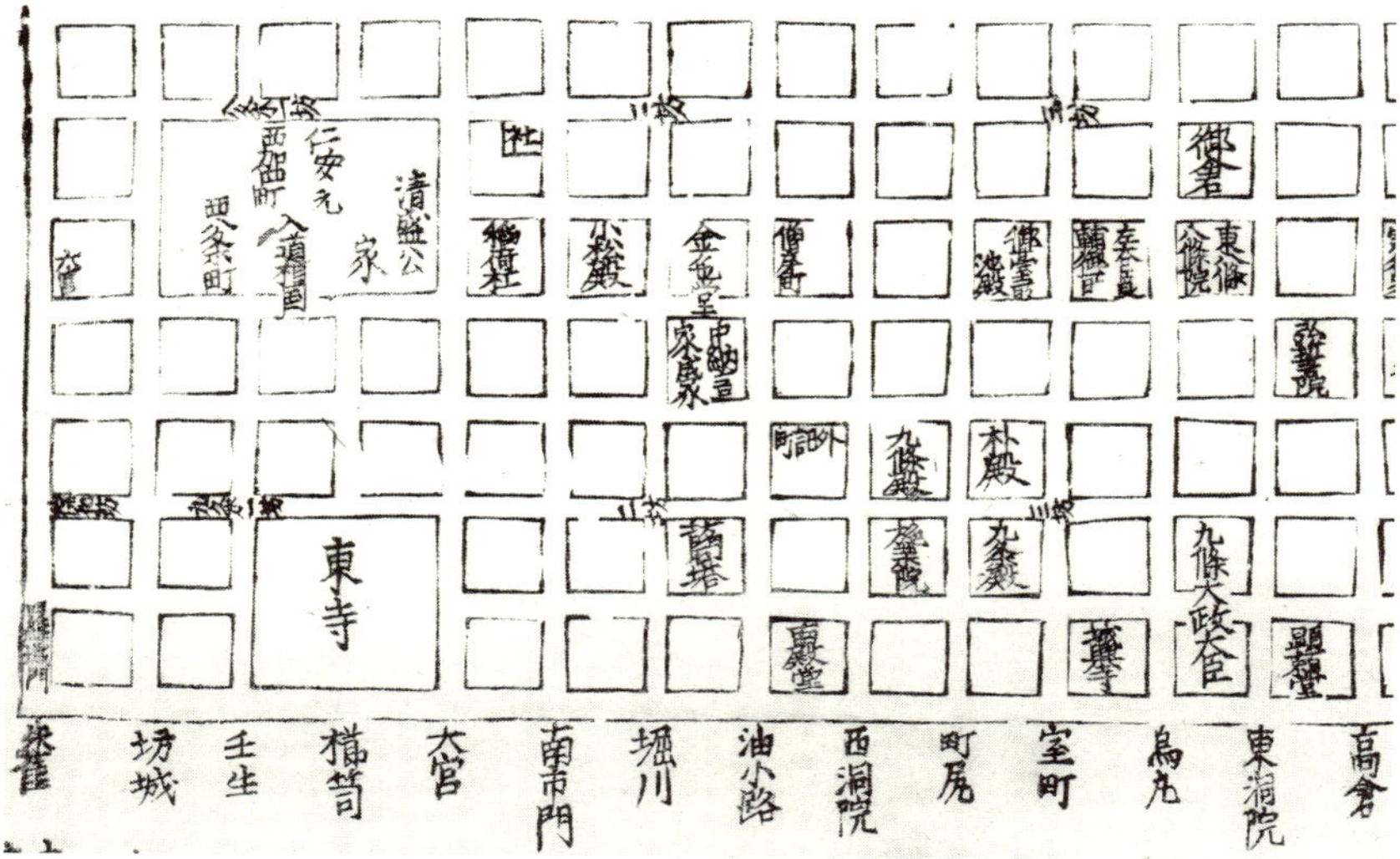

図三六　平清盛の西八条殿（拾芥抄）

も言える。

　したがって、平安時代終わりの七条町の周辺には、平清盛の西八条邸と後白河院の法住寺殿および八条女院の院御所など、当時の最も大きな権力と財力が集中していたのであった。

　そこで先の発掘調査成果に戻れば一二世紀から一三世紀中葉に繁栄した北地区は、まさに七条町の地区に重なる。そしてそこで造られていた金属製品は刀飾りであり、多く見つかったのは高級な中国陶磁器である。それらは野口実氏が指摘しているように、こういった七条町をとりまく環境の反映と考えれば説明することができるだろう。さらに中国陶磁器の中でも壺類が多いことは、六条以南に、東国を出自とする武士の邸宅が多かったこととも、関係する可能性がある。

　平安時代終わりから鎌倉時代初めの時期、京の下辺にあたるこの「町」とその周辺は、武士と共に京外からもどってきた新たな京の中心として存在したのであった。

　それでは南地区は何を反映したものだろうか。

　八条女院が建暦元年（一二一一）に没した後、この地は後宇多上皇を経て正和二年（一三一三）に東寺に寄進

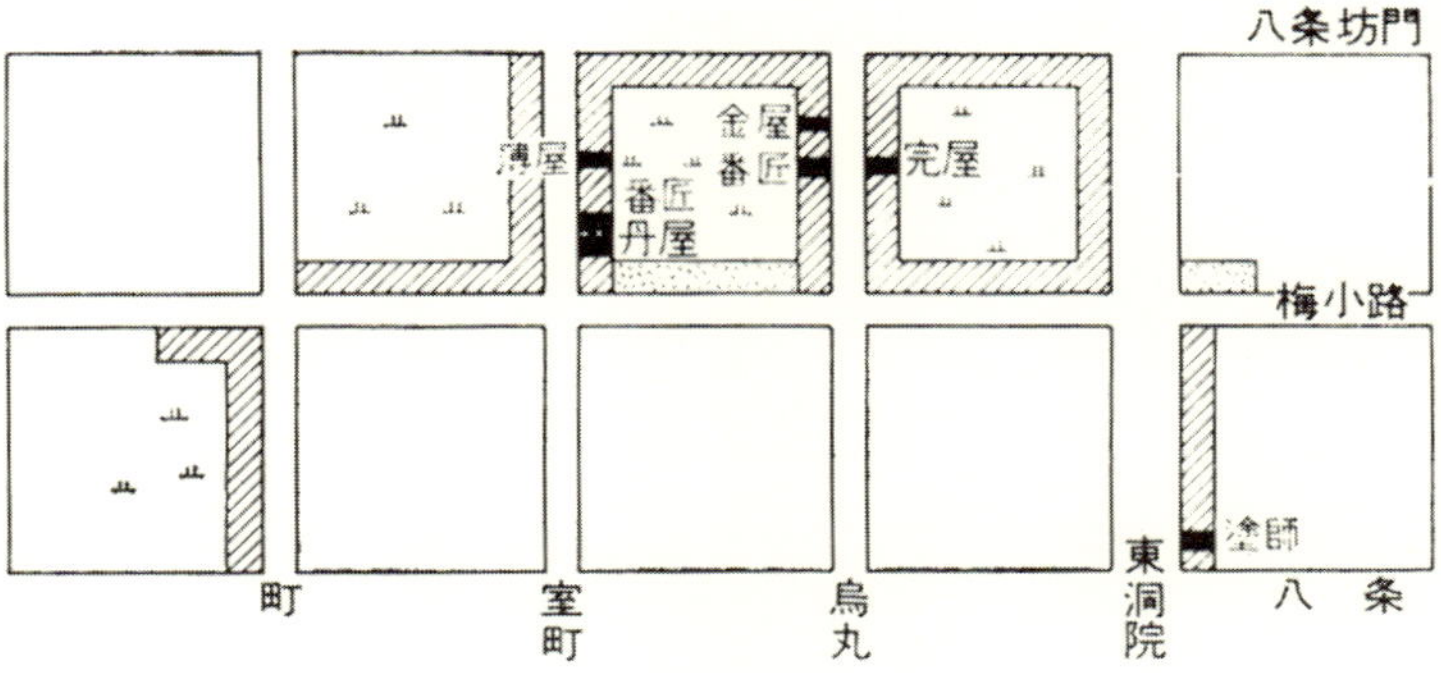

図三七　八条院町

される。その範囲は東が高倉東、西が堀川東で、北が八条坊門北、南が八条南とされ、「八条院町」と呼ばれていた。そしてそこに、番匠・薄屋・完屋・丹屋・金屋などの様々な手工業者たちが居住していたことを、仲村研氏と川嶋将生氏が明らかにしている。

先の発掘調査成果に戻れば、一三世紀後葉から一四世紀代に発展した南地区が、まさに八条院町に重なる。したがって、そこで造られていた金属製品が鏡や仏具だったことは、その反映とするべきではないかと考える。またこの景観はやはり、脇田晴子氏の描くような、都市の中心から切り放された「同業村落的手工業者集団」の「町」の姿でもあった。ただしその前の時代にあった八条院庁関係に該当する遺構は少なく、調査地19で見つかった特殊な構造の井戸以外、詳しい状況は明らかではない。

このように、北地区は七条町に、南地区は八条院町に対応し、鋳造工人についても、一見すると同じように見える京都駅前周辺の鋳造関連の遺跡群ではあったが、それぞれの工人の社会的な存在形態や都市京都との関係は、全く異なっていたことになる。特に八条院町の手工業者の存在形態は、中世都市京都とその周辺地区との関係を考える上でも重要な意味を持つ。

ところで七条町の繁栄についてのこれまでの説明で、ひとつの疑問が残る。さきに七条町の繁栄の最大の要因は、八条女院と平清盛と後白河上皇ではないかとした。しかし平清盛は治承五年（一一八一）に、後白河上皇は建久三年（一一九二）に、八条女院は建暦元年（一二一一）に逝去するため、一三世紀初めに七条町の背景にあった主人公たちは、全員姿を消す。ところが一二三四年の『明月記』には、七条町で「海内の財宝」を集めていた土倉の姿が描かれ、京都駅前北地区の遺跡のピークも一三世紀前半まで続く。もし七条町の繁栄がさきの三者を背景としたものであるならば、これはどのように説明されるのであろうか。

先に見たように、八条院庁とその周辺は、女院の死後、正和二年（一三一三）に後宇多天皇から東寺へ施入され八条院町となる。ただしその間の経過は少し複雑である。八条女院の死後、その猶子の春華門院昇子内親王から順徳天皇へ伝領されるが、承久三年（一二二一）の承久の変で京都方についた順徳が佐渡に流されると、それを幕府が没収して後高倉院守貞親王に付属させる。

ところが、直後の貞応二年（一二二三）には安楽寿院領以下と共に守貞親王からその皇女の安嘉門院邦子内親王に譲られ、さらに弘安六年（一二八三）の亀山上皇を経て嘉元三年（一三〇五）に後二条・後宇多・昭慶門院・昭訓門院らに分領されるという経緯を経ることになる。

実は八条女院の猶子となった春華門院は後鳥羽の娘で、守貞親王は後鳥羽天皇の同母兄だった。したがって、その時期の実質的な八条院領の掌握は後鳥羽とその兄の守貞親王、そしてその後裔の亀山上皇に引き継がれていた。そのため一二世紀後半に繁栄を築いた七条町は、女院の崩御により、すぐに衰退したわけではなく、一三世紀以降も機能することが可能だったと思われるのである。京都駅前北地区の遺跡が一三世紀前半まで興隆を続けたのは、こういった経緯によるものであろう。

ところで一三世紀の七条町の繁栄に関与したと推定される後高倉院守貞親王は、平家滅亡後に上京の持明院基家に養育され、その娘陳子（北白河院）を妻とし、持明院殿を御在所として持明院宮と呼ばれた人物である。そして、実はさきに述べたもうひとつの京の中心である上辺《かみわたり》にあたるのが、この持明院殿を中心とする、現在の一条通から上立売通にかけての一帯だった。

二、西園寺公経と持明院殿

かの法成寺をのみこそいみじきためしに世継もいひためれど、これはなほ山のけしきさへおもしろく、都はなれて眺望そひたれば、いはん方なくめでたし（『増鏡』「内野の雪」講談社学術文庫）

（一）上辺《かみわたり》を掘る

同志社大学では、教学環境の充実に伴い二〇〇一年度から二〇〇四年度まで、今出川に所在する新町・室町・今出川の各キャンパスで発掘調査をおこなってきた。その中で発見された、鎌倉時代の都市構造に関わる重要な遺構が、新町キャンパス学生会館地点の溝六と、室町キャンパス寒梅館地点の溝一三である。

学生会館地点は上立売新町の南西に位置する。溝六は上立売通から約一三メートル南にあって、東がやや北に振った東西を軸とする。長さは、一九七四年の調査で見つかっている新町北別館地点の溝一とつながり六〇メートルを超える。断面は、上端が四メートル、下端が一メートルの逆台形に近い逆三角形で、深さは検出面から二メートルである。埋土の観察では、水の流れていた様子は見えず、ある時期に一度に埋められたと考えられる。

出土遺物は少なく、最上層から一五世紀代の土師器皿が出土し、下層から一三・一四世紀代の古瀬戸窯の入子《いれこ》が出土した。したがって、この溝が最終的に埋められた時期は一五世紀代ということになる。

寒梅館地点は烏丸上立売の南西に位置する。溝一三は上立売通から約七メートル南にあって、やはり東がやや北に振った東西を軸とする。全長は調査トレンチを超え六〇メートル以上となる。断面は底がやや丸みを帯びた箱形で、規模は上端が二メートル、深さは検出面から七五センチである。また学生会館地点の溝六と同様に、水の流れていた

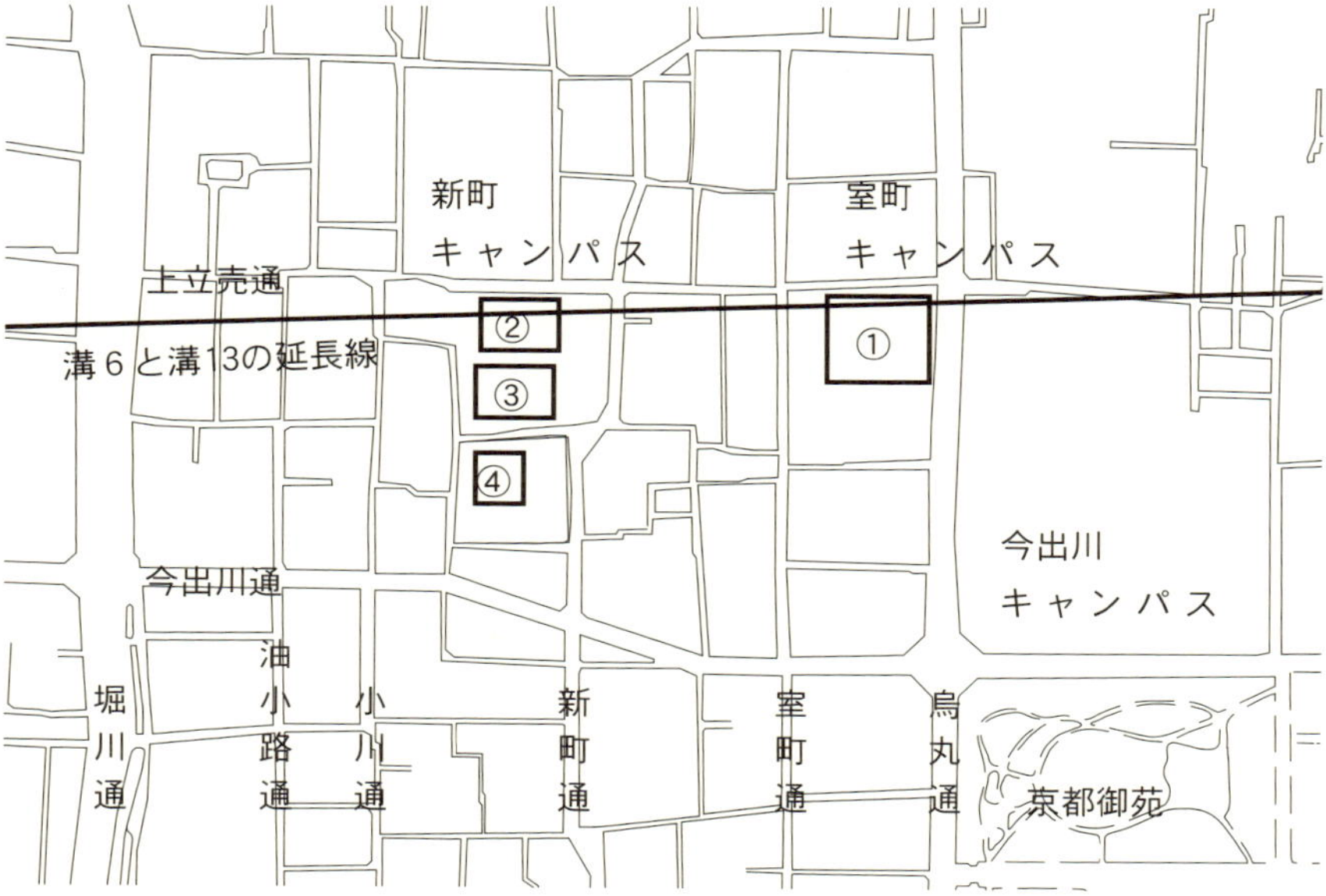

① 寒梅館地点 ② 学生会館地点 ③ 臨光館地点 ④ 渓水館地点

図三八 今出川校地の調査地点

様子は見えず、ある時期に一度に埋められたと考えられる。

出土遺物は少なくまたいずれも細片であるが、一四世紀前半代の特徴をもつ土師器皿（かわらけ）と中国製の青磁・白磁などが出土している。したがって、この溝の埋没時期は一四世紀代と考えて良いだろう。

上立売通に面するこの一帯は、平安京の北限である一条大路より北にあたる。そのため平安時代は、中頃を過ぎる頃から、後に登場する世尊寺や実相寺などの寺が開かれるものの、邸宅が築かれた様子はほとんどない。しかし鎌倉時代の始まる直前くらいから、この一帯にも貴族の邸宅が姿を現すようになる。

このうちこの溝の年代に関わる一四・一五世紀代についてみれば、学生会館地点の周辺は『長興宿禰記』の文明七年（一四七五）二月二〇日条に「西大路」として登場する。その名称は、現在の上立売通が当時

図三九　学生会館地点溝６

図四〇　寒梅館地点溝13

毘沙門堂大路と呼ばれており、その西にあたるためとも、現在の光照院の場所にあった安楽光院の西面の通りに由来するとも言われる。

安楽光院は、次項に登場する持明院殿内の持仏堂の堂号で、文和二年（一三五三）二月四日に持明院殿が焼けた後（『園太暦』）律院として再興され、正長元年（一四二八）八月二三日には、安楽光院で仏事がおこなわれている（『凶事部類』）。一方『上杉本洛中洛外図』などから、遅くとも一六世紀初めには、この通りの南に近衛殿があったことが知られる。したがって学生会館地点溝六の最上層の土器が示す一五世紀の年代は、これらの邸宅との関係を示す可能性がある。

また寒梅館地点の溝一三については、『後愚昧記』の永和三年（一三七七）二月一八日条に、崇光院仙洞御所が焼失し、同時に隣接する菊亭（今出川公直邸）と柳原日野大納言宿所（日野忠光邸）、藤中納言宅（日野資康邸）も焼失とあり、その場所が現在の寒梅館周辺にあたると考えられている。したがって、寒梅館地点の溝一三の一四世紀という年代は、これらの邸宅との関係が推測できることになる。

このように、新町キャンパスの学生会館地点と室町キャンパスの寒梅館地点で見つかった二つの溝は、それぞれの規模と形状と時期の違いから、室町時代の邸宅の回りに築かれた溝が候補のひとつとなる。

ところで、これら二つの溝の歴史的な背景を考えるためには、他にもまだ検討しなければならない要素が二つ残っている。ひとつは約一五〇メートル離れて東西で見つかったこれらの溝の関係であり、もうひとつは溝から見つかった別の年代の遺物の意味である。

発掘で見つかる遺構の姿は、必ずしもそれが造られた時の様子を示しているとは限らない。とくに使われた期間の長い遺構の場合は、その間に様々な事情により改造され、発掘で見つかった姿は、その最後の姿だった可能性も考えなければならない。またそこから出土した遺物も、その間の様々な出来事を反映したものと見るべきである。

そこであらためて二つの溝に注目すると、共に東が北に振った東西を軸とし、さらに地図上でそれぞれを延長する

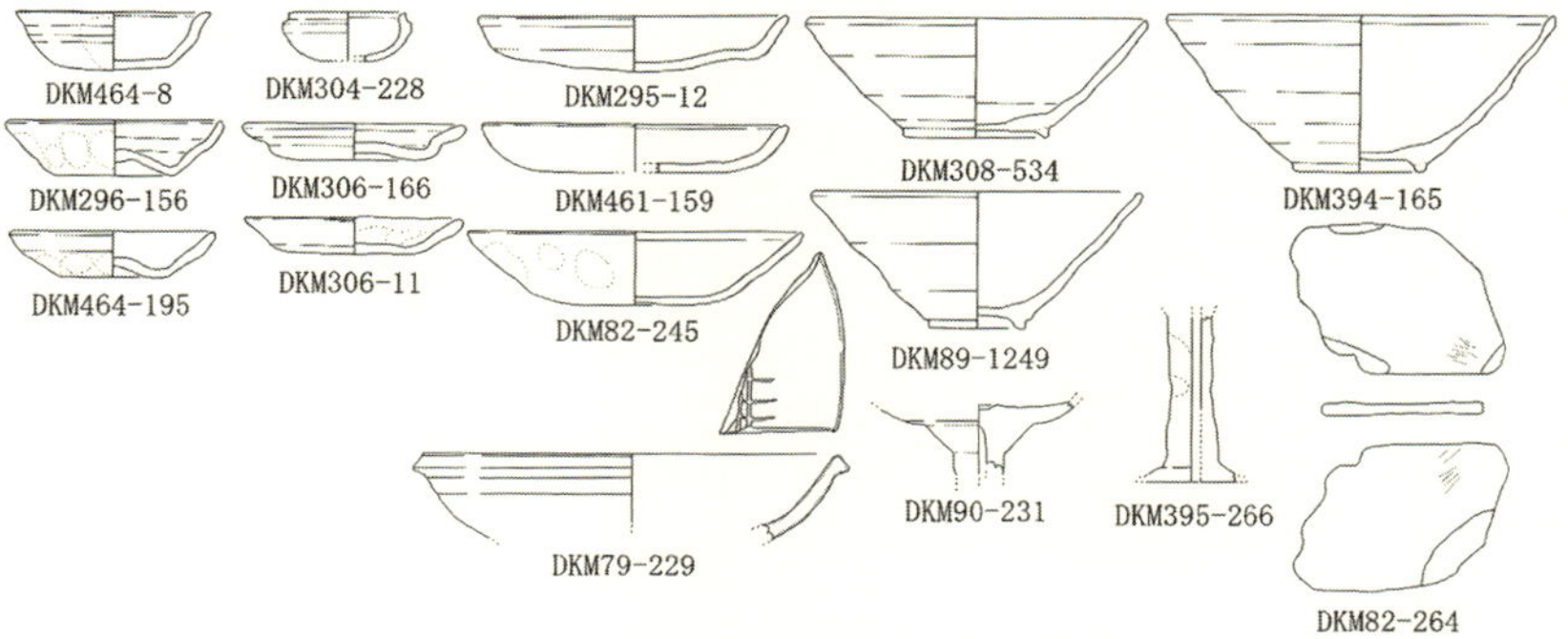

図四一　寒梅館地点井戸１出土遺物

と、それらは同じ軸線に乗る可能性が強い。これは二つの溝が共通する基準で造られたことを示す。

これまではこの二つの溝を、異なった形状と規模および埋没時期から、別々の邸宅に伴う施設だとみてきた。しかし二つの溝がつながるのであれば、この見方はこの溝の最後の姿であり、それ以前は特定の邸宅に付属する施設ではなく、少なくとも現在の烏丸通から新町通の西まで続くような、例えば街区を構成する施設の一部だったとも考えられることになる。

問題はその年代である。溝からは一三世紀に遡る遺物が出土しているが、それがこの溝の当初の時期を示すことになるのだろうか。実は数は少ないが、室町キャンパスと新町キャンパスから、鎌倉時代に遡る時期の遺構と遺物も見つかっているのである。

寒梅館地点の井戸一は、上立売通から約五〇メートル南に位置する。直径は一・九メートルで深さ一・三メートルの素掘りの井戸である。埋土の中から、大量の土師器皿をはじめとして、土師器高坏、山茶碗、常滑焼の甕、古瀬戸灰釉卸皿、中国製青磁蓮弁文碗、白磁皿、東播系捏鉢、砥石、鉄釘などが出土した。時期はおおむね一三世紀後半と推定される。また近くの土坑から鎌倉時代の剣頭文軒平瓦も見つかっている。これらの遺物は、鎌倉時代のこの場所に貴族の邸宅があったことを示す。

新町キャンパス臨光館地点の溝七は、上立売通から約五〇メートル南に位置する。軸はほぼ東西だが、部分的な調査のため、大型の土坑である可

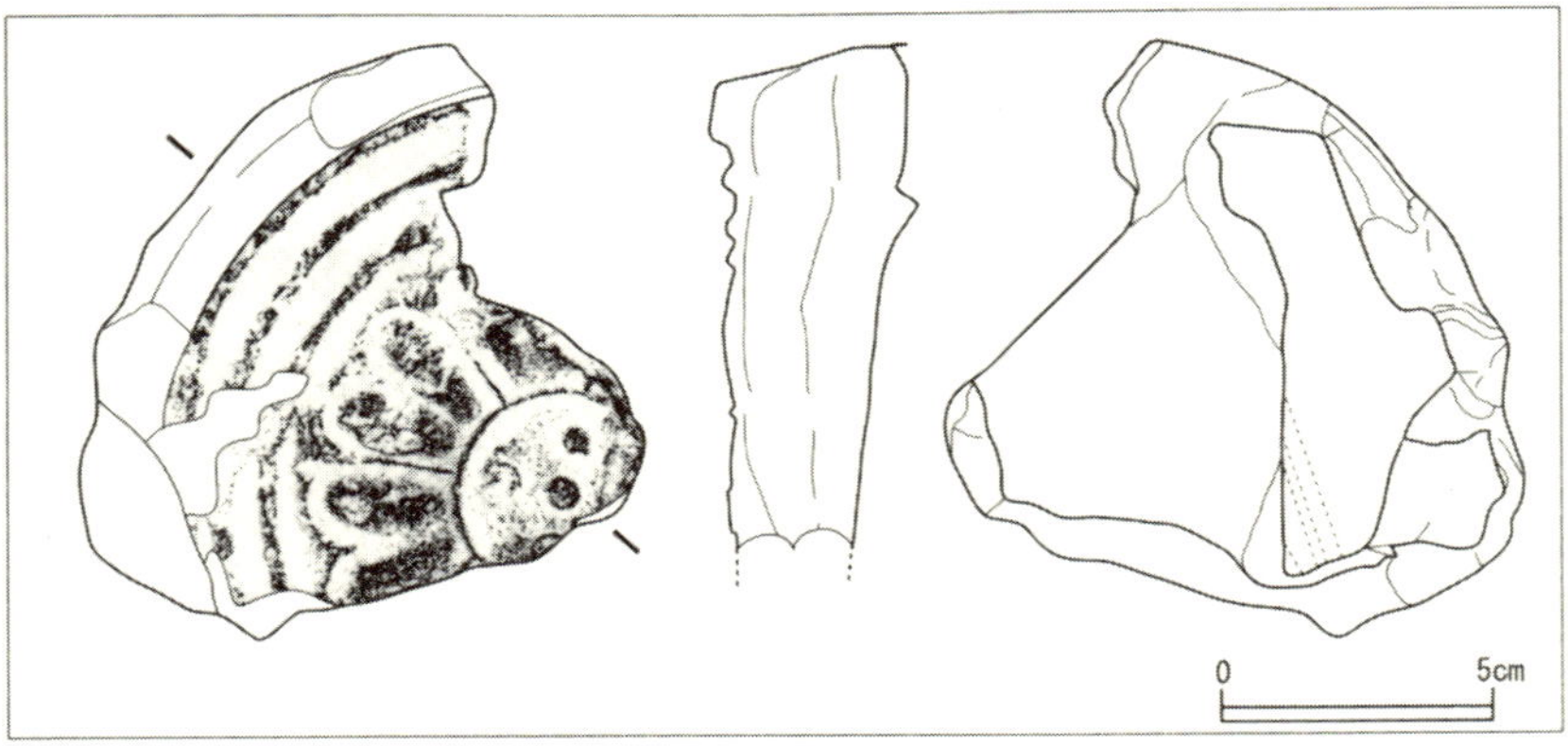

図四二　複弁八弁蓮華文軒丸瓦

能性もある。埋土から中国製青磁碗、山茶碗および岡山県の亀山窯と思われる甕など、鎌倉時代後半から南北朝期の土器類が出土した。これもその時期に邸宅があったことを示す。

さらに新町キャンパス南の渓水館地点からは、一三世紀代の瓦器碗と共に、平安時代終わりから鎌倉時代の複弁八弁蓮華文軒丸瓦、卍文蓮華文軒丸瓦、剣頭文軒平瓦が見つかった。

複弁八弁蓮華文軒丸瓦は、中心飾りが中央にひとつとその周りに四つの蓮子から構成され、複弁の蓮華文は比較的平面的につくられている。蓮華文の外側には珠文帯を持たず、代わりに二重の圏線が巡っている。瓦の周縁は幅が狭く、その側面は内傾するほどに強く削られている。復原直径は約一六センチである。時期は平安時代後期と推定され、類例は淀付近の採集資料が知られている。

卍文蓮華文軒丸瓦は、周縁が完全に失われているために、正確な直径は不明だが、類例から推測すれば一二センチほどと考えられる。中央に直径約三センチの中房をおき、「卍」を配する。また、そのまわりに立体感のある複弁の蓮華文を巡らせ、さらにその外側に一二の珠文をおく。

山崎信二氏の研究によれば、同様な文様を持った瓦は、これまで常盤仲ノ町遺跡・法勝寺・平安京左京三条三坊十一町・左京七条三坊五町・左京八条三坊・臨川寺など見つかっており、今回見つかった瓦は、その中でもとくに瓦当面の直径が小型の常盤仲ノ町遺跡出土の瓦が似た特徴をもっていると思われる。なお時期は、東大寺や京都の近辺で出土する中世瓦との比較により、治承四年（一一八〇）の南都焼討ち後の東大寺東塔再興期にあたる嘉禄年間または天福年間の一三世紀初め頃と考えられている。

これらの遺物は、いずれも室町時代以前からこの地区の周辺に邸宅が建ち並んでいたことを示す。さらに鎌倉時代の瓦は一般の建物に伴うものではない。したがって、この溝の近くには、瓦を屋根に葺いていた特別な建物があったことも考える必要がある。

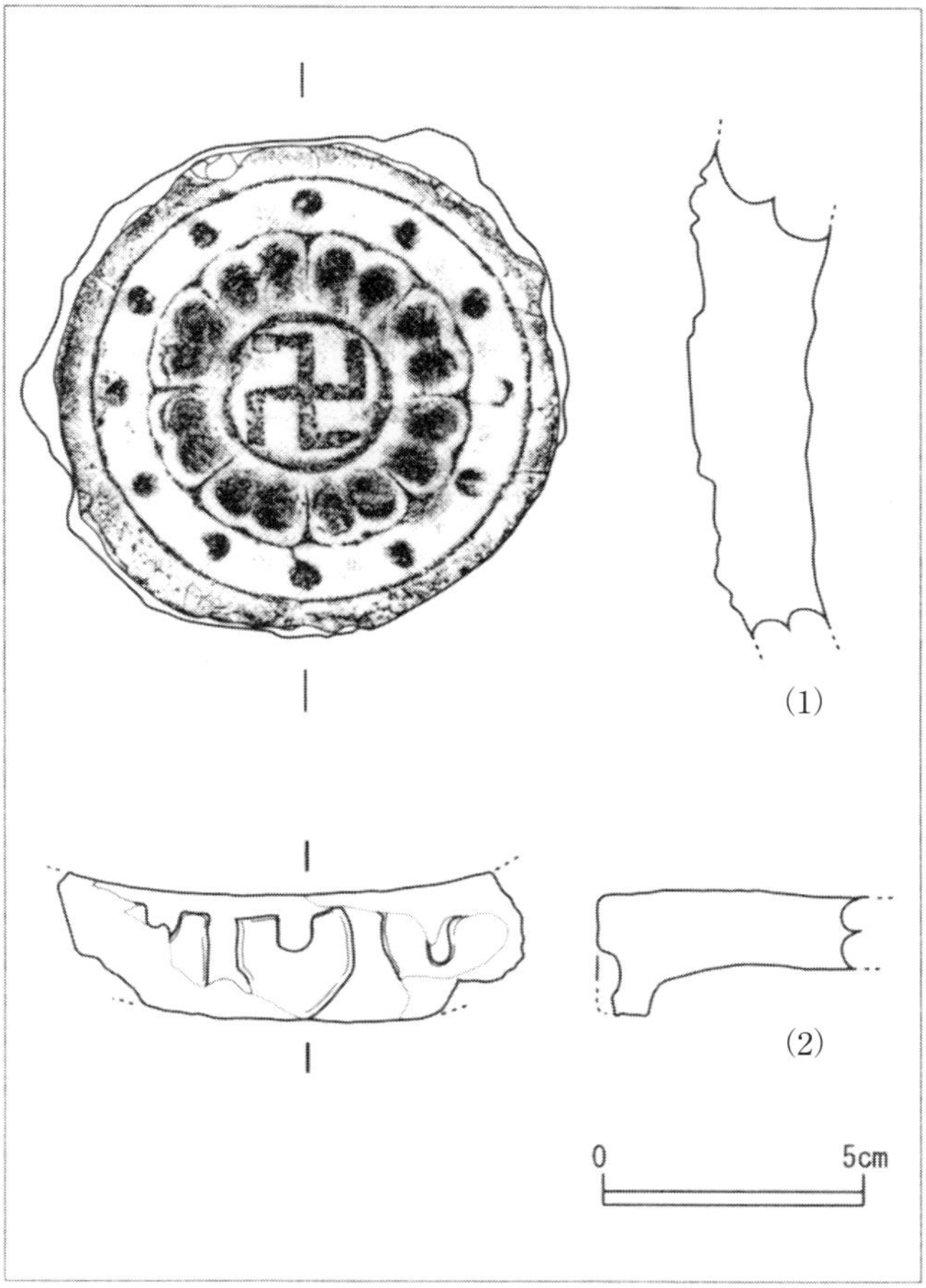

図四三　卍文蓮華文軒丸瓦（1）と剣頭文軒平瓦（2）

寒梅館地点の溝一三と学生会館地点の溝六の原型は、鎌倉時代に遡って存在した、街区に関わるひとつの溝だった可能性が強いことになるだろう。

（二）持明院大路

応長の比《ころ》、伊勢の国より、女の鬼に成りたるをゐて上りたりという事ありて〈略〉京・白川の人、鬼見にとて出惑う。「昨日は西園寺に参りたりし、今日は院へ参るべし、ただ今はそこそこに」など言い合えり。（『徒然草』第五〇段（日本古典文学大系）岩波書店）

一四世紀の初め頃に、伊勢から鬼に化けた女を連れて上京したという事件があり、京・白河の人々は、「昨日は鬼が西園寺へ、今日は院へ向かった」と噂をし出歩いたと言う。この「院」が、寒梅館から新町キャンパス周辺で鎌倉時代を代表する邸宅のひとつで、後に伏見・後伏見の各天皇が仙洞をおいて大覚寺統と皇位を争うことになる、持明院統本拠の持明院殿である。

川上貢氏の研究によれば、その起源は、康和年間（一〇九九～一一〇四）に能登守鎮守府将軍藤原基頼によって現在の上立売新町北にひらかれた邸宅内の持仏堂に遡る。その後子の通基は、天治年間（一一二四～一一三〇）にこれを拡充して九品仏を安置し安楽光院と称したが、その時に家の号としたのが持明院だと言われる。

元々持明院家は、藤原道長の次男の頼宗から出た傍流の家柄であった。その持明院家が政治の中枢に深く関わるきっかけとなったのが、通基の子の基家の時代である。この時、高倉天皇の第二皇子であり、後鳥羽天皇の兄にあたる守貞親王が、基家の子の陳子を后として、『明月記』建仁三年（一二〇三）一月九日の条に「持明院宮」として登場する。

その背景について川上氏は、通基の妻が鳥羽天皇皇女の上西門院の乳母になったことと、基家が院政を支える受領層の一員になったこと、そして守貞親王の母の七条院殖子が基家の姪にあたることに注目し、院政期の特殊な事情が持明院家の発展の背景にあったことを示唆している。妃の陳子はやがて院号宣下によって貞応元年（一二二二）に北白川院となり、『吾妻鏡』の貞応二年（一二二三）五月一八日条によれば、守貞親王は持明院殿で崩御している。

その後、持明院殿は、北白川院の持明院御所として整備され、後堀河天皇皇女の室町院御所を経て、伏見院がここを仙洞としたことで持明院統の本拠となっていく。そして文和二年（一三五三）二月四日に随身所からの出火で安楽光院以外が焼け（『園太暦』）衰退するまで、北朝の院御所としての役割を果たしていく。

その位置については、一般に安楽光院との関係から上立売新町北の光照院を含む一帯と言われ、川上氏はこれを前提に、東が現在の室町通と烏丸通の中間、西が光照院の敷地の西境（安楽小路町）とする東西・南北共に二町半の広さと場所を推定している。

また『明月記』の寛喜二年（一二三〇）一二月二五日条にも、「持明院殿に行幸。輦路《くるま》一条町（北に行き）、中宮御所の北路（東に行き）、室町を北」とあり、ほぼ同じ場所を示している。

図四四　持明院御所の碑

そしてここで注目されるのが、川上氏がその南限を推定する根拠としている、持明院殿の南を東西に走る二つの名前を持ったひとつの路である。

持明院殿あるいはその敷地内の西にあった広義門院御所への道筋を記した『園太暦』の貞和四年（一三四八）一一月一〇日の条によれば、「次参持明院殿、路次、今出川北行、毗沙門堂大路西行、入総門」とあり、現在の烏丸通を北へ進み、その先にあった「毘沙門堂大路」を西に曲がったところから総門へ入っている。したがって持明院殿の南の総門は「毘沙門堂大路」に面していたことになる。

一方『経俊卿記』の嘉禎三年（一二三七）一二月二六日によれば、持明院殿の西隣に造営された安嘉門院御所への道筋が「富小路北行、至持明院大路」とあり、持明院殿（安嘉門院御所）へは、南北路である富小路を北へ行き、「持明院大路」と出会ったところで西へ折れ、行ったことになる。やはり持明院殿の南の東西路と考えて良いだろう。ところで「毘沙門堂大路」とは、現在の相国寺東に見える毘沙門町に由来し、その毘沙門町が富小路の北の延長上にあたっている。したがって「毘沙門堂大路」と「持明院大路」は同じ路をさすもので、それぞれ一四世紀以降の名称と一三世紀の名称だと、川上氏は指摘する。そして毘沙門町から相国寺を隔てたその西は現在の上立売通にあたり、森幸安が宝暦三年（一七五三）に描いた『中昔京師地図』には、その位置に「毘沙門堂大路」と記されている。

上立売通に面した寒梅館地点と学生会館地点の周辺には、すでに鎌倉時代から邸宅が建ち並び、そこには現在の上立売通の前身にあたる「持明院大路」あるいは「毘沙門堂大路」と呼ばれた「大路」が走っていたのである。さらに新町キャンパスの北には、持明院殿内に設けられた安楽光院が建てられていたと推定されるのである。

これらのことから、さきに見てきた二つの溝の前身は「持明院大路」の南側溝であり、周辺で見つかった鎌倉時代の遺構・遺物、そして新町キャンパスで発見された瓦は、持明院殿と安楽光院に関わるものと考えている。ただし寒梅館地点の溝一三も学生会館地点の溝六も現在の上立売通から離れ、とくに溝六は上立売通と角度も異なっているため、現在の上立売通がそのまま鎌倉時代の持明院大路に重なるわけではない。これはどのように考えたら良いのだろうか。

一条北辺の路については、高橋康夫氏の研究が詳しい。このうち鎌倉時代に絞って一条以北の主要な大路を見ると、南北路が「園池司東大道」と「北野西大路」および「出雲路」で、東西路が「持明院大路」「(持明院) 北大路」となる。

「園池司東大道」は大宮東大路を北へ延伸した路で、葛野郡と愛宕郡の郡界でもあり、現在の大宮通がそれにあたる。「北野西大路」は北野天満宮と平野社の間の路で、高橋氏は葛野郡八条・九条間の条間道路に由来する「野寺東」道と推定する。また「出雲路」は東京極東の東朱雀大路を北へ延伸した路であり、高橋氏はこれを小路と見るのが妥当とする。けれども『本朝世紀』久安四年（一一四八）三月四日の記事などから、下鴨神社への参詣路として、また出雲郷と洛中をつなぐ場として市街地化が進んでいたともされ、「大路」とすることも可能だと考える。

一方東西路の「持明院大路」は先に見てきたとおりであり、「(持明院) 北大路」は現在の廬山寺通と比定されている。さらに『主殿寮北畠図』にあるように、一条以北には、これらの大路や大道以外にも多くの辻子や小路が交差し、平安京に隣接する新たな街区を形成していたとする。

ここで注目したいのは、これらの大路で囲まれた範囲と大路の関係である。東西の境界は下鴨神社と北野天満宮でそれぞれ京外へ続く道を伴う。なお、この頃より北野天満宮の南には、神人《じにん》を中心とした都市的な場が生まれていたと網野善彦氏は推測し、あわせてその中の不断香神人が北野天満宮末社の老松社の敷地に住んでおり、文永七年（一二七〇）には、彼らへの後嵯峨院院宣が西園寺実兼《さねかね》充てに発せられていることを指摘している。

また北の境界は「(持明院) 北大路」とされているが、その東は平安京遷都以前に遡る出雲氏の氏寺と推定される上出雲寺跡（現在の上御霊神社）につながっている。したがって、平安京の北辺にひらかれた新たな街区は、そのまわりの境界を外界との結節点にあたる三つの社寺においていたと考えられることになる。そしてこの街区の東西の中央をはしるのが「園池司大道」で、南北の中央を走るのが「持明院大路」だった。

現在の上立売通と軸線がずれている溝六と溝一三は、東へ延伸すると下鴨神社の糺の森の南につながり、西へ延伸した先は北野天満宮の東門にあたる。これは一条北辺に新たに出現した街区の東西の象徴を結ぶことになる。したがってこの軸線こそが、鎌倉時代の一条北辺の街区のメインストリートだったことを示すものと考える。

ところで、現在の上立売通は、その西で軸を北へずらし、北野天満宮の北を通り平野神社の正面につながるが、北野天満宮の東門につながる現在の通は五辻通である。そして鎌倉時代には、この「五辻」の周辺に、多くの重要な施

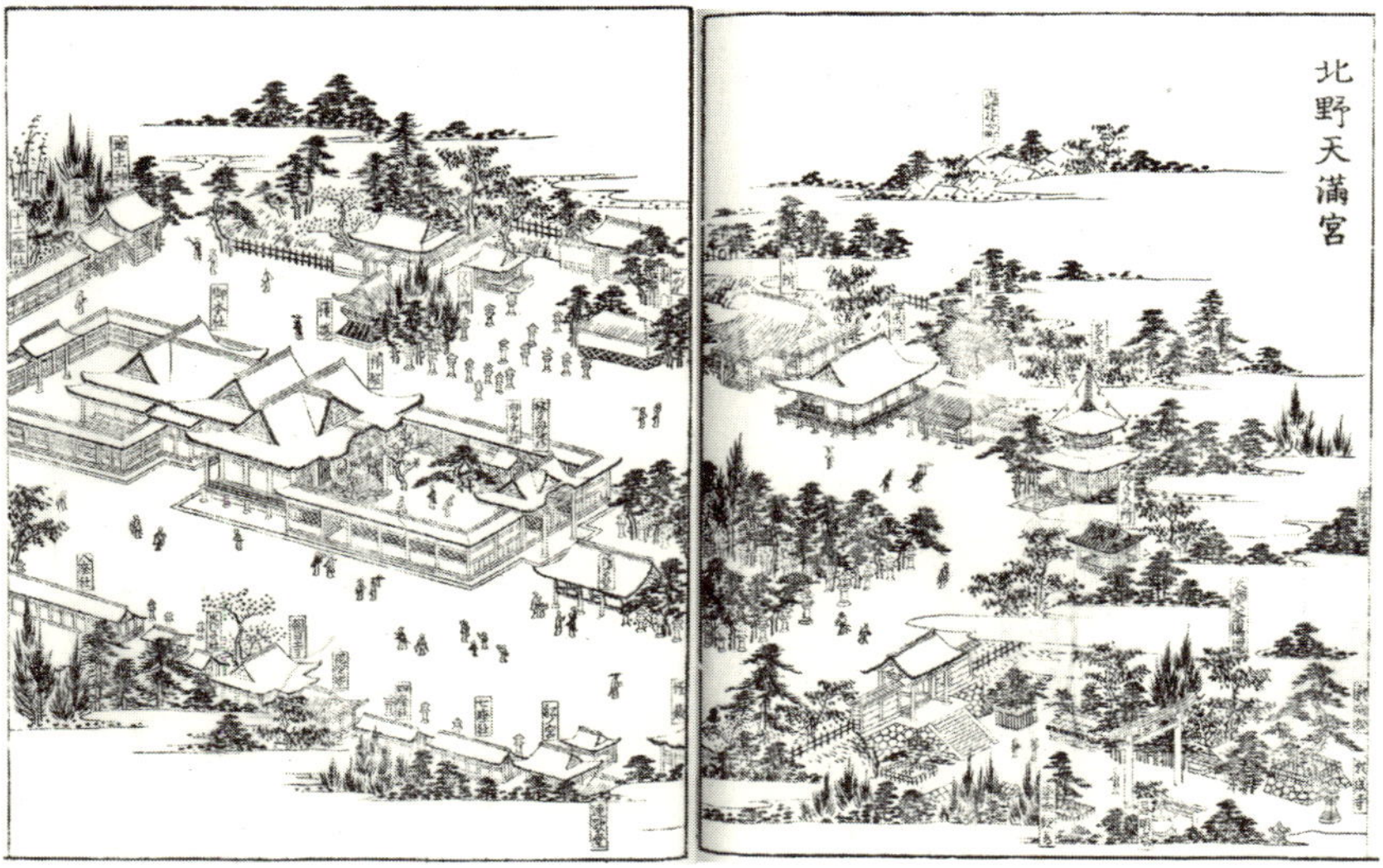

図四五　北野天満宮（都名所図会）

設のあったことが史料からわかる。

その最も代表的な邸宅は後鳥羽上皇の五辻殿である。その位置は『大日本史料』「伏見宮御記録」によれば、五辻南大宮西、当櫛笥末也」とあり、現在の上京区五辻町の五辻通智恵光院通から浄福寺通にかけてにあたる。造営は建仁三年（一二〇三）で、姉を後鳥羽の母となった七条院藤原殖子にもつ藤原（坊門）信清（一一五九～一二一六）が、播磨国を賜ったことによるという。なお彼の父信隆の邸宅は前項の舞台となった七条坊門にあり、娘の西八条殿は将軍実朝の妻となった。

後鳥羽上皇の移徙は、その翌年の元久元年（一二〇四）八月八日で、元久三年二月二二日には慈円が薬師法を修している。ただしこの御所が使われた期間は短く、承元元年（一二〇七）七月に白河殿新御所へ移徙の後は、承久元年（一二一九）七月一九日に最勝四天王院を解体して五辻殿へ移築した以外の史料は見られない。

次いで有名な邸宅が、鳥羽天皇皇女の頌子内親王の五辻斎院御所である。位置はさきの五辻御所の北にあたる。頌子内親王は久安元年（一一四五）に生まれ、承安元年（一一七一）に賀茂斎院になったが、病により三ヶ月足らずで退下し、五辻斎院と号して承元二年（一二〇八）に六四歳で死去するまでここに住んだ。

また先に登場した鳥羽天皇皇女の上西門院は、『吉記』の寿永二年（一一八三）一二月一三日の条によれば、五辻御所から持明院殿へ遷御している。この斎院御所をさすのだろうか。

なおこの五辻斎院御所は、元々頌子内親王の母の春日殿の御所でもあり、後白河天皇の方違えの場ともなっている。ちなみに高橋康夫氏は、その原型を、「皇女養育のため美福門院女房春日局に与えられた世尊寺地内の新宮御所」とみる。

五辻大宮の地は、さきに見てきた様に一条北辺の新街区にとって、東西のメインストリートである「持明院大路」と南北のメインストリートである「園池司大道」の交差点にあたる。皇女を住まわせるにふさわしい場所のひとつと言えよう。

ところで、ここで登場した世尊寺は、もと清和天皇第六皇子の貞純親王の邸宅だったが、源高明や藤原伊尹《これまさ》らを経て藤原行成（九七二～一〇二七）が継ぎ、そこに建立された寺院である。位置は『拾芥抄』に「一条北、大宮西」とある。しかし高橋康夫氏はその根拠が信頼できるものではないとして却け、世尊寺の敷地内に平親信が建立した尊重寺の史料をもとに、五辻の北で大宮と達智門路（壬生大路の延長路）の間にあったものとしている。ちなみに行成は藤原道長の側近として活躍し、また三蹟の一人としても有名で、その家系はこの寺にちなみ世尊寺流と呼ばれた。

同じ五辻大宮の地に関わる重要施設に景愛寺がある。開基を無外如大尼とする臨済宗寺院で、『鎌倉遺文』「山城宝鏡寺文書」の建治三年（一二七七）八月二九日によれば、西園寺実氏の后で後深草と亀山天皇の祖母にあたる北山准三后藤原貞子が、尼寺の建築用地として如大尼に施入した記録が、その創建を示す。位置は大宮五辻の北西にあたるが、高橋康夫氏は、さらにやや西の櫛笥小路末を中心とする範囲を推定している。

鎌倉時代前期の歌人として有名な藤原定家もこの地と関係があり、『明月記』の元久元年（一二〇四）正月八日には「五辻の小家に向かい、宮女房に謁す。是れ縁を求めて、女三品に達するためなり」とある。

図四六　五辻殿の碑

ところで東京大学史料編纂所の編年史料綱文データベースで検索される「五辻」は、保元三年（一一五八）九月七日から乾元元年（一三〇二）二月二五日までの四三項目で、そのほぼ半数を五辻斎院がしめる。また具体的な場所はわからないが、承安元年（一一七一）一月三日には後白河法皇が近臣の藤原成親《ふじわらのなりちか》の五辻第に御幸しており（『史料綜覧』）、時代は下がるが永仁三年（一二九五）閏二月二六日には、亀山法皇が、准后の五辻第に御幸している（『史料綜覧』）。この地の周辺が平安時代終わりから鎌倉時代を通じて注目される場所だったことがわかる。

一方五辻を離れても、この一帯には後鳥羽上皇や鎌倉時代の有力者にちなむ施設が多く見られる。

芝薬師は現在の堀川上立売西に残る地名で、後鳥羽上皇が運慶に命じ、比叡山に代わり根本中堂の薬師仏を模した坐像一体を造らせ女人参詣の便をはかったのが始まりと伝える。

芝薬師の北西に位置するのが安居院である。安居院は、もと比叡山東塔竹林院の里坊で、平安時代終わりから藤原通憲の子の澄憲が説経唱導で活躍し、鎌倉時代は延暦寺門跡の院家として、貴族や武家と関係を強めたと言う。場所は現在の寺の内大宮周辺とされ、南北朝期には「安居院大路」と呼ばれた東西路も見られる。なお『明月記』天福元年（一二三三）二月一〇日の条によれば、建保五年（一二一七）の院勘で西園寺公経が籠居を命ぜられたのが安居院と言われる。

また南の一条大路に近づくと、『百錬抄』建久元年（一一九〇）四月一四日条の一条室町には一条能保《よしやす》の室が見える。一条能保（一一四七〜一一九七）は京都守護を務めた有力者で、彼の妻は源頼朝の同母妹で娘は後鳥羽の乳母だった。そして持明院基家の外孫で、源頼朝の姪にあたる一条能保《よしやす》の娘全子を妻とした西園寺公経もまた、一条に邸宅をもっていた。

ちなみにこの一帯には鎌倉時代の石造品も多い。川勝政太郎氏の研究によれば、大正末年の道路工事中に安居院の跡地から見つかった板状五輪塔は、高さ九八センチの花崗岩製で、表面に南無阿弥陀仏を彫り、永仁二年（一二九四）の年号をもつ。また千本上立売を上がった石像寺には石造阿弥陀如来座像が安置されており、光背に元仁元年（一二二四）一二月二日の銘を持つ。さらに北野天満宮二の鳥居の西に所在する東向観音寺には高さ二メートルほどの石造五輪塔が安置されている。これは元、北野社の三の鳥居の脇にあり、鎌倉時代の作風を示すと言う。

このように、鎌倉時代の一条北辺には、メインストリートである持明院大路と五辻を中心に、京都の重要人物が強く関わっていた街区が形成されていたことがわかる。そしてその中心にいたのが、西園寺公経だった。

（三）西園寺公経《きんつね》

摂関期以降で京を代表する人物は、藤原道長・頼通の後、白河・鳥羽・後白河および平清盛と続き、彼らは少しずつ意味合いを違えながらも、それぞれの拠点を築いてきた。しかし鎌倉幕府の成立以後は、承久の変に際して歴史の表舞台に出る後鳥羽以外、鎌倉時代の京を代表する人物も拠点も無かったかのように考えられてきた。鎌倉時代の京都の姿が見えにくいのは、これが大きな理由だった。

図四七　石像寺（都名所図会）

けれども先に見てきたように、鎌倉時代の持明院大路周辺には、この時代を代表する様々な重要人物が集まり、新しい京の中心とも呼べる空間がつくられていた。さらにこのような大路を軸に展開する京外の街区の姿は、あたかも前章で見てきた鳥羽上皇期の鳥羽殿や法住寺殿および、藤原忠実期の宇治を踏襲したかのようにも見える。

　このような、鎌倉とも天皇家ともつながりのあるこの空間の中心人物として注目されるのが、西園寺公経である。彼の本所は一条室町周辺で、母の実家は持明院家だった。一方彼の妻は源頼朝の姪で、守貞親王に対しては甥の関係にあった。そのため彼は関東申次として幕府と強いつながりをもち、さらに天皇家に対しても大きな影響力を持った。また奇しくも彼の造営した北山西園寺は道長の法成寺をしのぐと言われ、その権力は平清盛を超えたと評された。鎌倉時代の京を代表する人物と言っても過言では無いだろう。

　公経の波瀾に富んだ生涯は、すでに龍粛氏と赤松俊秀氏、そして上横手雅敬氏により臨場感あふれる筆致で描かれている。またそれを支えた経済的な背景は、網野善彦氏による淀川から瀬戸内を中心として北陸から西海道までにおよんだ所領の分布と、『五代帝王物語』にみえる「天王寺・吹田・槇の島・北山」などの別業の分析によって、西国の流通に深く関わっていた姿が明らかにされてきた。

ただし、それ以前の京の覇者との対比の中で、公経とその一族が鎌倉時代の都市京都とどのように関わってきたかについては、触れられたものはあまり無い。確かに鎌倉時代の京都を考えるときに、鎌倉との関係や六波羅への注目は不可欠である。けれども鎌倉時代の京都を復原するためには、それに加えて、院政期から続いていた「京都」のその後についても目を向ける必要があるだろう。西園寺公経とはまさにそれを体現していた人物だと考える。

そこで小論では、鎌倉時代の京都の姿を鮮明にするために、先学に多くを学びながら、主に『明月記』をテキストにして西園寺公経とその事蹟を辿ってみたいと思う。

西園寺公経が生まれたのは承安元年（一一七一）。父は藤原実宗、母は持明院基家の娘で平頼盛の外孫にあたる女性だった。西園寺家の祖は、安和の変の背後にいた九条右大臣藤原師輔《もろすけ》の子で後の摂関家宗家に続く兼家の弟公季《きみすえ》にはじまる。そのため本来は極官を大納言としていたが、四代後の公実《きみざね》と、その子の実行《さねゆき》（三条家）・通季《みちすえ》・実能《さねよし》（徳大寺家）の時代に天皇家と関係を深め、通季の孫の実宗《さねむね》は内大臣までのぼった。公経はその子にあたり、彼の栄達の背景はこの時代にあったと龍氏は見る。

龍氏も赤松氏も、公経が歴史の表舞台に登場するきっかけは、頼朝の姪にあたる一条能保の娘全子と結婚したことにあるとする。時期は長女の生年から類推して文治末年（一一八九）頃とされる。一条能保は頼朝の妹婿として京都で大きな権力を持っていたが、公経はその支援もあって六人の先任を超え、建久七年（一一九六）に二六歳で蔵人頭に就任し、同九年には院御厨別当になる。そして建仁二年（一二〇二）に権中納言、翌三年に伊予の国務を請け、承元元年（一二〇七）には権大納言に昇進する。

また公経は鎌倉との関係に加えて、後鳥羽上皇との関係も強かった。公経の母が持明院基家の娘であったため、遅くとも建暦二年（一二一二）四月八日までには、後鳥羽の兄にあたる後高倉院守貞親王と叔父甥の関係になり、また後鳥羽の水無瀬新御所造営に際しても大いに活躍し、建保五年（一二一七）二月二四日の『明月記』には、「亜相

（公経）、新御所を造営さる」として「山上に池有り。池の上に滝を構えらる。河を塞ぎ山を掘り、一両日に水を引く。又件の滝に大石を立つるため、兼ねて材木を取りに遣す。石を引くためと云々。国家の費、只此の事にあるか」と記されている。

承久元年（一二一九）一一月一三日、公経は四九歳で大納言兼右近衛大将兼右馬寮御監となる。ただし、近衛大将昇任に際しての後鳥羽上皇との行き違いや、建保七年（一二一九）正月に鎌倉将軍実朝が鶴岡八幡宮社頭で暗殺され、その後継に公経の孫にあたる九条頼経が鎌倉へ下向する中で、公経と幕府とのつながりは緊密さを増す。

これに対して討幕の意志を強めていた後鳥羽上皇は、親幕派の公経・実氏親子を弓場殿に拘禁し、鎌倉との連絡を絶とうとする。しかしこの情報は、その直前に幕府の京都代官だった伊賀光季と公経の家司の三善長衡を通じて鎌倉の知るところとなり、後鳥羽上皇の計画は失敗する。承久三年（一二二一）年におきた承久の変である。

拘禁から解放された公経は、大江広元の発議により京で幕府を代表する人物となる。また後鳥羽上皇の後を継いだ後高倉院守貞親王と後堀河が、公経の叔父と従兄弟にあたることもあり、以後の西園寺家の発展が決定づけられることになる。その後の公経の栄進はめざましい。承久三年（一二二一）閏一〇月一〇日には内大臣、翌年の貞応元年（一二二二）八月一三日には太政大臣に任ぜられる。そして貞応二年（一二二三）四月二日に五三歳で太政大臣を辞した後も、前相国として政権を握り、安貞二年（一二二八）一〇月一一日に牛車宣旨、寛喜元年（一二二九）一〇月二〇日に左右近衛府生以下為随身など、兵仗を含めて摂関と同様の待遇を受けることになる。

このような公経の栄達を具体的に物語るのが、『明月記』に登場する様々な邸宅群とその活動を支えた所領などの経済的なエピソードである。

その中で最も有名なものが、現在の鹿苑寺の場所に築かれた北山西園寺であることは言うまでもない。その計画は公経が右近衛大将になった翌年の承久二年（一二二〇）に立てられ、供養は元仁元年（一二二四）一二月二日におこなわれている。鎌倉時代の都市京都にとって重要な意味をもつこの北山西園寺については、後で詳しく見ることにし

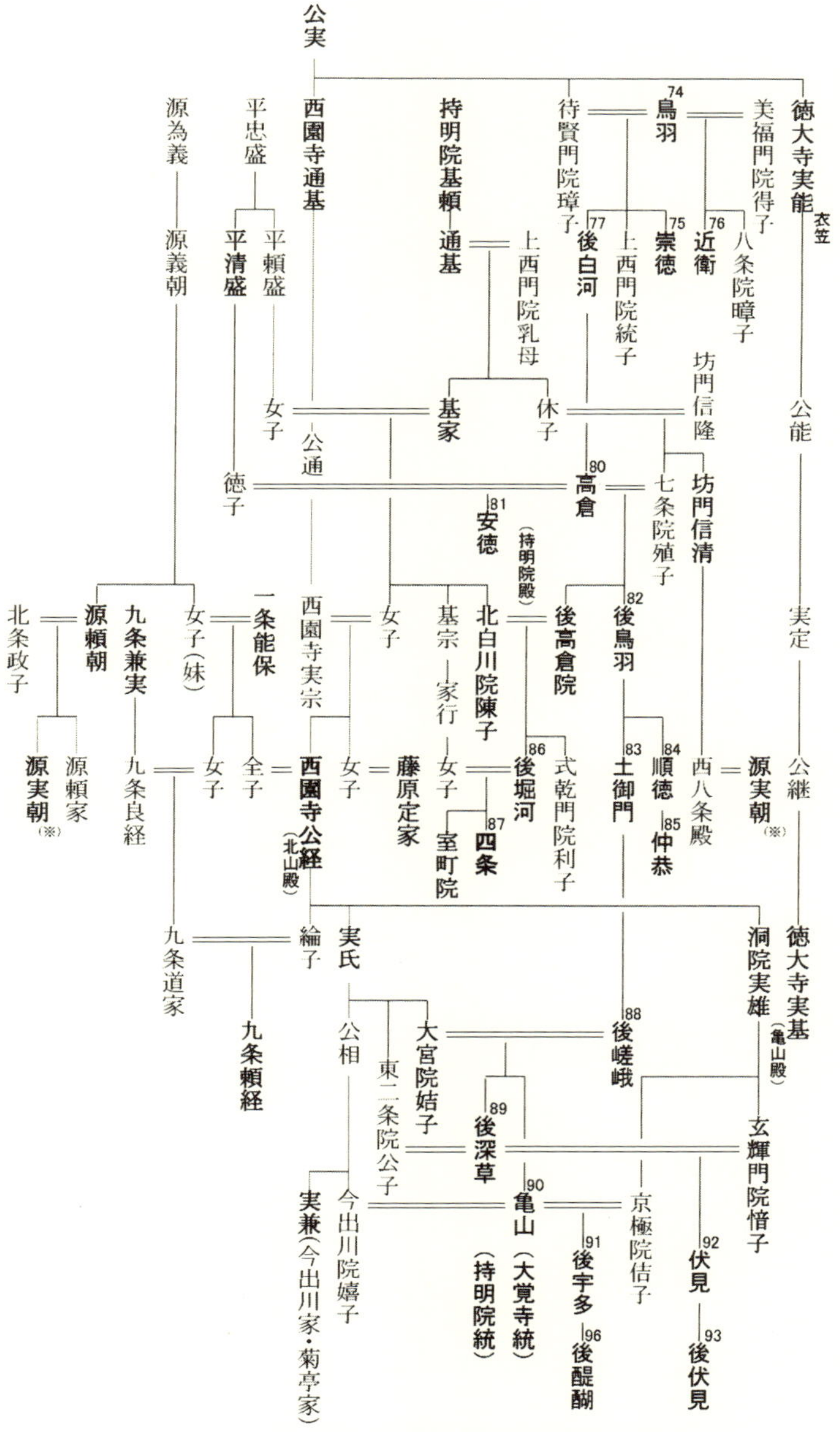

図四八　西園寺公経をめぐる天皇家と幕府

たい。

公経の本所邸宅については、初期に見られる「大宮」という家名から、最初は大宮大路に面する場所だったと赤松氏は推定する。それが『明月記』の記載では建仁二年（一二〇二）から三年の間に「一条」に変わる。おそらく一条能保の娘と結婚したのがこの直前であるため、その邸宅に移ったことがその理由とされている。

川上貢氏によれば、その後の公経の邸宅を知る上で最も重要な史料が『明月記』の天福元年（一二三三）二月一〇日条である。それによれば、一条能保の所有した一条室町殿には東殿と西殿があったが、公経が居住したのは西殿で、当初は板屋小屋と呼ばれるような小さなものだったという。それが、承元元年（一二〇七）正月三日には「次いで黄門の一条新亭に向かう」という記事があるため整備された可能性があり、また承久二年（一二二〇）にも造作がおこなわれ、この時は華亭と呼ばれるほど整ったものになったと考えられている。

この一条西殿の正確な場所については、承久の変直後の承久三年（一二二一）一〇月三日の右近衛大将藤原公経の下亭（一条町）焼亡記事が手がかりになり、この時は西殿が下亭とも呼ばれ一条町小路の交差点に面していたことがわかる。さらに川上氏は、『明月記』の寛喜二年一二月二五日の記事などからそれが一条町小路の北西にあったとしている。

その後この邸宅は復興するが、娘と夫人の不幸が続くなかで、公経は今出川に邸宅を新築する。『明月記』によれば、今出川の新所が登場するのは嘉禄二年（一二二六）一二月一六日であり、その後に登場する名称は全て今出川亭となっている。

ところで、現在の中立売新町通の北西に位置する新町小学校で発掘調査がおこなわれ、鎌倉時代から室町時代の遺構と遺物が見つかっている。特にその中の土坑一九六と一九七からは一万点にのぼる土器・陶磁器の破片が出土し、その九五パーセント以上を土師器皿が占めることから、さかんに饗宴儀式のおこなわれたことが推定できる。さらに、京都市内では極めて稀な瀬戸内沿岸でつくられた土器や、東海から運ばれてきた陶器も出土し、土坑四三五からは白磁四耳壺も完形で出土した。

前項でも記したが、中国陶磁器の壺類が西日本で見つかる遺跡は限られており、京都市内では七条周辺に集中する以外ほとんど知られていない。また瀬戸内系の土器が出土しているのは、鳥羽殿と六波羅地区である。これらの状況は、この遺跡が鎌倉時代の京都の中で特殊な人物の邸宅だった可能性を示す。中立売通は一条通の一筋南にあたるため、公経の一条殿は、この北にあったことになるが、関連する邸宅の候補としておきたい。

次いで有名な邸宅は吉田の泉殿である。『明月記』には、嘉禄二年（一二二六）五月二七日条に「幕下、吉田の泉に向はる。帰路の次でと云々」とあり、安貞元年（一二二七）七月一二日の条には、「炎旱盛んにして、草木枯槁す。昨日、相門吉田の泉造り改め、移徙さると云々」とみえる。納涼や会飲、競馬などでしばしば使われ、天福元年（一二三三）七月一七日には堀河上皇が御幸している。

吉田泉殿の推定地は、現在の左京区百万遍の交差点南西の京都大学西部構内周辺にあたるが、その南に位置する東大路一条北西で発掘調査がおこなわれている。発見された遺構は、柵と小石で護岸された溝で囲まれた建物跡であり、同時にかわらけが大量に廃棄された遺構や中国華南産の白磁水注と高麗青磁梅瓶の破片も出土した。なお、発見された土器や陶磁器の中心的な年代は、一二世紀後半から一三世紀初めにかけてと考えられている。かわらけを使った饗宴がおこなわれ、西日本の遺跡では限られる中国製の壺類が見つかった点で、先の新町中立売の調査地点と共通する状況を示す。

『明月記』によれば、寛喜二年（一二三〇）正月一四日の条に「相門行幸を経営。私に方違え、宰相の吉田に渡らると云々」とあり、公経が藤原為家の吉田邸を訪れている。また、寛喜二年（一二三〇）五月三日の条によれば、道家・教実・公経・実氏等が吉田西殿で饗宴を催したという。吉田泉殿の周辺には、他にも貴族の邸宅があったと思われる。したがって、この遺跡の建物が直接吉田泉殿と関わるかどうかはわからないが、院政期から鎌倉時代初期にかけて活躍した人物が築いた邸宅の一部と見て良いだろう。

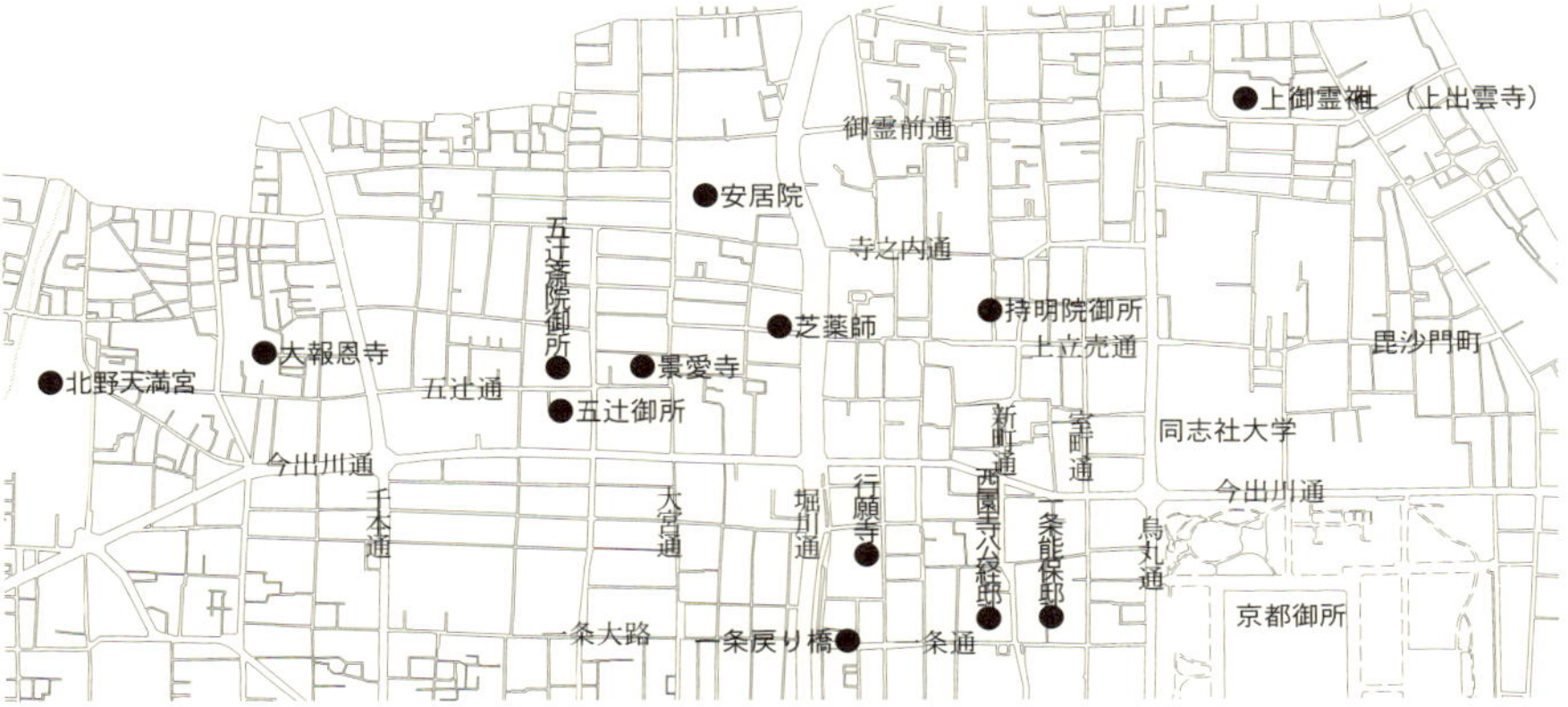

図四九　一条北辺の邸宅群

天王山東北山麓で現在の大山崎町に所在する円明寺も公経に関わりの深い寺院のひとつである。『明月記』の寛喜二年（一二三〇）六月二一日条には、定家と公経が共に円明寺を訪れ、寛済法印を譲り奉ると記されている。また寛喜二年（一二三〇）九月三〇日の条には「一昨日相門、円明寺より松尾・法輪・嵯峨等の紅葉を歴覧の遊びおわんぬ。嵯峨に於いて夜に入ると」あり、公経が山崎から嵐山へ向かい秋の桂川を遊興していることがわかる。なお、寛喜三年（一二三一）九月一七日条には道家が公経の円明寺に赴くとあり、その後この別業は、公経から道家に譲られている。

ほかに天福元年（一二三三）五月二七日の条を見れば、公経の河崎泉亭として、前日の二六日に三浦光浦を招き饗宴がひらかれている。『山城名勝志』によれば、一条東京極東の鴨川右岸を河崎と呼び、『明月記』の建永元年（一二〇六）六月二七日条には「今日、川崎泉に御幸」として後鳥羽上皇渡御の記事があり、さきの天福元年の条には、河崎の地が往年臨幸の地と記されている。偶然かもしれないが、公経は、一条北辺の地を西へ行った先の北山と東へのばした先の河崎と吉田に別業をもったことになる。

一方、このような公経と西園寺家の発展を支えた所領や経済的な背景は、すでに網野氏によって詳細に検討されている。

このうち淀川水系の下流域については、吹田・有馬・河尻に関わる数多くの記事がそれを示す。寛喜元年（一二二九）五月二一日には、水田（吹田）に方違え（小屋有り）、江口の遊女群参すとあり、寛喜三年（一二三一）九月一六日条には、「相門、十四日葦屋（芦屋）を歴覧の後、行寛房に宿せらる。その後水田に帰る。昨日湯を始めらる。ほかに出で行く有るべからずと云々。桶二百を以て毎日有馬の湯を運ぶと云々」とあり、吹田と有馬をあわせて嘉禎元年（一二三五）までの七年間に少なくとも一五回の遊放をおこなっている。また有馬には湯屋を造営し、吹田にも新造の館を造っている。

淀川の上流については、仁治三年（一二四二）七月四日の条に、宇治の槇の島に花亭を造営した記事がある。また淀と石清水八幡宮に挟まれた美豆牧も御厨管領地として支配下におき、さらに遅くとも嫡男実氏の頃には鳥羽殿領を介して淀魚市も知行していたと考えられている。

図五〇　吉田泉殿の碑

これらの状況は、西園寺家が宇治・木津・桂の三川が巨椋池に注ぐ京の南の玄関口を全て押さえていたことを示すが、それは鎌倉時代に西国から京へ入る物資の多くが、なんらかの形で西園寺家の手を経ていた可能性が高いことを意味する。

瀬戸内の所領は伊予国と安芸国に代表される。このうち伊予国はすでに建仁三年（一二〇三）三月一〇日の条に「伊予国務を大宮中納言（公経）に仰せらる」として見られ、嘉禎二年（一二三六）二月二二日の条に薩摩守小鹿島公業の伊予宇和郡を公経の所領とすると続く。また安芸国沼田荘については、嘉禎四年（一二三八）一一月一一日の小早川家文書に公経の政所、安芸国沼田荘地頭美作守小早川茂平の記事がある。

このような淀川と瀬戸内を経てつながる東アジア交易と西園寺家の関係については、『民経記』の仁治三年（一二四二）七月四日の記事が有名である。それによれば、公経が檜で三間四面の殿舎を造り解体して宋に贈ったところ、宋帝が喜び、銭貨一〇万貫と種々の珍宝がもたらされ、その中には人の言葉を一字違わず話す鳥と、普通の牛の二〇頭の力を持つ水牛がいたと言う。

この点について注目されるのが、鎌倉時代末期に西園寺家領のひとつとして登場する宇野御厨《みくりや》の存在である。宇野御厨は、現在の長崎県から佐賀県の北部を中心に、平安時代には福岡県から五島列島までの広い範囲におかれた贄所で、『肥前国風土記』によれば、古来より海産物を納め、また馬・牛に富むと伝える。西園寺家との関係は、公経より時代の下がる「西園寺実兼処分状」『雨森善四郎氏所蔵文書』の元亨二年（一三二二）八月一六日条に見え、年貢の小牛が今出川兼季と西園寺実衡に折半して与えられている。

さらに注目される点は、康和四年（一一〇二）八月二九日の『宇野御厨検校源久譲状案』によって松浦党の祖と伝わる源久が「宇野御厨検校《けんぎょう》」と称されているように、その中心部が松浦党の勢力範囲と重なっていることである。松浦党は、『明月記』嘉禄二年（一二二六）一〇月一七日条にあるように、すでに公経の頃から海上交通に長けた集団として認知されていた。そのため西園寺家にとっての宇野御厨は、二重に重要な意味を持っていたと考えられる。

ところで宇野御厨に関わる「御厨」地名は、現在の長崎県松浦市西部に所在するが、岬をはさんでその東の伊万里湾を望む場所に鎌倉時代の集落跡の見つかった楼楷田《ろうかいだ》遺跡がある。発見された遺構は石敷の道路状遺構と墓、たたら状遺構、掘立柱建物跡などで、石敷の道路状遺構は海へ向かい、長さは一三〇メートル以上におよぶ。遺物は大量の土器・陶磁器を中心に、滑石製鍋、鞴羽口《ふいごはぐち》やスラグなどの金属加工関連など約一七〇〇点を数える。なお土器・陶磁器の内訳では、中国製の白磁碗が最も多く、青磁・陶器・朝鮮製・青白磁と続く。また土器類は在地産の黒色土器や瓦器碗、土師器皿に加え、瀬戸内東部から持ち込まれた東播磨系捏鉢や、亀山系甕も見られる。時期は一二世紀から一三世紀を中心に一部は一四世紀におよぶ。

遺跡の所在する志佐地区には、寛元二年（一二四四）四月二三日の「関東裁許状」『山代文書』に肥前国御家人の一人としてみえる「志佐六郎貞」が関係する。一方、御厨の大崎には東防という字名が残る。服部英雄氏は楼楷田遺跡で出土した墨書を「綱司」と読み、これを宋人居留地を意味する「唐坊」とみる。志佐氏に関係した「船泊り」周辺の施設の可能性は極めて高いだろう。

また松浦の街を志佐川沿いに約二キロ遡った宮ノ下り遺跡からも中国陶磁器を多く含む古代・中世の遺物が出土し、ここからは緑釉陶器と東播磨系捏鉢および畿内系の瓦器碗が見つかっている。

これらの資料が西園寺家との関係を直接示すと今すぐには言えない。けれども、鎌倉時代において宇野御厨あるいは松浦と瀬戸内および畿内をつなぐ存在が、確実にそこにあったことは、これらの遺物が物語っている。

このように承久の変以降の西園寺公経は、鎌倉とつながる政治的な側面に加え、前代の院の権力を継承することで西日本の流通をおさえ、莫大な財力も獲得した。そしてその時の下鴨神社と北野天満宮にはさまれた一条北辺は、公経の邸宅があった一条町殿と持明院殿をひとつの核とし、後鳥羽上皇の御所が設けられた五辻大宮周辺をもうひとつの核として、鎌倉時代前期の重要施設が集中したまさに京の中心だったのである。

さらに院政期の王の拠点には、いずれも幹線路が伴っていた。鳥羽殿には朱雀大路につながる鳥羽作道が、六勝寺の白河には二条大路と粟田口が、法住寺殿には七条大路と『保元物語』に「久々目路」と見える渋谷越が、そして宇治には言うまでもなく、南都と京をむすぶ路が走っていた。しかるに、一条以北の東の路は出雲郷を経て近江と若狭へ続き、西の路は周山街道を経てやはり若狭へのびていた。

その意味で鎌倉時代前期の一条北辺もまた、前代の京の覇者たちの拠点と同じ特徴をもっていたと言えることになる。そしてそれはあたかも前代の王の拠点を継承したかのようにも見える。ただし西園寺公経は、そんな一条北辺に加え、北山にもうひとつの拠点を造ろうとした。鎌倉時代の都市京都の形は、これによってどのような意味を持つことになるのだろうか。

（四）北山西園寺と嵯峨殿御所

「山桜峰にも尾にも植えおかん　みぬ世の春を人やしのぶと」（『増鏡』「内野の雪」講談社学術文庫）

北山西園寺は、公経が五三歳で太政大臣を辞した翌年の元仁元年（一二二四）一二月二日に北白川院陳子と安嘉門院を迎え供養がおこなわれた。（『百練抄』）。

この北山西園寺の様子を最も詳しく描いているのが『増鏡』の「内野の雪」である。そこによれば、元々この場所は伯三位《はくさんみ》資仲の領地で、田・畠などの多い田舎めいた所だったが、公経は、ここが源氏の中将が瘧《わらわやみ》のまじないをおこなった場所だとして、尾張国松枝荘と交換し、「ゆゆしき御堂」を建立したと言う。建立にあたっては、大規模な造成工事をおこない、「山のたたずまひ木深く、池の心ゆたかに、わたつ海をたたへ、峰より落つる滝の響きも、げに涙もよほしぬべく、心ばせふかき」庭園を造った。また堂舎は、本堂が西園寺で、ほかに善積院と徳蔵院、池の畔に妙音堂、滝の下に不動尊、宝蔵と石橋の上に五大堂、成就心院・法水院・化水院・無量光院などが並び立ち、公経は北の寝殿に住んだと言う。

そしてこの文章に続くのが、先の歌と本章の冒頭に掲げた文章である。井上宗雄氏の『増鏡』（講談社学術文庫）によれば、「あの（道長の）法成寺だけを素晴らしい例として（『大鏡』の）世継の翁も言っているようだが、この西園寺はさらに山の様子まで興趣があって、都を離れて眺望も加わっているので、なんとも言いようなく立派だ」とされる。公経の栄華はまさにここに極まったと言える。

また同じ『増鏡』の「老の波」の「北山准后九十の賀」にも庭園の様子について「中島に御船さしとめて見れば、旧苔《きゅうたい》年ふりたる松の枝さしかはせる岩のたたずまひ、いと暗がりたるに、池の水波心のどこかに見えて、名も知らぬ小鳥ども、乱れ飛ぶ景色、なにとなくおかし。遠き境に臨める心地するに、めぐれる山の滝つ岩根、遙かに霞みて見わたさるる程、仙人の洞もかくやとぞおぼゆる」とある。

『増鏡』の作者にとって、北山は西園寺を中心にした「御堂」であり、そこは「由緒の地」であって、「大規模な造成事業」によって「木深く」「池」や「滝」が造られ、多くの堂舎と北の寝殿がおかれ、また「桜」も新しく植えられた。その様子は藤原道長の「法成寺」を超え、「仙境」の趣き深いものだったと言える。

『明月記』にも北山西園寺の様子を記した文章がいくつかある。

最も有名な記事は、供養翌年の嘉禄元年（一二二五）正月一四日に、定家が北山西園寺を訪れ賞賛したもので、「勝地の景趣を見、新仏の尊容に礼す。毎時今案ずるを以て営み作さる。毎物珍重。四十五尺の瀑布の滝碧く、瑠璃の池水、又泉石の清澄、実に比類なし」とある。

ただし北山の造営はその後もしばらく続き、二月八日には前庭に桜を植える手配が記され、一〇月二三日には不動と愛染王を造り、それぞれの堂に安置したことが記されている。そして完成された北山の風景として、一二月五日に「堂前に参じて暫く眺望し、又所々を歴覧す。仙窟に入るが如し」と、仙境を意識した感想が語られている。

なお安貞元年（一二二七）の八月七日に公経夫人全子が痢病で亡くなった翌八日の記事には「今日聞く、夜前に葬送了んぬと云々。堂東山（滝の艮の方と云々）」とあり、滝の北東に堂があり、そこに葬っていることがわかる。

また公経が北山に贅を尽くしたことは、寛喜元年（一二二九）六月九日の記事に見えるように「北隆石」と呼ばれた石を一七頭の牛で引き込んだことや、安貞元年（一二二七）九月二五日の公経夫人の中陰仏事に際して「北山二座の仏事、善を尽くし美を尽くす。海内の財力、中陰の忌む景、尽き了んぬる日か」という記述などから読み取ることができる。

やはり「池」と「滝」に象徴される庭園の美しさと「桜」の植林、そして多くの堂宇と「仙境」に対する意識があり、「贅を尽くした」「大がかりな造営工事」がおこなわれたことなどが特徴としてあげられよう。

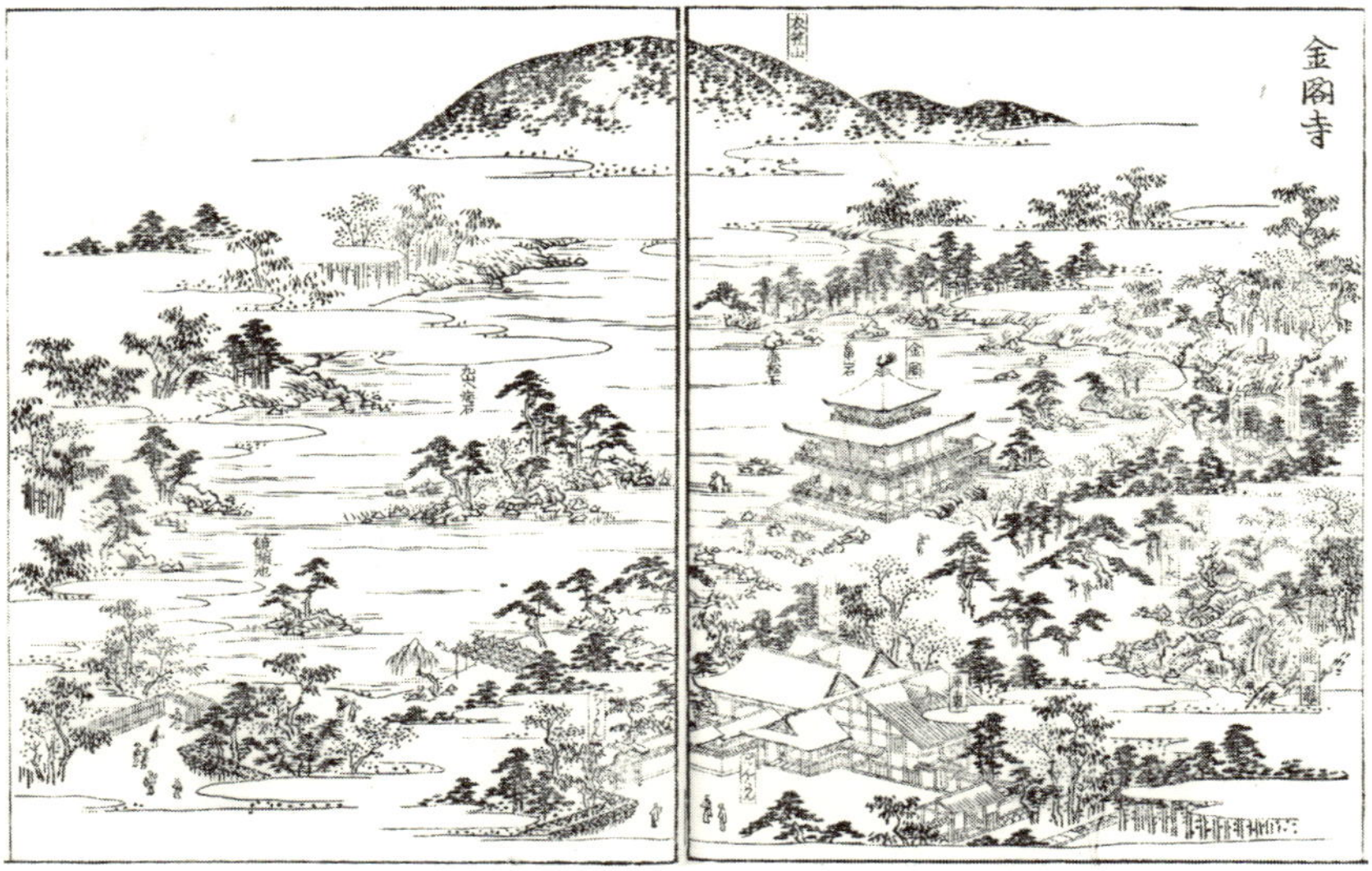

図五一　金閣寺（都名所図会）

一方、このような『増鏡』『明月記』の描写に加え、川上貢氏は『公衡公記』を中心にして、北山西園寺の実態を検討している。『公衡公記』の正和三年（一三一四）一〇月一日条には、西園寺実氏夫人貞子の一三回忌法要で、北の本願院から南寝殿まで宝輿を移した行程が記されている。それ読み取れば、「南寝殿」の北東に「西園寺」があり、その隣に「善寂（積）院」、その北が石段になっており、上ると西に「宝蔵」、東に「長増心院」、その北に石橋が架かっており、その北に墓所堂の「本願院」があったことになる。

さらに『実躬卿記』や『花園天皇宸記』などから、北寝殿は池の畔の妙音堂の近くにあって釣殿を持っており、法水院も近くにあったことが知られ、法水院と化水院は一組の施設とも推測されている。なお南寝殿は西に無量光院を置いていたこともわかっている。

また『花園天皇宸記』の元応元年（一三一九）一一月九・一〇日と元亨三年（一三二三）一一月二六日には、成願（就）心院から「二階」へ移って雪見をした記事がある。これについては、義満の北山殿時代に、舎利殿の北にあって橋でつながっていたと思われる

「天鏡閣」があり、川上氏と赤松氏は、この「二階」をその原型と注目している。

川上氏はこれらの史料をふまえ、北山西園寺には南北二つの寝殿があり、このうち北寝殿は鏡湖池の北で、その南に妙音堂と法水院が池に面してあった。一方南寝殿は現在の総門から唐門の間にあって、その北に西園寺・善寂院・不動堂が並び、さらにその北の坂を石段で登った先に宝蔵と長増心院または五大堂があったものと推定している。なお、『実隆公記』文明一七年（一四八五）一一月一五日の条によれば、鹿苑寺の西南に愛染明王を本尊とする護摩堂があり、赤松氏はこれを西園寺時代の成就心院の遺跡と推定している。

ところで北山鹿苑寺では、一九八八年から一九九二年にかけて防災防犯設備工事に伴う発掘調査がおこなわれ、鏡湖池の北東部とその上段にある安民沢を中心にトレンチが設けられた。調査の結果それぞれのトレンチで平安時代から室町時代までの遺構と遺物が見つかったが、このうち北山西園寺関係については、安民沢の池底と北側から平安時代後期から鎌倉時代の瓦が見つかり、点在する景石や北東隅の滝組4および、南東隅の木樋などが、鎌倉時代に遡るものと推定されている。また安民沢の北側にも平坦面があり、建物があった可能性も指摘されている。なお安民沢の段下際と唐門の脇からも鎌倉時代後半の土器が出土している。ちなみに室町時代の遺構は鏡湖池の北東部に集中し、池状の遺構と現在の舎利殿と同じ軸の建物跡および修羅が見つかっている。

義満の北山殿時代にあった「天鏡閣」や「七重大塔」が現在残っていないように、義満の北山殿の全貌も明らかになっていない中で、北山西園寺の詳細を復原することは、現時点で困難と言わざるをえない。ただし、現在の石不動の本尊が平安時代末に遡る特徴を持っていることは川勝政太郎氏によって指摘されており、東洋一氏による境内の景観復原研究もふまえれば、鹿苑寺境内の地形が北山西園寺時代に遡る可能性は極めて高く、現在の風景の直ぐ下に北山西園寺が眠っていることは明らかである。

なお堤を築く溜池型の池や滝については、構造と形の特徴および神仙思想で、中村直勝氏が指摘する大覚寺の大沢池や「なこその滝」に共通性が見られる可能性もある。今後も一層の注目が求められる。

図五二　安民沢滝組4

　そして西園寺公経は寛元二年（一二四四）八月二九日にここで没する。七四歳だった。問題は、この北山西園寺の意味についてである。これについて『増鏡』の作者は「御堂」と呼び、川上氏は「墓堂」とし、赤松氏は氏寺であり、遊興の場所であり、政治的な意味をもった儀式の場所であると見ている。確かにこれまで見てきたように、北山西園寺の施設の中心は堂舎であり、『明月記』に見られる同時期の公経の生活の中心は今出川亭だった。その意味で北山西園寺の位置づけは、川上氏と赤松氏が言うように、政治的な色彩の少ない「御堂」であり、別業だったということになるだろう。
　それではこの北山西園寺と一条北辺の空間との関係は、どのように説明されることになるのだろうか。
　それを解く手がかりは、西園寺家に関わるもうひとつの壮麗な事蹟にある。西園寺家の繁栄は公経にとどまらなかった。嫡男の実氏は娘の姞子を後嵯峨に、公子を後深草に嫁がせ、さらに天皇家とのつながりを強めていった。ところがそれと同時に大きな力を持ってきていたのが実氏弟の実雄だった。洞院家の祖でもある彼は、娘の佶子を亀山に、愔子を後深草に嫁がせ、やはり外戚として力をもった。本郷和人氏は、公経以降の政治勢力について、この西園寺家と洞院家の対抗関係に注目しているが、北山西園寺に対するかのように、洞院《とういん》実雄が指揮をとって造営したのが後嵯峨上皇の亀山殿だった。よって北山西園寺の意味は、この亀山殿と合わせて考える必要があるだろう。

亀山殿とも呼ばれる嵯峨殿御所は、後嵯峨上皇が現在の天竜寺の場所に造営した院御所で、後に亀山上皇もここを利用した。完成は公経没後約一〇年の建長七年（一二五五）で、「上皇、嵯峨殿御所（亀山殿）御移徙儀也」と『百錬抄』の一〇月二七日条に見える。

洞院実雄との関係は『古今著聞集』巻八の三三一「後嵯峨天皇某少将の妻を召す事并びに鳴門中将の事」にあり、「造営の事は、権大納言実雄卿の沙汰とぞきこえし。水の心ばへ山の気色、めづらかにおもしろき所がら也。東は広隆寺ときはの森（嵯峨帝皇子源常《ときわ》の邸宅跡か）」、西は前中書王のふるき跡（醍醐帝皇子兼明親王の山荘雄蔵《おぐら》殿）、小倉山のふもと、わざと山水を湛《たた》へざれども、自然の勝地なり。南は大井河遙《はるか》に流て、法輪寺の橋斜《ななめ》也。北は生身二伝の釈尊、清凉寺にをはします。眺望よもにすぐれて、仏法流布の所也」と記されている。

さらにこの御所の造営に関わったのは洞院家だけではなかった。『徒然草』二〇七段には、亀山殿を造成するときに、大きな蛇が多数出てきて問題になったが、「この大臣《おとど》」が心配ないから掘り捨てるようにと言い、その後祟りも無かったというエピソードがある。「この大臣」は、西園寺実氏とほぼ同時代の人物で、後嵯峨院の評定衆として活躍した徳大寺実基だとされている。周知の様に徳大寺家の祖は実能《さねよし》で、本所を衣笠に持ち、西園寺の祖通季の弟にあたる。したがって、嵯峨殿御所は後嵯峨上皇の院御所ではあったが、西園寺家に関わる徳大寺家と洞院家がおこなった一大事業だったということになる。

さて、完成した嵯峨殿御所の様子が描かれているのは『五代帝王物語』・『徒然草』五一段および『増鏡』「おりゐる雲」である。

それによれば、亀山の麓で桂川の北の岸に造られた「ゆゝしき院」で、桂川の水を水車で引き入れた池を開き、対岸の嵐山には吉野から「桜」を移植して、戸灘瀬《となせ》の「滝」や小倉山の梢《こずえ》を借景にしたという。殿舎は寝殿と西に「薬草院」、東に「如来寿量院」があり、嵯峨天皇皇后が建立した檀林寺の跡には康元元年（一二五六）に「浄金剛院」という「御堂」を建て（『百錬抄』一〇月二五日条）、「天王寺の金堂」を写した「多宝院」、および康元元年（一二五六）には「大多勝院」という持仏堂を寝殿の続きに造り（『百錬抄』六月七日条）、また桂川に臨み桟敷殿も造ったと言う。

この嵯峨殿御所の造営を洞院家と徳大寺家の共同事業として、これらを整理すると、その特徴は、嵯峨天皇皇后に因む「由緒の地」で、徳大寺実基による「大規模造成工事」により桂川の水を引き入れた「池」が造られ、「小倉の梢」や対岸の「滝」と「桜」を借景とした寝殿と「御堂」が建立されたとなり、「仙境」の言葉は無いが、「亀」は神仙思想の象徴とも言える。そうすると『増鏡』の作者にとって、北山西園寺は「ゆゆしき御堂」で、嵯峨殿御所が「ゆゆしき院」だという意識の差は見てとれるが、それ以外は全く同じ要素が並ぶことになる。

次の問題は嵯峨殿御所の役割である。この点について近藤成一氏によれば、後嵯峨天皇が仁治三年（一二四二）に践祚したのは京内の冷泉万里小路《までのこうじ》殿で、譲位もこの邸宅でおこない、それを修造したのは西園寺実氏だったと言う。その後、臨時に二条高倉殿も利用するが、この邸宅を本所とし続け、文永九年（一二七二）に亡くなる直前に亀山殿に移り、如来寿量院で崩御している。

また亀山天皇は冷泉万里小路殿（現在の高倉竹屋町南東）を譲られるが、焼亡などにより二条高倉殿を経て三条坊門殿（同烏丸御池北西）で譲位し、さらに冷泉富小路殿（同二条富小路北東）や実氏の別邸だった常磐井殿（同寺町丸太町南東）も利用するが、院の本所は冷泉万里小路殿だったとする。

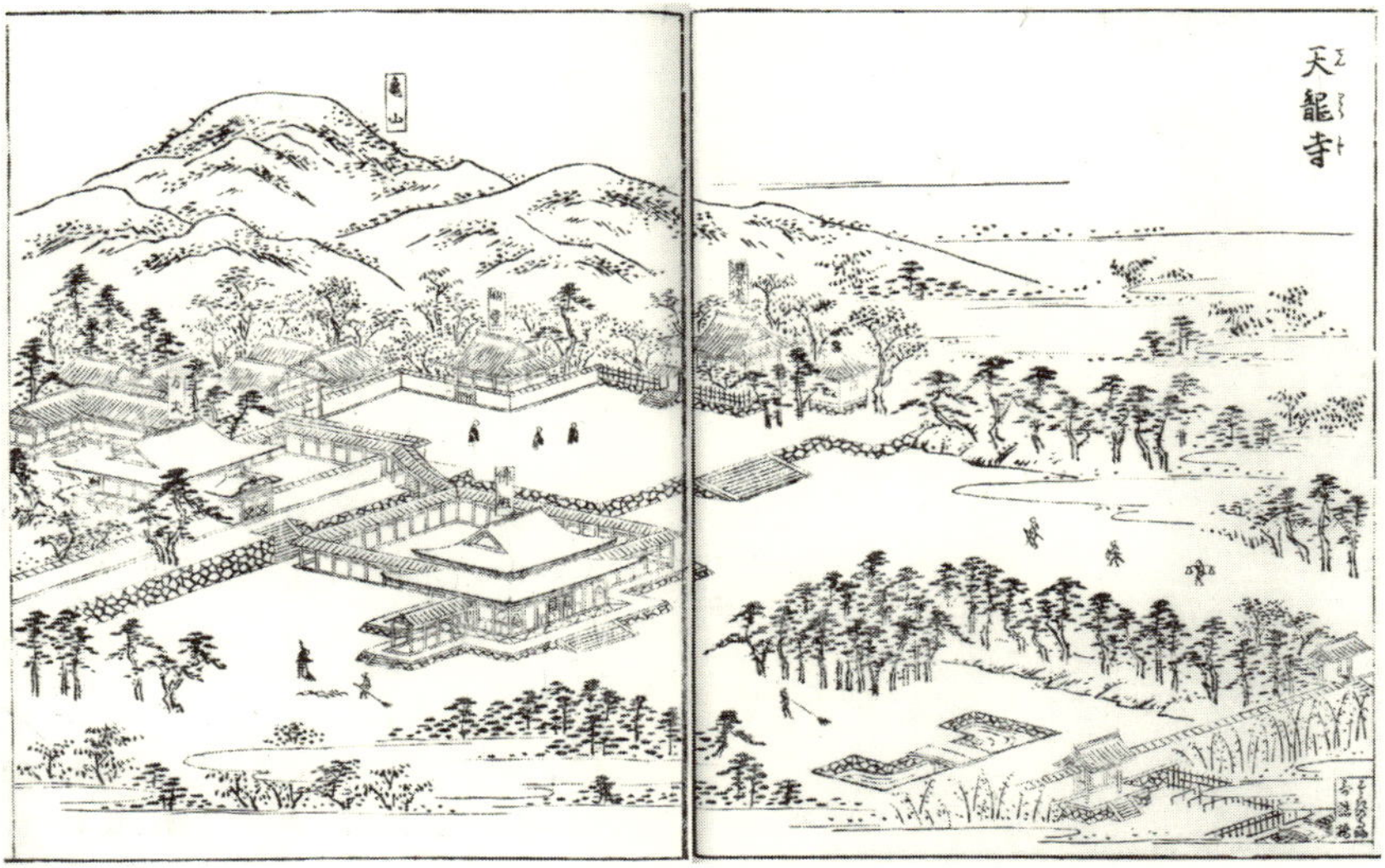

図五三　天龍寺（都名所図会）

嵯峨殿御所の南東にあたる嵯峨天龍寺芒ノ馬場町の発掘調査では幅一・五メートルの東西溝が発見され、周辺に関連施設のあった可能性も推定できる。けれども後嵯峨上皇と亀山上皇の本所が冷泉万里小路殿であるならば、嵯峨殿御所の利用も、北山西園寺と同様であり、そこに新たな政治拠点を形成しようとしたとは考えにくい。

さらに両者の終焉をみると、建武二年（一三三五）六月二二日に、持明院統に近い西園寺公宗が後伏見院の擁立を企てたとして北山西園寺で逮捕された後、急速に荒廃が進み、康安六年（一三六二）六月に後光厳天皇が比叡山から京都へ戻る時に一時滞在した。『太平記』巻第三七には、その様子が描かれている。一方嵯峨殿御所は、後醍醐院が崩御した暦応二年（一三三九）頃には、住む人も無く、荒廃が進んでいたと考えられている。

両者は対抗しながらも一連の動きの中にあったと言える。

そしてもうひとつ注目しなければならないのは、確かに持明院殿は、後高倉院の時代から重要な邸宅であり、後堀河天皇も多く利用してはいるが、西園寺実氏と実雄以降の後嵯峨上皇から後宇多上皇の時代は、平安時代以来、京内で最も重要な施設が建ちならぶ二条大路周辺が院の本所とされたことである。

このように西園寺北山殿と嵯峨殿御所を合わせて鎌倉時代の都市京都を見直してくると、院御所および西園寺家とその関係家系に代表される鎌倉時代の京の中心は、前期が一条北辺であり、後期は二条大路周辺まで含めた空間に広がったと推定され、北山西園寺と嵯峨殿御所は、そのそれぞれに対応した形で位置づけられることになる。そして二条大路周辺は、言うまでもなく安和の変以降に出現した、藤原摂関家に代表される伝統的で正統な高級貴族の邸宅密集地であった。

したがって、院と西園寺家で代表される鎌倉時代の京の覇者の拠点に一番近い形を求めると、実は摂関期から院政前期に遡り、それは公家勢力にとって本来の姿である藤原道長あるいは白河天皇の形への回帰・再生だったのではないかと考えられるのである。北山西園寺と法成寺の関係は、すでに『増鏡』の作者が指摘しており、白河天皇が法成寺に対して造営した法勝寺と公経の関係は、公経が伊予と周防を賜った後、院御所高陽院殿百宇と法勝寺九重塔などを増進したことからうかがわれる。

また木内正広氏によれば、ほぼ同じ頃より烏丸以東の三条から五条と六波羅は、幕府勢力の居住地区として整備されつつあった。これに対抗する立場にあった京都政権の代表者たちが、自分たちにとって最も由緒のある場所に本所をおいたことは、自然なことだったという見方もできるだろう。

そして室町時代に入り、鎌倉時代の京都勢力の拠点は大きく姿を変えて再び歴史の表舞台に登場することになる。足利尊氏が三条坊門邸を築いたのは現在の二条高倉周辺で、嵯峨殿御所を天竜寺としたのも足利尊氏である。そして西園寺系の邸宅が軒を並べていた持明院殿のすぐ南東に花の御所を造営し、北山西園寺を継いで現在の金閣寺の前身である北山殿を築いたのは足利義満だった。その意味で、道長に始まる京の覇者の拠点の系譜は室町時代まで続いていたと言えるかもしれない。

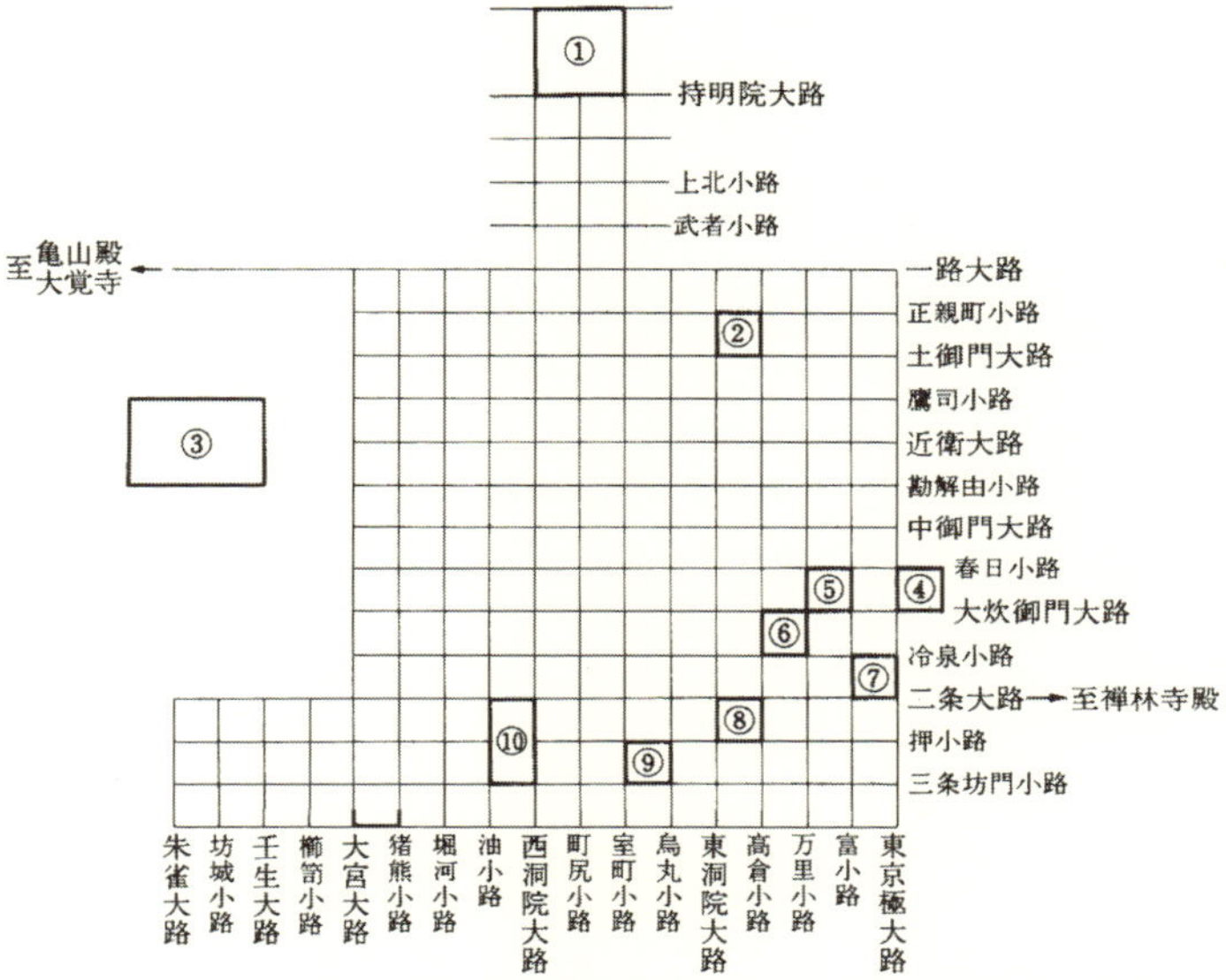

①持明院殿　②土御門東洞院殿　③大内　④常盤井殿　⑤大炊御門殿
⑥冷泉万里小路殿　⑦冷泉富小路殿　⑧二条高倉殿　⑨三条坊門殿
⑩閑院

図五四　鎌倉時代の殿第

図五五　後嵯峨天皇陵

ただし、室町時代の都市京都の意味はそれだけではなかった。

第三章　主張する都市──「首都」の条件──

一、花の御所を掘る

上京区の烏丸今出川を中心とする同志社大学の今出川校地は、烏丸通をはさみ東西三つのキャンパスに分かれている。東のキャンパスは相国寺の南に位置する今出川キャンパスで本部がおかれている。このキャンパスの場所は言うまでもなく相国寺旧境内にあたり、なかでもその北西の一角を占める同志社中学校の敷地が、幕末に薩摩藩邸だったことは、絵図からも有名である。また西の新町キャンパスは新町上立売の南西にあたり、やはり絵図から藤原摂関家筆頭近衛家の桜の御所だったことがわかっており、「近衛殿表町」などの地名もそれを示している。

図五六　同志社大学寒梅館

これら二つのキャンパスの中間に位置するのが室町キャンパスで、後に登場する『上杉本洛中洛外図屏風』（以下の叙述では、上杉本または上杉本洛中洛外図と称する）や「御所八幡町」「築山町」などの地名から、すでに近世以来足利将軍邸室町殿の推定地とされてきた。

同志社大学では二〇〇二年度から二〇〇四年度にかけて、今出川校地の教学環境整備に伴い、烏丸上立売南西に位置する寒梅館地点と新町キャンパスの学生会館地点と臨光館地点の発掘調査をおこない多くの新しい発見を得た。これまで室町時代後半の京都の姿は、「洛中洛外図」がその唯一に近い手がかりだった。今回の調査成果は、それに加えて、特に室町時代後半の上京を考える上で重要な意味を持つことになった。そこでここでは、室町キャンパスと新町キャンパスの調査成果を基にしながら、室町時代後半の上京が京都と日本列島の中で果たした役割について考えることにしたい。

（一）足利将軍邸室町殿跡の発掘調査（室町キャンパス）

調査は寒梅館以前に建っていた大学会館の建物範囲を除き、大きく北地区と南地区に分けておこなわれた。北地区は上立売通に面する地区で、南地区は大学会館の南側で、大聖寺までの地区にあたる。

北地区からは、直径一〇センチほどの礫を敷いた遺構が、二つのグループに分かれて発見された。第一のグループは、上立売通の南辺に沿って見つかった。軸はほぼ東西で東がやや北に振る。規模は幅が一・六～一・八メートル、長さは延べ三〇メートル以上である。断面を観察すると、溝の様に少し掘りくぼめたところに礫が敷かれていた。第二のグループは、上立売通の南側で、その最も烏丸通に近い場所から見つかった（石敷２・３）。規模は東西が九メートル、南北が六メートルの長方形である。第一のグループとの関係で言うと、第一のグループの東の延長が、第二のグループの北端にあたる。また、第二のグループの石敷きの内、南から一・六～一・八メートルの幅は、断面がやはり浅い溝状になっていた。時期は、これらの石敷きに混じって出土した土師器皿および、石敷内の土坑二七九などの遺物から、おおむね一六世紀の中頃を中心とする時期と考えられる。

したがって、北地区の景観を整理すると、一六世紀のおよそ中頃、この場所には二つの石敷きのグループがあって、ひとつは現在の上立売通の南に沿った帯状に配され、もうひとつはその東延長の上立売通と烏丸通の交差点に近い部分で、東西に長い方形にひろがっていたことになる。

一般に中世における石敷遺構については、倉庫の基礎と考えられる例、あるいは鳥羽離宮跡などで見つかっているように建物基礎と考えられる例が多い。一方この調査地点の東に位置する相国寺は、足利義満が室町殿に続いて造営した寺院であるが、その相国寺の境内の一角に土塁があり、一九八二年の調査で、土塁の基礎に礫が敷かれていた状

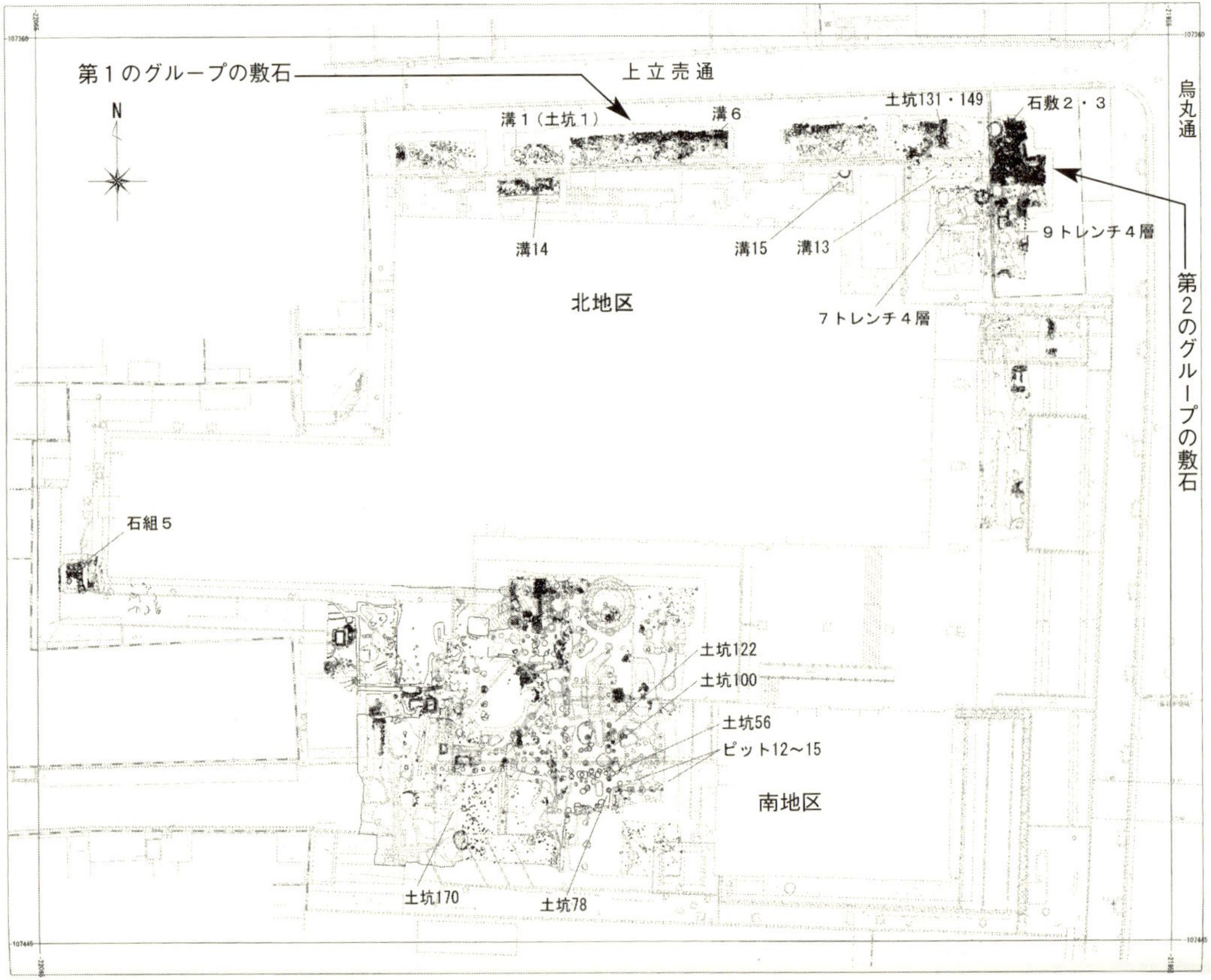

図五七　寒梅館地点遺構配置図

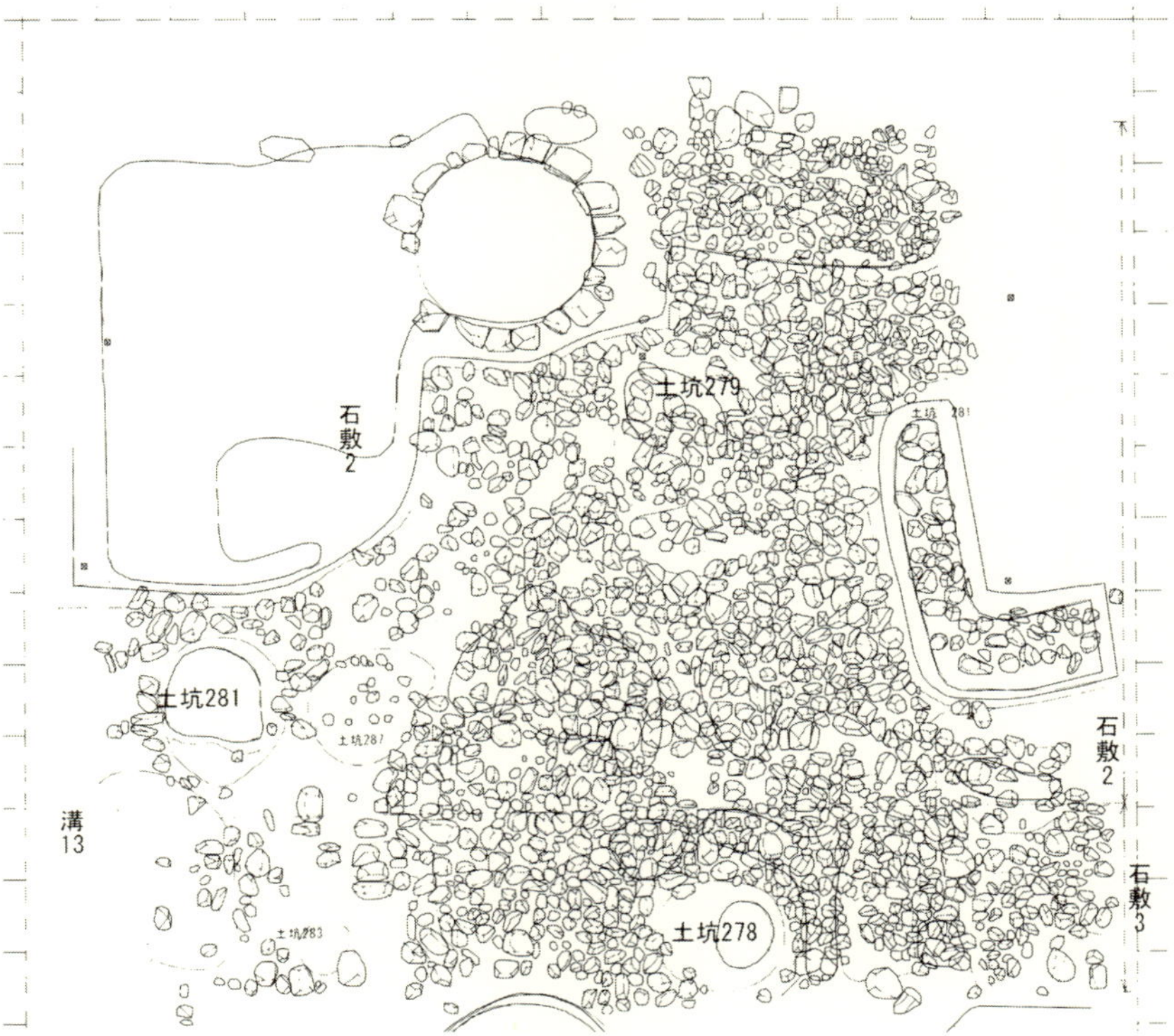

図五八　北地区石敷２・３
（第２のグループの敷石）

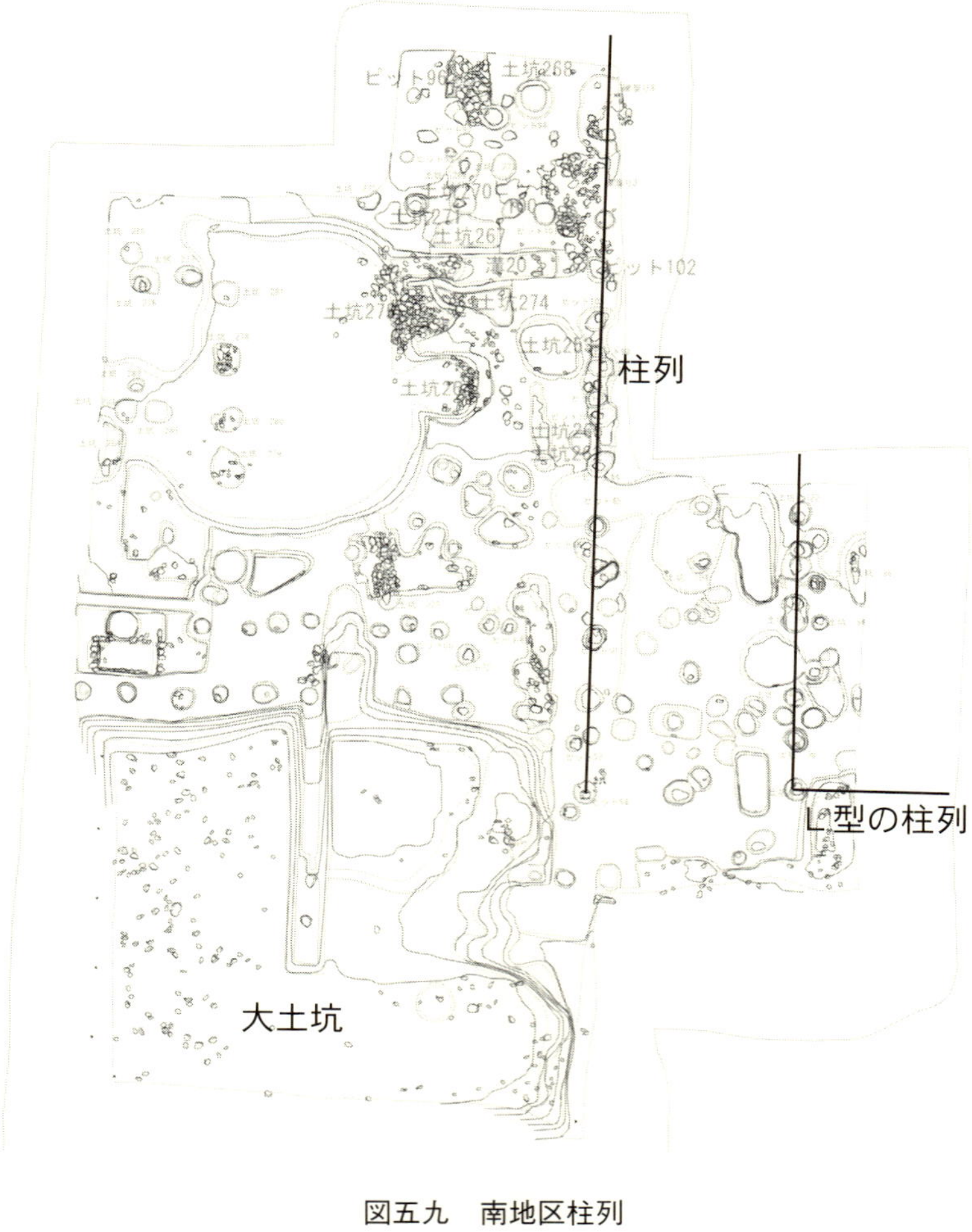

図五九　南地区柱列

図六〇　『上杉本洛中洛外図屏風』に描かれた公方邸

況が見つかっている。よって今回見つかった石敷き遺構についても、なんらかの建築物の基礎である可能性が高いと考える。

ところで、室町殿についての有名な資料が『上杉本洛中洛外図』に描かれている「公方」の館である。ここに描かれている館は、上立売通・室町・烏丸・今出川に囲まれた範囲にあった第一二代将軍足利義晴の室町殿と言われているが、今回の調査地点にあたる室町殿の北東隅に注目すると、室町殿の北には築地が巡っており、さらにその東北の隅には赤い色で社（吉田神社から勧請された鎮守社と言われている）が描かれており、その南と西を築地のようなものがめぐっている。

したがって、もし今回見つかった石敷きが建築物の基礎であるならば、第一のグループが室町殿北縁の築地塀の基礎、第二のグループの南端が鎮守社を囲んでいた南の築地塀の基礎、そしてそれらに挟まれた部分が鎮守社の基礎という関係になって、それらの配置は、そのまま『上杉本洛中洛外図』に描かれた室町殿の北東の描写と一致することになる。

一方南地区ではL形に配置された柱列が調査区の東部から見つかった。柱穴は、直径四〇～六〇センチ、深さ一五～二五センチで、南北に六・一メートル以上、東西に九・三メートル以上続く。一部は布基礎に設けられており、いずれの柱穴にも底に根石をもっている。時期は布基礎部分から出土した土師器皿によって一六世紀前半代と考えられ、やはり足利義晴が設けた室町殿の時代と併行する。

ところでこの遺構の性格であるが、この時期の主要な建物は基本的に石を基礎とするものが多い。また柱間の距離が短いため、建物を構成する柱とは考えにくい。むしろ自立型の塀の柱と考えることが妥当ではないかと考える。

これに対して再び『上杉本洛中洛外図』を見ると、室町殿の敷地の東側で東西から南北方向へL型に曲がった板塀が描かれている。今谷明氏によれば、幕府が新邸の造営を決めた天文八年（一五三九）閏六月、『大館常興日記』に「御座敷を奥へとる庭に、はた板にても　塀にても垣をさせらるべき事、いかがたるべきか。御大工共は先例これ無き　の様に申し候」とあって、庭のある奥御殿の一角を先例の無い板塀で囲うことの問い合わせがあり、それがそのとおりに進められたとされている。『上杉本洛中洛外図屏風』の足利将軍邸を見ると、池の北側に板塀が描かれており、今谷氏は、先の史料にあった板塀がこれと一致するとし、その描写の正確さを指摘している。

今回発見された柱列が、実際に『上杉本洛中洛外図』に描かれた板塀にあたるかどうかは別であるが、時期はおおむね足利義晴の頃と推定されるため、義晴が再建した室町殿内の同様な施設の一部と考えて良いと思われる。

以上、今回の大学会館地点の調査で見つかった二つの遺構群は、それらの時期と形状および配置が『上杉本洛中洛外図』の室町殿に描かれている施設の一部と対応することにより、寒梅館地点が第一二代将軍足利義晴の再築した室町殿の一角にあたると考えている。

ところで『上杉本洛中洛外図』に描かれた公方館の南半分は、板塀を隔てて水をたたえた池が描かれている。これに対して、先述の柱列の南からは大きな掘り込みが見つかった。そのため、この掘り込みは、『上杉本洛中洛外図』に描かれた池に対比されるようにも見える。しかしこの掘り込みには、水の溜まっていた痕跡がまったく見られない。また出土した大量の土器・陶磁器は、その下層まで一七世紀はじめ頃の時期に比定され、足利義晴の室町殿が廃絶してから、この大きな掘り込みが埋まるまでの間に約五〇年の空白時期があったことを示す。したがって、この掘り込みに対する現在の情報では、これを室町殿の池と考えることは困難と言わざるをえない。

それではこういった掘り込みが何だったかというと、一般的には粘土採りの穴か火事の後のゴミ穴と考えられることが多い。ただし今回の場合は、粘土採りに不必要な礫層まで掘り抜いているため、その穴とも考えにくく、また一気に埋めきっておらず、途中で礎石をもった建築物があったことがわかるため、一般的な災害復旧後のゴミ穴とすることも難しい。そのため現状では、中・下層が埋められる一七世紀初頭以前にすでに存在していて、江戸時代初期の火災などで周辺が整理されたときに、一部手が加えられながら埋められ始めた「大穴」だったと考えられることになる。

しかしそういった状況は具体的にどんな出来事を物語っているのだろうか。また今回の調査では、足利義満の時期の遺構・遺物が確認できなかった。この場所が室町殿の一角であるならば、その理由はどのように説明されるのであろうか。見つかった遺跡の一部が、足利義晴の将軍邸と関係することがわかった一方で、室町殿全体の実態については、このままではまだ説明が十分とは言えないだろう。そこで川上貢氏と森田恭二氏の研究から室町殿の歴史を振り返り、あらためてこの問題を整理してみたいと思う。

前章の最後に紹介したように、室町殿が築かれた室町北小路（今出川）一帯は、鎌倉時代の京の覇者、西園寺家の本拠だった。北小路室町には、実氏の孫で関東申次の職を継いだ実兼《さねかね》の子兼季を始祖とする菊亭家が邸宅を置き、やはり実氏弟の実藤を始祖とする室町家の邸宅が隣接していた。

室町時代に入ると、二代将軍の足利義詮《よしあきら》は、季顕に伝わっていた室町家の邸宅を購入して別業の上山荘とし、後に崇光院御所に進上される。また菊亭も光明院や崇光院の仙洞御所に使われていた。しかし永和三年（一三七七）に火災にあって焼失（『後愚昧記』二月一八日条）、その地を利用して造営されたのが義満の室町殿だった。川上氏によれば、その位置は洞院公賢《きんかた》の『園太暦《えんたいりゃく》』や、『広橋大納言仲光卿記』から北小路（現今出川）以北、柳原以南、今出川（現烏丸）以西、室町以東とされ、『吉田家日次記』から正門が室町小路にあったことがわかる。なお、「花御所」

が崇光院御所時代からあった名称であることも周知の通りである。

義満の移徙は、『後愚昧記』の永和三年と『後深心院記』の康暦元年（一三七九）に見え、それぞれ後の南御所と北御所にあたる菊亭跡と元上山荘跡（花亭）の二つの屋敷地から構成されていたと考えられている。白河の院御所にさかのぼる南北二御所の系譜がここでも見られる。邸内の様子は、後円融天皇による永徳元年（一三八一）の『永徳行幸記』と『さかゆく花』が参考になり、壮麗な殿舎が建ち並び、「かも河をせき入られ」た水面一町の大池には滝も造られたと言われる。しかし義満は応永四年（一三九七）に北山殿に移徙するため、この室町殿は約二〇年間が最盛期となる。

四代将軍義持は三条坊門に御所を築いたため、室町殿はあまり使われていない。次に室町殿を本拠とするのは、六代将軍義教である。醍醐寺三宝院の『満済准后日記』によれば、移徙は永享三年（一四三一）一二月におこなわれ、約一〇年間にわたって義満時代に負けない邸宅を築く。永享九年（一四三七）には後花園帝の行幸もおこなわれ、『永享九年室町殿行幸記』には、庭園についての一条兼良の讃辞がみえる。

しかしその後、室町殿は姿を変え始める。嘉吉元年（一四四一）に義教が没すると、現在の烏丸今出川北西に義教夫人の寺（後に勝智院と呼ばれる）が造営され、室町殿の敷地は南北が一・五町に縮小し（『尋尊大僧正記』文明一一年三月六日条）、第八代将軍義政も最初は御所を、現在の京都御苑の北端にあたる烏丸殿として、室町殿の建物を移している。義政が室町殿の再興を始めたのは長禄二年（一四五九）で（『蔭涼軒日録』など）、寛正五年（一四六四）には後花園院の御幸を迎え、『碧山日録』によれば土木の工が尽きるほどの贅を尽くした邸宅がおよそ一五年間にわたり甦ったことになる。したがって一四世紀後葉・一五世紀第2四半期・一五世紀第3四半期において、確実に室町殿は存在し機能していた。

なお、これまでおこなわれた室町殿跡関連の調査によれば、現在の今出川通の一筋北の通りの北側で一五世紀後半に埋まった東西方向の溝が見つかっており、これが室町殿のある時期の南限ではないかとも考えられている。

しかしこれ以降の室町殿については詳しいことがわからなくなる。文明八年（一四七六）一一月一三日、室町殿の西、半町ほどの土倉・酒屋が放火され（『長興宿禰記』など）、室町殿の北西部から周辺一帯が被災し、義政は小川御所へ移る。文明一一年（一四七九）には復興がはじまるが、すでに敷地の周辺部には町屋が建ち並び、南の敷地を放棄する形で、築地は東西・南北四〇丈の範囲に縮小される。

ところが、再建まもない文明一二年（一四八〇）四月に、室町殿の周辺では再び火災がおき（『宣胤卿記』ほか）、文明一三年（一四八一）に再度の再建計画がたてられる（『長興宿禰記』）。しかし、義政は東山殿の造成をすすめ、義尚も小川御所を継いでそこを本拠としたため、結果的に室町殿があった場所は、文明一七年（一四八五）には「花御所跡」（『蔭涼軒日録』）と呼ばれるようになり、庭石や大松が運び出される（『蔭涼軒日録』長享元年（一四八七）一一月一四日条ほか）などの荒廃がすすみ、明応五年（一四九六）にはその東北の一部が土倉（金融業者）に売られるまでになった（『蜷川家古文書』）。

したがって文明八年の大火以降、室町殿は実態としては機能しておらず、まわりの通り沿いに町屋が建ち始める一方で、その中心部では、遺構はともかくそこにあった品々はほとんどが持ち去られ、堰がはずされて水の涸れた大池の跡と、無人の建物が散在する姿が見られたと考えられることになる。『歴博甲本洛中洛外図屏風』では室町殿があった室町上立売の南東に町屋が描かれているが、それはこういった室町殿の変遷の結果を示している可能性がある。

そして天文一一年（一五四二）閏三月、第一二代将軍義晴によって、六六年ぶりに北小路室町の故地に室町殿が再建される。しかしこの室町殿も実態としては数年間使われただけだった可能性があり、それを物語るように、天文一六年（一五四七）にはその敷地が売買の対象となり、天文一八年（一五四九）には立売組が成立している。

そうすると、室町殿が実質的に機能していた時期は義満・義教・義政の時代で、その時期には大規模な建築や造成がおこなわれたものの、それ以降はほとんど手が入れられることなく、そのため再建された義晴の室町殿も、おそらく町屋によって南方が縮小された敷地を前提としていたことになる。

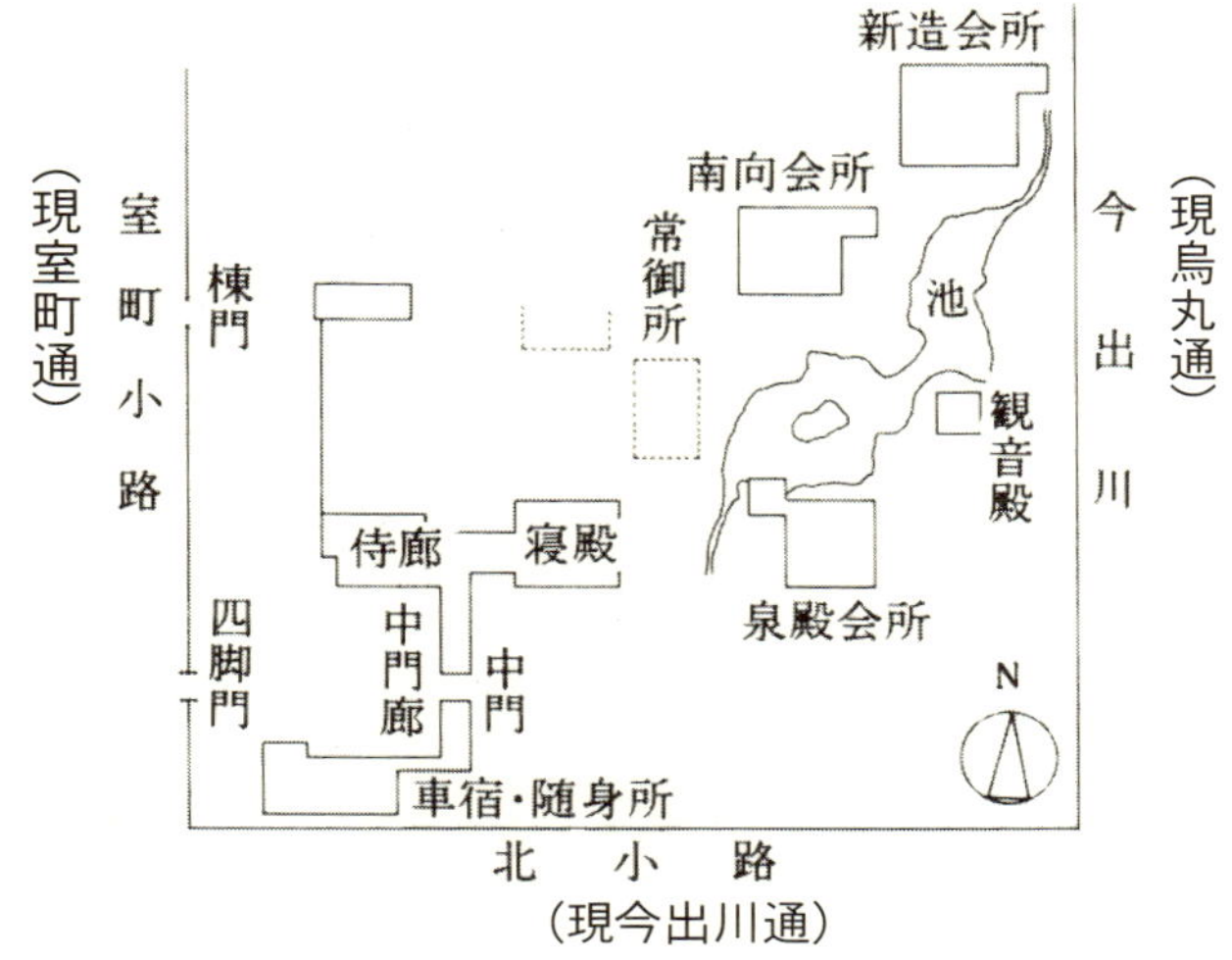

図六一　室町殿の推定復原

したがって、もし義晴の室町殿の敷地を掘ったとしても、遺構はともかく遺物は少ない可能性が高く、さらにそれ以前の室町殿関係の遺構や遺物が見つからないのも当然のことと言える。これが足利義晴より以前の室町殿関係の資料が見つからなかった理由であろう。

残る問題は、室町殿の変遷と南地区の大型土坑の関係である。少し想像も含めながら、中村利則氏の研究を手がかりに考えてみたい。中村氏は永享四年（一四三二）の『室町殿御亭大饗指図』をもとに、義教の室町殿は、西に寝殿を中心とした建物が並び、寝殿の東からその東北にかけては、鴨川の支流の水を引いた名園として一条兼良が詠った池をはさみ、北に「新造会所」「南向会所」が、南に「泉殿会所」と「観音堂」が設けられたものと推定している。

ところが中村氏が復原している義教の室町殿は、主殿と池の関係が東西であるのに対し、上杉本の室町殿はそれが南北の関係になっているなど、再建された義晴の室町殿は、かつての室町殿とは大きく異なっていたことが推測される。これはどういったことなのだろうか。

ひとつには、『上杉本洛中洛外図』に描かれた「公方」の館の表現が定型化された「館」表現で、実際の足利義晴邸とは無関係だということが考えられる。しかし先に見てきたように、発掘調査で見つかった遺構は、描かれた「公方」邸と共通する特徴を示す。そうであれば、義政までの室町殿と義晴の室町殿の間に、邸宅の構造を変えざるを得ない事情があったことを考えなければならないことになる。

その点で注目されるのが、義教の死後、室町殿の敷地の南部には後の勝智院が造られ、文明八年（一四七六）の室町殿焼失以後はさらにその北にも町屋がひろがっていったという記録である。これは義晴が室町殿の再建時に見た「花御所跡」が、現在の今出川通から一町ほど北側で、義教時代の室町殿中心部とは違う場所だったことを示す。

つまり、中村氏の推定復原によれば、義教時代の池は、敷地の東から北東に造られたが、その北端は義晴の室町殿の敷地の南に続いて残されていた可能性がある。一方義晴の室町殿は、義教時代の室町殿の北半部を敷地としていたため、結果的に義晴時代の建物は、敷地の北側で、池は義教時代の室町殿の池から続く南側に造られることになったのではないだろうか。

さらに、寛永年間（一七世紀前半）の『洛中絵図』によれば、寒梅館の南に位置する大聖寺の場所には、かつて聖護院があり、その南西には通りを隔てて盛方院の敷地が書かれている。この聖護院は秀吉がおいたとされているが、そうすると一六世紀の終わり頃、聖護院を上京にもってこようとしたとき、ちょうどここが空き地だった可能性も考えられることになる。そして、中村氏の復原図を参考にすれば、この聖護院とその南の盛方院の場所が、義政時代の池を中心とした庭園の位置にあたるとも思われる。これまでみつかっている庭石は盛方院の敷地と重なる範囲にある。そして今回の調査でも、江戸時代のゴミ穴と思われる遺構からではあるが、庭石が出土している。

この巨大な掘り込みはまだ南と西に続き、現在わかっているのはその一部にすぎない。また先に述べたように、池と考えるには極めて不十分な状況である。したがって今回の調査ではその性格について明解な答えをだすことはでき

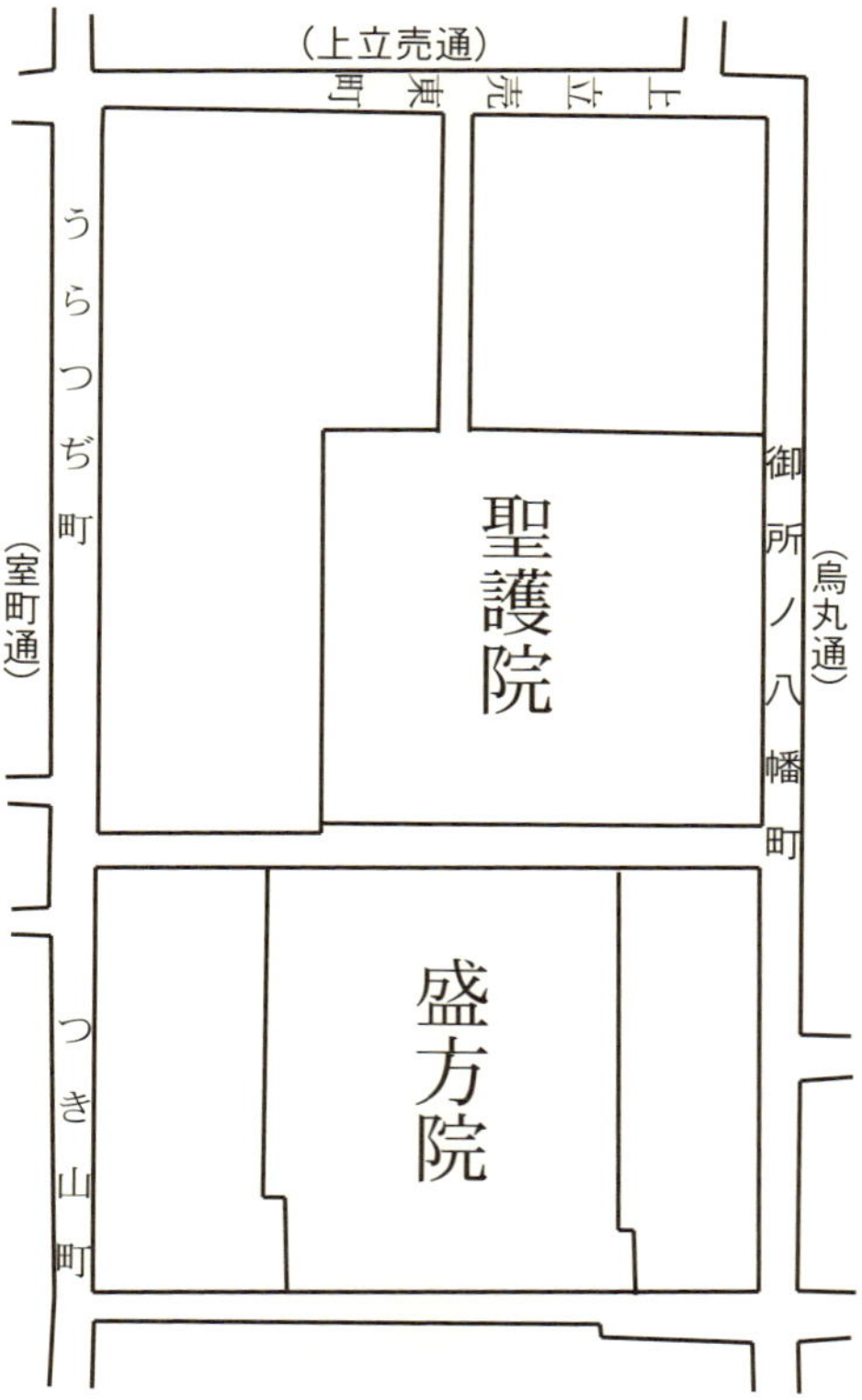

図六二　『洛中絵図』部分トレース図

なかった。しかし、この掘り込みが一六世紀代からあった可能性と、その北側で一六世紀前半代の柱穴などが見つかっていることから、これらが全体として室町殿に関わる施設であった可能性も視野に入れて、今後も検討をすすめる必要があると考えている。

（二）近衛殿桜御所跡の発掘調査（新町キャンパス）

『山城名勝志』によれば「桜御所　上立売新町西、五辻北、近衛辻子東にあり、近衛殿の別第なり」とあり、また『歴博甲本洛中洛外図屏風』や応仁元年（一四六七）以降の史料により、現在の新町キャンパスの中心部は、おそらく一五世紀後半以降、藤原氏北家の嫡流で五摂家の筆頭であった近衛家の別邸が置かれていた場所として知られている。

まず、新町キャンパスの敷地の中で上立売通に近い学生会館地点では、調査区の南東隅からL字形に配置された石列と、その北から東西方向の柱列が見つかった。その石列の規模は東西二メートル、南北一・七メートルで面を外に揃えている。柱列は石列の北約一メートルに位置し長さは九メートル以上である。柱穴の規模と形状は直径約三〇センチの円形で、柱間の距離はほぼ一メートルである。また底部に根石をもつ。石列は建物の基壇縁石で、柱列は敷地境界の塀跡と考えられる。なお時期は、その上層から一六世紀終わりから一七世紀初め

図六三　同志社大学新町キャンパス

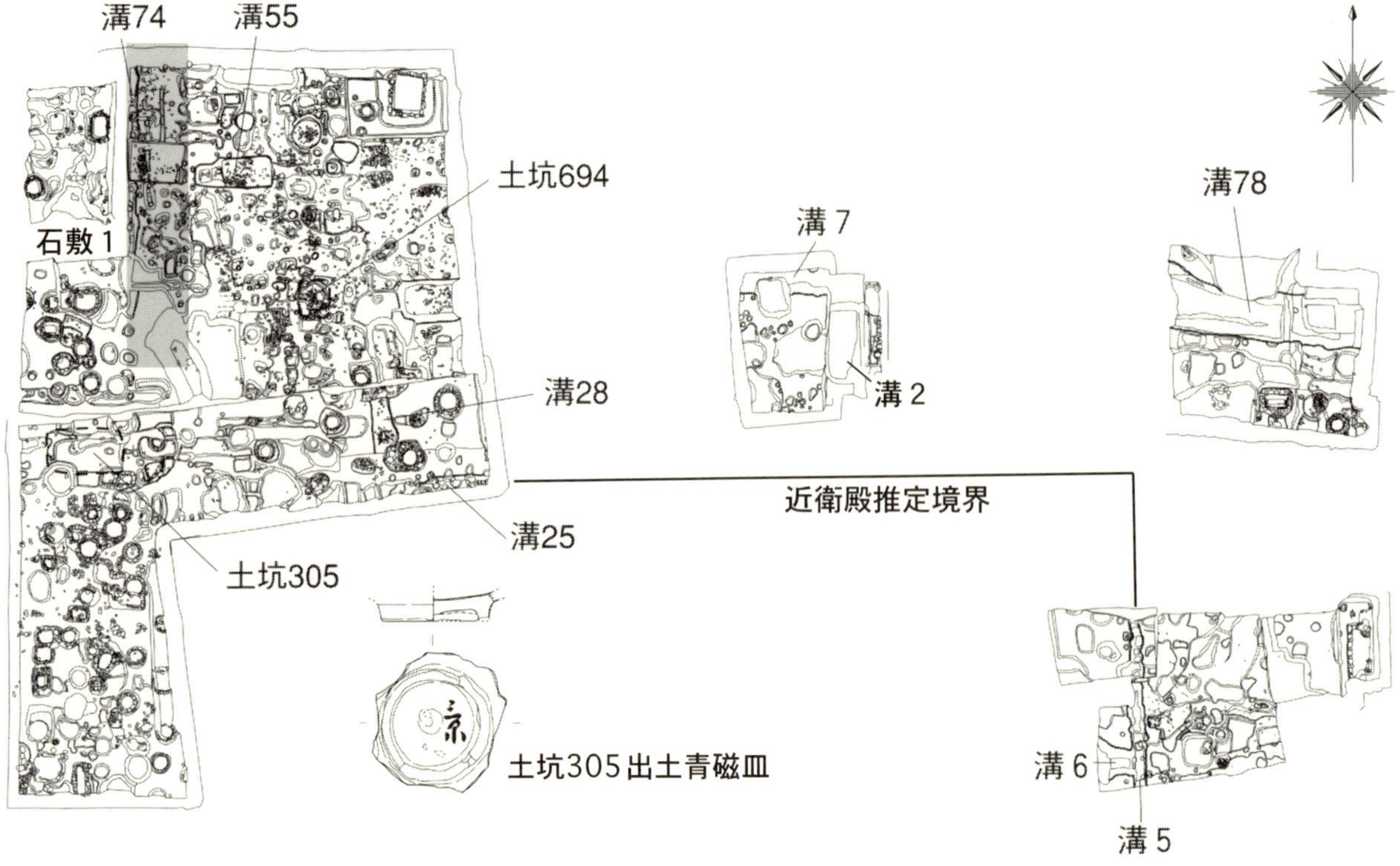

図六四　臨光館地点遺構配置図

の陶磁器が出土しているため、一六世紀後半と推定できる。

一方新町キャンパス敷地の南西にあたる臨光館地点の調査では、調査区の南東から南北方向の柱列（溝五）が、調査区の西から東西方向の柱列（溝二五）および南北方向の築地塀基礎（石敷1）が見つかった。

溝五は南北が九・四メートル以上で幅は〇・七五メートル。六〇センチほどの深さで掘られ、その底に約一メートル間隔で柱穴が設けられている。また一部で根石も確認された。溝二五も同様な布掘りの柱列で幅〇・八メートル、約一メートル間隔で根石の残る柱穴を設ける。また溝二五の北には、粘土を敷き砂利を撒き、固く叩き締めた路面状の遺構が並行する。時期は出土した土師器皿から、共に一六世紀前半代と推定する。なお、石敷一は長さ一四メートル以上で幅三メートルを測り、時期は江戸時代である。

これらの学生会館地点と臨光館地点で見つかった溝内の柱列は、寛永年間の『洛中絵図』に記された近衛邸の敷地境界と共通するところがあり、一六世紀代の近衛家別邸の外周に設けられた施設と考えられる。また同様な遺構は、京都市埋蔵文化財研究所の調査した細川典厩邸跡とされる上京遺跡からも見つかっており、この時期の邸宅に共通する特徴の可能性がある。

ところで臨光館地点からは、特異な形と遺物の出土状況を見せる四つの遺構（土坑三〇五・溝五五・土坑六九四・溝二）が見つかっている。平面形は、いずれも軸を南北または東西におく長方形で、規模は概ね一×一・五×一間で共通する基準のあった可能性がある。時期は土坑三〇五が一五世紀末から一六世紀前半、溝五五が一六世紀中葉、土坑六九四が一六世紀後葉、溝二が一七世紀前葉に比定でき、遺物は、中層以上で土器・陶磁器の一括投棄が見られる。目的は不明であるが、単なる廃棄土坑ではなく、この施設を利用した同じ行為をおこなうために、ほぼ三〇年を単位として作り替えられながら、一五世紀後半から一七世紀初めまで継続されたと考えることができる。さらに土坑三〇五からは、底部外面に朱書きで「景」と読める青磁皿が出土している。『後法興院記』文明一三年の記事には「景陽」という人物が見られるという。近衛家の家業に関わる施設だろうか。

このように、同志社大学寒梅館地点の「花の御所跡」と新町キャンパスの「桜の御所跡」および京都市埋蔵文化財研究所による「細川典厩邸跡」で発見された一六世紀中頃の遺跡を検討すると、『上杉本洛中洛外図』の描写は、それらときわめて整合性が高いと考えられることになる。これは、「洛中洛外図」が戦国時代の京都を復原する上で、一層重要な歴史資料となる可能性を示すものになるだろう。そこで、これを前提にして、「洛中洛外図」に描かれている事象から、戦国期の京都の、特に上京の姿がどのように読み取ることができるか考えてみたい。

二、洛中洛外図の発掘調査―上京小川《こかわ》周辺―

「奥山に、猫またといふものありて、人を食ふなる」と、人のいひけるに、〈略〉連歌しける法師の、行願寺の辺《ほとり》にありけるが、〈略〉或所にて夜更くるまで連歌して、ただひとり帰りけるに、小川《こかわ》の端にて、音に聞きし猫また、あやまたず足許へふと寄り来て、やがてかきつくままに、頸のほどを食はんとす。（『徒然草』第八九段（日本古典文学大系）岩波書店）

行願寺の近くに住んでいた僧が、ある夜連歌で遅くなった帰りに、小川のほとりで話に聞いた「猫また」という怪物に出会い、驚いて小川に落ち助けを呼んだところ、その正体は自分の飼い犬だったという

戦国期から江戸時代初めの京都の風景を描いた作品として有名な「洛中洛外図」の内で、戦国時代の京都を描いた初期洛中洛外図と呼ばれているものは、「歴博甲本」と「上杉本」に代表される。これらの作品は、黒田日出男氏がまとめたように、様々な分野から多くの研究がおこなわれてきているが、ここでは、それらの研究に学びながら、都市構造の視点に絞った検討をおこなっていきたい。

最初に重要な検討は、「洛中洛外図」が描かれた目的の確認である。水藤真氏が言うように、そもそも都市景観は

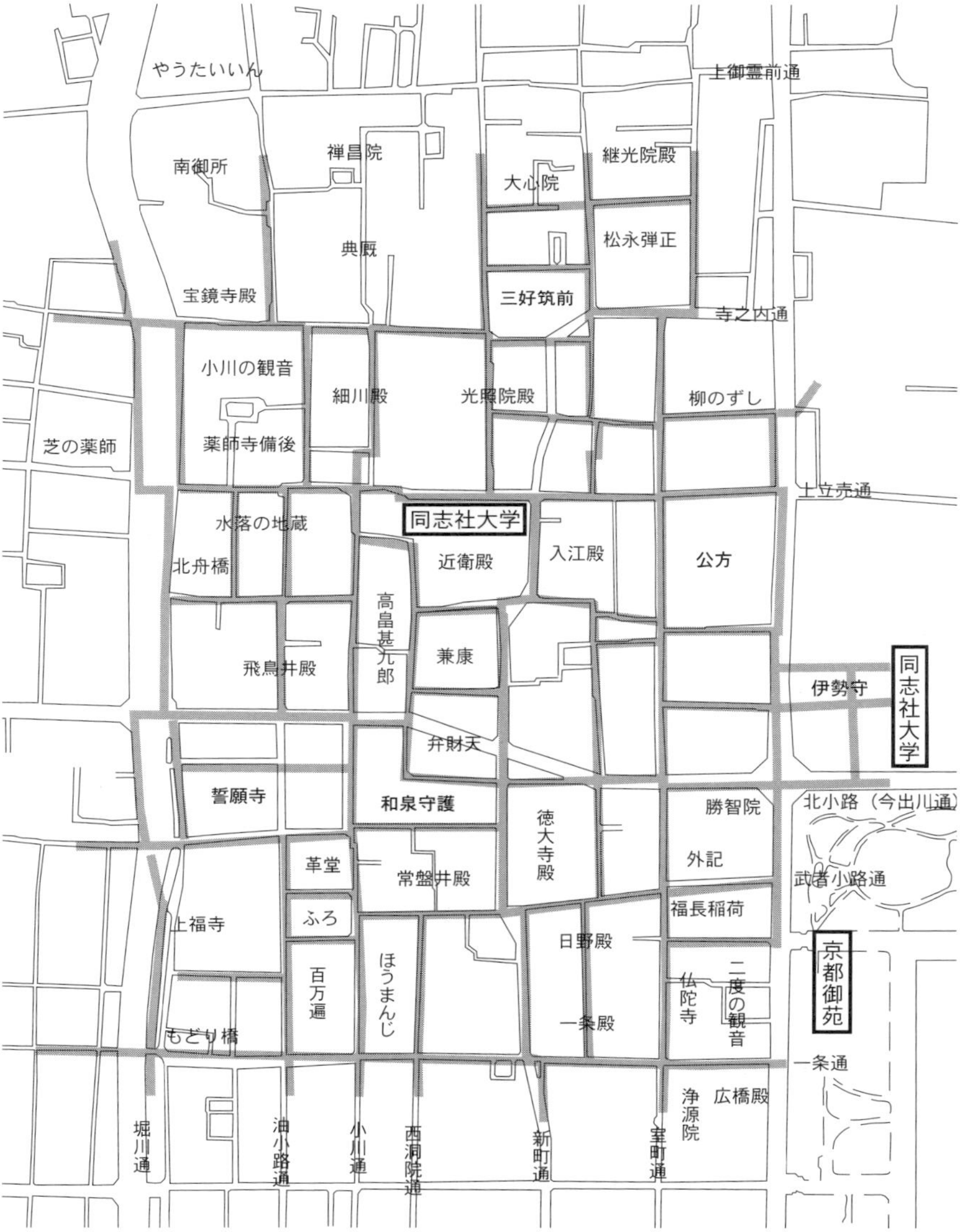

図六五　『上杉本洛中洛外図屏風』に描かれた上京の現地比定
（網掛け部は江戸時代初期の街路）

それ自体何の変哲もないもので、それ自体では美でもない。けれどもそれにもかかわらず、都市と都市の情景が人々の興味の対象となり、描いてみようと言う気をおこさせ、さらに、それを完成した絵画とさせた原動力はなんだったのであろうか。

洛中洛外図に描かれている事象についての解釈は四人の研究者を代表とする。

今谷明氏は、『上杉本洛中洛外図』が、天文一七年後半の京都の景観の写実を基本としたきわめて信頼性の高い絵画史料であるとして、製作年代と作者の見直しを求め、この分野の研究に大きな波紋を呼んだ。氏は個々の施設や人物に対する写実性の高さを前提に、足利幕府を支えた細川勢力の武家屋敷の配置とその大きさに注目して、そこに描かれているのが天文一七年六月に摂津江口の戦いによって崩壊する以前の武家の体制であるとして、複雑な室町政権の構造がこの屏風絵によって説明できるとした。

これに対して瀬田勝哉氏は、今谷氏の指摘も認めながら、三好義興邸の冠木門が、永禄四年（一五六一）三月三〇日の将軍義輝の御成に際して新設されたものであること、松永久秀邸門前の三本の左義長が、天文から弘治にかけての松永と左義長の結びつきによるものであることを指摘し、そこに描かれているのは、三好・松永による新興勢力の上の存在が、対立から調和をめざそうとした意図であるとし、永禄元年（一五五八）に三好長慶と和して京都に戻り、松永も臣下にし、細川と三好の関係を修復することに成功した足利義輝の構想によるものであったとした。

このような『洛中洛外図屏風』の制作に関わったプロデューサーとしての「公方」の意図を重視した見方に対して、水藤真氏は「洛中洛外図に付けられた書き込みは、やはり洛中洛外図がになった地図的要素をもった京都の鳥瞰図を補完するためのものであり、それはそれぞれの国に住んでいた戦国大名が、京都の様子を知ろうとした際に、まず最初に要求される京都に関する情報である」とし、それが「トータルな京都像」を描こうとしたものであること、後世回想的に描かれたものではなく、まさに戦国時代の京都を戦国時代に描いた同時代史料であること、そしてそれを求めたのは戦国大名であったとした。さらに一部の描写を一乗谷朝倉氏遺跡と比較し、その写実性の高さも確認している。

また同様に戦国大名に視点をおいた黒田紘一郎氏は、上杉本を上杉輝虎（謙信）による狩野派工房への特別注文とみて、「歴博甲本」が描いた都市の日常性としてのウラの姿と、上杉本が強調しているオモテの姿の関係にも注意を払いながら、当時の京都の情報を詳細に正確に読み取れる都市図としての機能を「上杉本」に見て、その正確さを『中昔京師地図』よりすぐれたものとした。

このように、「洛中洛外図」の制作背景には、公方が意識した首都のイメージと戦国大名が持っていた京都に対する憧憬があったと考えられるようである。それではあらためて、「洛中洛外図」に対して公方が発信しようとした情報とは何であり、戦国大名が求めた情報とは何であったのだろうか。すでに公武の邸宅についての研究は詳しくおこなわれており、庶民の生活と文化についての研究も多い。しかるにその中で、これまであまり触れられてこなかったのが、様々な屋敷や民家の配置、そしてそれら全体を合わせた空間配置の意味であり、その中で今回特に注目したいのが油小路と西洞院にはさまれた小川沿いの地区である。

戦国時代の京都は、政治的な要素の強い上京と商業的な要素の強い下京の二つの「核」で説明されることが多い。ところが、上京の中の小川沿いの地区もまた、「洛中洛外図」の中で商業的な場面で紹介されることの多い地区となっている。しかもそこは、上京の場面の中でも、中央で大きな面積を占めて描かれている。これは、小川周辺地区の存在が、上京の中で大きな意味を持っていたことを示すものであり、そのため、都市としての上京の空間構造を説明するためには、小川沿いの風景を調べることが大きな手がかりになると考える。「上杉本」と「歴博甲本」および『日本歴史地名大系』「京都市」（平凡社）と今谷明氏の研究を元に確認していきたい。

「上杉本」によれば、小川沿いの通りは一条戻り橋を南の限りとして、北へ百万遍（知恩寺）、風呂、革堂（行願寺）が並び、その北に十念寺、誓願寺と続き、町家を経て現在の今出川通にあたる北小路に至る。通りを渡ると再び町家が続き、上立売通との角に見えるのが水落の地蔵。小川はここで西へ曲がった後に油小路を北上する。油小路に入って最初に見えるのは細川氏被官の薬師寺備後の屋敷である。けれどもその西には芝の薬師、北には小川の観音が置かれる。さらに北へ行けば宝鏡寺殿と南御所がならび「やうたいゐん（永泰院）」から先は金の雲に隠れる。「歴博甲本」も基本的には同様な風景を見て取ることができる。

このような風景からわかる最も大きな特徴は寺社の集中である。「洛中洛外図」の中で、これだけ寺社の集中する場所は他には無い。

小川周辺地区における寺社の集中については、すでに高橋康夫氏によって「一条小川の辻から北方を望むと、西側には古くから都市住民の信仰の中心であった百万遍や革堂、誓願寺、極楽寺（真如堂）などの諸堂が瓦葺・檜皮葺《ひわだぶき》・板葺の屋根を並べ」として意識され、さらに今谷氏は、この地区と「構」や「木戸口」の描写が重なることから、それを「北から尼御所の永泰院、大慈院、宝鏡寺、芝薬師、南へ誓願寺、革堂、百万遍、頂妙寺と寺院によって点綴された」「防御ラインとして〝寺町〟を形成していた」ものと解釈している。また今谷氏は、天文七年（一五三八）に丹波の守護代内藤国貞が幕府に叛き山陰道から洛中を攻めたことを、この西側の防御ラインの背景のひとつと見ている。

高橋康夫氏の研究をふまえ、戦国時代の京都が「構《かまえ》」で囲繞された城塞都市であり、秀吉の京都は「寺町」も含めて、その延長上にあるとする今谷氏の見解は、京都の都市史にとってきわめて重要なもので、大いに賛成できる。

しかし小川周辺を「防御ライン」とする見方については、「上杉本」では「公方」の館がこの「防御ライン」から最も奥まった東にあるため有効ではあるが、「歴博甲本」では、「公方」の館が「防御ライン」に接する寺之内油小路の北東にあるため、〝寺町〟はその役割を果たさないことになる。

ところで小川周辺地区の寺社の配置を注意して見れば、多くが小川と堀川の間に置かれ、さらにこれら二つの川を渡る一条・上立売・寺之内という三本の東西路の交差点付近にまとまっていることに気づく。

このうち最も寺社の集中している場所が一条通周辺である。確認できる寺社は、百万遍・革堂・十念寺・誓願寺・

浄福寺・極楽寺であり、一条小川の北東に「ほうまんじ」、南東には讃州寺地蔵が見える。さらに史料と地名によれば、大休寺・戒光寺もこの地区内に見える。なお一条通に架かっているのが有名な戻り橋である。

百万遍は、上賀茂社の神宮寺として相国寺の北にあったが、鎌倉時代初めに浄土専修念仏の道場に変わる。一条へ移ったのは義満の相国寺建立により、『大乗院寺社雑事記』の応仁元年（一四六七）五月二九日条には、二六日の合戦で「百万反・香（革）堂・誓願寺之奥堂・小御堂」などと「村雲橋を北と西とハ悉以焼亡了」と見える。

革堂は、『日本紀略』永祚元年（九八九）八月一三日に「一条北辺行堂舎」とあるが、行願寺の創建は、行円による寛弘元年（一〇〇四）の供養を始まりとする。その後の行円の活躍により、寛仁二年（一〇一八）三月二四日の万灯会は、「上下成市」の盛況であったという（『小右記』）。元久元年（一二〇四）一月一八日・二月一二日には後鳥羽上皇の御幸があり（『百錬抄』）、寛正四年（一四六三）四月二三日には足利義政の参詣があった（『蔭凉軒日録』）。また下京の六角堂に対して上京の革堂といわれ、庶民の広い信仰を受けた。

誓願寺は、奈良から相楽郡と紀伊郡深草を経て現在の元誓願寺町に移ったと伝わるが、詳しい時期はわかっていない。ただし、『百錬抄』の承元三年（一二〇九）四月九日条には、誓願寺と共に行願寺も焼けているため、平安時代に下小川西、今小路付近にあったことは確かである。その後、西山深草派の本寺として念仏弘通の一大道場として発展。一遍が参詣したとの伝承も持つ。また応仁元年（一四六七）五月二六日の兵火によって焼けた後、文明六年（一四七四）八月五日には、現在の今出川新町にあたる「白雲構」の外で梵鐘が鋳造され、それを将軍をはじめ多くの人々が見物している（『実隆公記』・『親長卿記』）。

なお十念寺は、永享三年（一四三一）に足利義教が誓願寺内に建立した宝樹院を始まりとし、文明年間までには十念寺となったという。

百万遍の西で堀川の先に見える浄福寺は、宇多天皇の母によって九世紀に建立された。堀川一条の村雲に移転したのは、建治二年（一二七六）で、『拾芥抄』に二五大寺の一つとしてみえる。室町時代には、足利直義や後柏原天皇・後奈良天皇などの支援を受けた名刹である。

讃州寺地蔵は、一条新町南西の讃州寺町に比定されている。細川政之の屋敷を寺にしたと言われ、文明年間には地蔵菩薩を本尊とする蔵珠寺とも呼ばれていた。

「歴博甲本」にのみ描かれている寺院が、誓願寺の北に位置している極楽寺である。この極楽寺は真正極楽寺のこととも されるが、真正極楽寺（真如堂）の故地とされる元真如堂町は、一条新町西にあって場所が違う。なお真如堂は、一〇世紀末に一条天皇母の東三条院藤原詮子の御願により神楽岡の東に建立され、応仁の乱後に短期間、この場所に移ったという。「上杉本」では下京隻左上方の慈照寺下に描かれている。

村雲大休寺は、一条堀川北にあった。史料により堀川の東と西で場所を異にしているが、足利直義の建立と伝える。『応仁記』の応仁元年（一四六七）五月二六日条に「寄手は雲の寺に火をかけ、村雲に押寄て百万遍の革堂を焼き立て」とあり、応仁の乱で焼失し、その後の復興は無かったとされる。

革堂西町の北東に戒光寺町がある。戒光寺は、はじめ八条堀川に開かれたが、応仁元年に焼亡し、その後一条小川に移ったという。「上杉本」では下京隻の八条堀川周辺に描かれている。

なお一条小川の北東に描かれている「ほうまんじ」は、本満寺との解釈もあるが、今谷氏は地名に残る「大峰寺」関係の寺院としており、ここでもそれに従いたい。

上立売通の小川周辺で描かれている寺社は、水落の地蔵・芝薬師であり、史料では実相院も知られる。またこの東西路に架かる橋はいくつも描かれているが、「上杉本」には、上立売小川の南西に「北舟橋」の記載がある。

水落は、小川が北から東へ曲がる場所に落差があったことを由来とされる。ただし現在の場所で目立った段差は見あたらない。『応仁記』の応仁元年（一四六七）五月二六日の戦いの記事によれば、「南の水落寺」に続いて「花の坊・集好院・花開院も焼落て」とあり、上立売小川から現在の大宮寺之内南に所在する「花開院町」に向けて戦乱の炎が伸びていたことを想像させる。また宝暦一二年（一七六二）刊の『京町鑑』には、「水落町　俗に地蔵辻子・水

図六六　百々橋の礎石

落辻子」とあり、水落寺にあった水落地蔵に由来する地名が紹介されている。

芝薬師は、前章で記したように後鳥羽上皇が建立に関わった寺院で、現在の堀川上立売西を、その故地としている。

実相院は、一三世紀初めの寛喜元年に開かれた。最初の場所は不明だが、後に五辻小川の実相院町に移り、応仁年間に岩倉に移っている。『応仁記』の応仁元年五月二三日の条によれば、実相院とそれに所属する土倉の正実《しょうじつ》坊が戦乱に巻き込まれている。

現在の寺之内通と上御霊前通の間で小川周辺に描かれている寺社は、小川観音・宝鏡寺・南御所（大慈院）・やうたいゐん・禅昌院である。またこの東西路には、応仁の乱で有名な百々橋が架かっている。

宝鏡寺は、前章に登場した五辻大宮西の景愛寺内に建立された福尼寺を、一四世紀後半の応安年間に光厳天皇皇女の恵厳禅尼が当地に再興したことに始まると言う。

大慈院は宝鏡寺にあった末寺とされ、同書によれば、鷲尾《わしのお》隆康の『二水記』では南御所とも称され、大永元年（一五二一）一二月七日に足利義政の三十三回忌追善供養がおこなわれている。なお、小川観音・やうたいゐん・禅昌院などの詳細は不明である。

以上、「洛中洛外図」に描かれた上京の小川沿い周辺の寺社について確認してきた。ここでまず最初に注意しなければならないのは、三つの地区を横断する一条・上立売・寺之内または御霊前の東西路の意味である。

実はこれらの東西路は、前章で見てきた鎌倉時代の一条北辺にとって主要東西路だった一条通・持明院大路・上御霊前通に対応し、それを継承した関係になっている。中でも鎌倉時代の一条北辺にとって、最も重要な東西路は持明院大路だった。戦国時代はこれに代わる路が上立売通になるが、高橋康夫氏が「洛中洛外図」から明らかにした上京六カ所の木戸門（構《かまえ》の出入口）のうち、南の新町土御門以外の全てが、先に見てきた小川周辺の地区にあり、特に上立売通には小川と堀川の二カ所にそれが設けられているのである。ちなみにそれ以外の木戸口は、一条と上御霊前通に見える。

また応仁の乱の緒戦で、最も激しい戦場となった細川勝久の邸宅は一条大宮にあり、同様に有名な戦場として伝わる百々橋は、小川を渡る寺之内通に架かっている。そして西軍を代表する山名宗全の邸宅は、上立売堀川南の舟橋にあった。これらの状況は、いずれも一条・上立売・寺之内（上御霊前）という東西路が、上京にとってきわめて重要な意味を持っていたことを示す。

従って、この視点で小川沿いの地区から上京の都市の姿を見直せば、そこには鎌倉時代に成立した一条北辺の東西軸を中心とした空間を忠実に踏襲した特徴が見え、小川沿い寺社の存在と、三つの路毎にまとまったその配置は、それを象徴する風景だ考えられることになる。そして結果的なその役割のひとつが、今谷氏が言う「防衛ライン」だったとも言える。けれどもこの「寺町」の意味はそれだけではなかった。

ひとつは、小川周辺地区の寺院が、革堂に代表されるような庶民信仰の中心地であったと同時に、将軍や皇室とも深い関係があった点である。百万遍がここで発展した背景には義満の相国寺建立があり、革堂は後鳥羽の御幸と義政の参詣を迎えた。十念寺はその義政が建立し、誓願寺の復興にも義政が多額の寄進をおこなっている。寺之内以北の尼門門跡を含めて、これらの寺院は上京の為政者達にとっても信仰の場であったことを示している。

もうひとつは、この「寺町」と並行して小川沿いに商業ゾーンが見られる点である。周知のように上京で最も繁栄した通りは立売と室町だと言われている。確かに「歴博甲本」の室町立売周辺には、卯建をあげた二階屋が見え、高橋氏が言うようにこの地域の富裕の様を示している。けれども小川沿いの誓願寺から上立売の間にも店が並んでおり、下京六角町とならぶ魚棚が上京今町（誓願寺北町）にあり、水落地蔵の前は、正月飾りの門松を準備し、餅を搗き破魔弓を売る歳末の有名な風景で知られる。これは「防衛ライン」だけでは説明できない風景である。

さらに重要な点は、一条・上立売・寺之内という三つの通りから見えてきた東西を軸とする上京の空間構造、そして「寺町」と「商業」のゾーンが、その中央に配置されていることである。

あらためて「上杉本」の上京を見直すと、「公方様」と相国寺は、東西軸の空間の中で最も東に置かれ、ここが起点となっていることがわかる。西へ向かうと、最初に見えるのが、室町通りの富裕層と幕府を支えた公武の屋敷群である。彼らは言うまでもなく上京の重要な構成メンバーと言える。小川沿いの「商業」と「寺町」のゾーンはその先に置かれ、画面を左右いっぱい使って川が描かれ、寺社が並ぶ。そしてその先は、北野から嵯峨野にひろがる洛外の風景である。

これを逆にもどれば、外界である洛外の野から「寺町」を越えて町に入ると、川に沿って町屋が軒を連ねた商業ゾーンがある。さらに近づくとこの町を支えた公武と富裕層の家並みが広がり、やがてこの町の盟主であり、明に対して「日本国王」と称した義満の館の故地と相国寺に達する。

別の言い方をすれば、上京は東から西へ向かって「都市の王」「富裕層と公武勢力」「商業地区」「寺社群」「外界」と直線的に都市に不可欠な要素がならび、その時「商業地区」と「寺社群」から構成される小川周辺の地区は、外界と都市の中心の中間に位置することになる。その意味で小川沿いの一帯は、上京にとって都市の中心部と外界を区切る境界領域の象徴として、あるいは周縁的な意味と役割を果たしていたと言えるのではないだろうか。

図六七　『上杉本洛中洛外図屏風』に描かれた室町殿から嵯峨野を見る

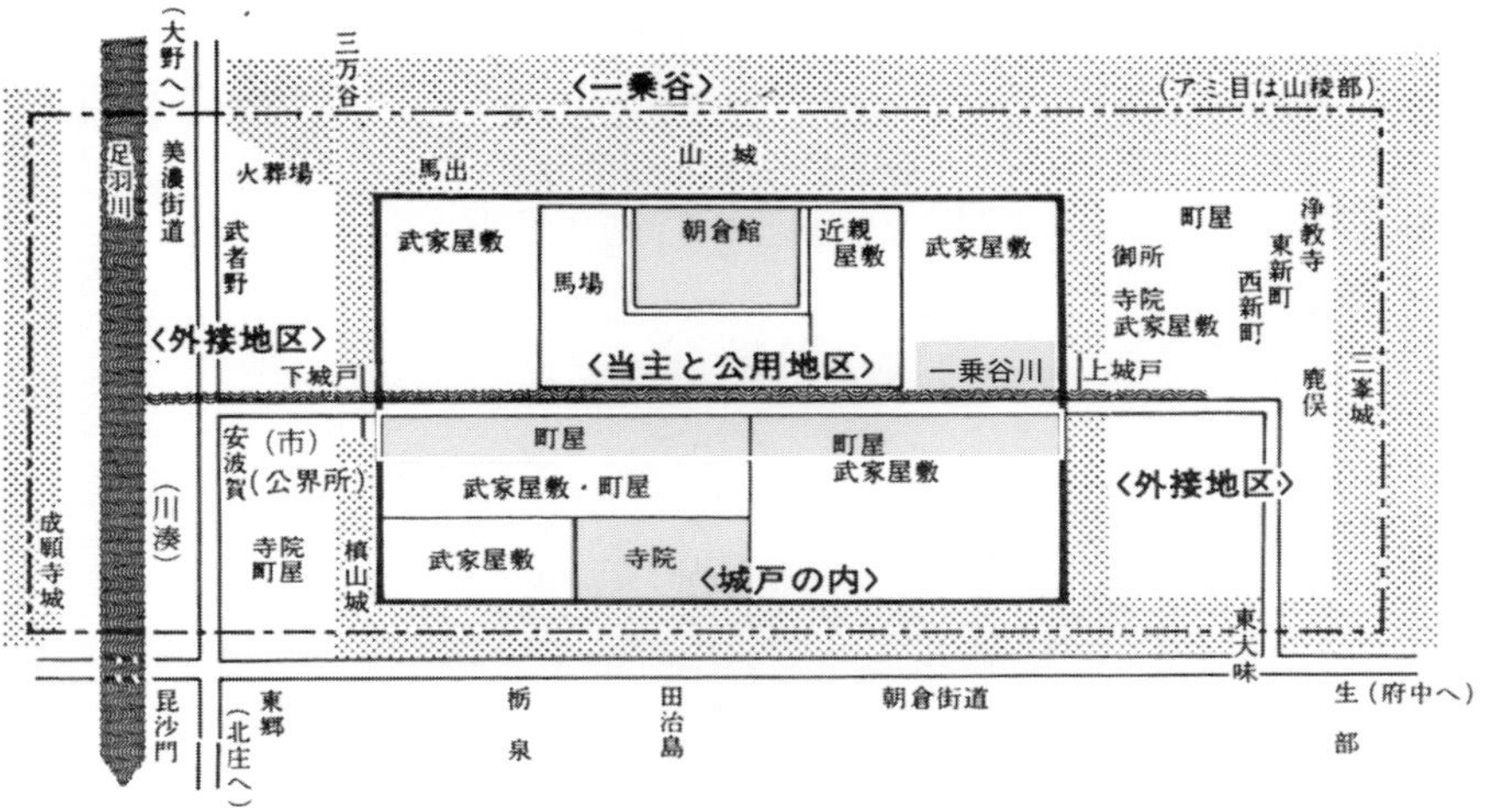

図六八　一乗谷の構造概念図

これまで、戦国時代の京都は、商工業者を中心とする下京と政治支配者を中心とする上京の二つの町から構成されると説明されてきた。確かにそれは間違いではない。けれども、「上杉本」の上京が、東西を軸に見ることでこのように読み取れるとするならば、そこには政治支配者だけでなく、都市を構成する全ての要素が、その外界を含めてひとつの完結した空間として表現されていることになる。

ところで、こういった上京の空間構造の特徴は、一乗谷朝倉氏遺跡や伊勢の北畠氏館周辺でも見ることができると考えている。一乗谷朝倉氏遺跡は、一乗谷川の流れる狭い谷を上下の城戸《きど》（土塁と堀）で囲んだ中にある。小野正敏氏によれば、朝倉館は、その谷の中で最も広い平坦面の一角に設けられ、その周囲を近親の屋敷や武家屋敷が固める。一方谷の中央を流れる一乗谷川沿いには谷を縦断する道がはしり、その道に面して手工業者などの町家と武家屋敷が並ぶ。そしてその奥の山際に置かれているのが寺院となっている。この空間構成は上京とほとんど同じであると言える。

小島道裕氏は、一四世紀末以降の国人館や守護所が、京都の将軍邸（花御所）の影響の下に、明らかにそれを意識して造られていることを指摘して、それは各地の領主達が中央の権威と権力を体現し、またその地が自らの領国の「首都」であることも主張したかったことによるものとしている。

周知の様に、応仁の乱以後、多くの地域へ京都の文化がひろがったが、考古資料で言えば、京都で使われたかわらけ（土師器皿）と同じ形のかわらけが、一六世紀前半頃から各地の拠点となった館跡などから見つかるようになってくる。

「洛中洛外図」の成立がどこまでさかのぼるかは議論が分かれているが、遅くとも一六世紀初めには、確実に各地の盟主は京都の様々な文化を取り入れることに大きな努力を払っていた。その意味で、「洛中洛外図」の上京の空間構造が同時期の戦国大名の拠点と共通するならば、各地の戦国大名が「洛中洛外図」に求めた情報は、自らの権威と権力を体現する館そのものであるのと同時に、理想とされる「首都」全体の条件であり、一方で公方が、「洛中洛外図」によって主張し発信しようとした情報は、自らの理想とする「首都」全体の条件だったのではないだろうか。

「洛中洛外図」上京隻の中央に描かれている小川周辺地区の風景は、それを物語る重要な意味を持っていると考える。

おわりに

卒業論文に続いて修士論文を京都の土器と陶磁器で書いたのが一九八五年だった。もちろんその頃は、膨大な研究の蓄積がある京都の歴史を、発掘調査の成果を基に描くことは、夢にも考えていなかった。その後大阪で埋蔵文化財調査の職に就き、全国の中世都市研究に触れる中で、京都の都市の歴史を遺跡から見直すことの必要性を感じるようになっていった。けれどもその時もまだ、その具体的なビジョンを創り出すことはできなかった。

実際に遺跡の調査成果に基づいて京都の歴史を考えるようになったのは、一九九五年から担当した佛教大学通信教育部での授業である。その講義の中で京都駅前の発掘調査成果を見直し、一九九九年に初めて、京都の歴史を意識した「七条町と八条院町」という短い文章を書いた（『考古学に学ぶ』同志社大学考古学研究室）。本書の第二章第一節はこれを元にしたものである。

そんな中、一九九九年から同志社大学に移り、二〇〇一年の秋から今出川校地の発掘調査を担当することになった。結果的に足かけ四年にわたる今出川校地の調査を通じて、遺跡を基にした京都の歴史と本格的に対峙することとなった。最も大きな調査だった寒梅館地点では、多くの学生達と共に「洛中洛外図」の中の足利義晴と格闘し、その成果の一部を寒梅館に保存・展示することもできた。本書の第三章は、『政権都市』（新人物往来社二〇〇四）の中で、それを短くまとめた一文が元になっている。

そしてその中で出会ったもう一人の人物が、鎌倉時代の京都の覇者、西園寺公経だった。

周知の様に、京都の歴史の中の鎌倉時代は、多く語られることのない時代だった。それは言うまでもなく、政治の中心が鎌倉に移ったために、京都を語るべき史料が、その前後の時代に比べて少なかったことによる。ちなみに『京都の歴史』第三巻の全てが室町時代であるのに対し、第二巻は、第一・二章が院政期、第三〜五章が鎌倉時代、第六章が南北朝となっている。

しかし、史料の多寡と歴史の実態は本来別物であり、それを実際に全国の中世遺跡の調査が示してきていた。京都もまた同様であり、同志社大学の新町と室町キャンパスの調査では、鎌倉時代の京都政権にとって重要な役割を果たした持明院殿に関わる遺構が発見され、遺跡から京都の鎌倉時代を語るための準備が整うことになった。一九九九年に書いた「七条町と八条院町」も鎌倉時代の京都がテーマだった。膨大な京都の歴史の研究の中で、多く語られることのなかった鎌倉時代を起点として、遺跡の調査成果に基づいた京都の歴史を模索する方向は、この時決まった。

一九九三年に始まった中世都市研究会の活動は、これまで別々に扱われていた寺社・湊・宿・市・町・首都などの諸要素を、「都市」というキーワードでまとめ、それを遺跡と文献の両面から学際的に見直すことで大きな成果をあげてきた。

ただし、これまで取り上げられてきた遺跡の多くは室町時代であり、中世都市成立期として重視されるべき鎌倉時代については、確実にそれを議論できる遺跡は少なく、最近高橋昌明氏によって福原が（『平清盛　福原の夢』講談社選書メチエ二〇〇七）、五味文彦氏によって各地の都市の記憶に基づいたその形成の歴史が（『王の記憶』新人物往来社二〇〇七）注目されてきているが、代表的な鎌倉時代の都市遺跡はおおむね鎌倉・草戸千軒町・博多などに限られ、京都においても、もちろん鎌倉時代の詳しい説明がおこなわれてきた訳ではなかった。その意味で鎌倉時代の都市京都は、日本列島全体に関わる重要なテーマでもあったことになる。

本書はこのような問題意識から、鎌倉時代を起点として、その前後の時代との関わりの中から京都の都市の歴史を描くことに目標を定め、進めてきた。

序章から第一章第一節までの流れは、鎌倉時代の京都の源流を求めて模索した新稿で、第一章第二節は、中世都市への大きな転換の舞台となった鳥羽を注視したもので、二〇〇七年の「鳥羽殿跡の歴史空間情報的研究・緒論」『文化情報学』二を元にしている。本書の根幹である第二章第二節は、二〇〇三年にそのイメージを「京都—鳥羽・白河そして持明院」『季刊　考古学』八五に書いたが、今回大幅に手を加えた新稿に近いものと位置づけている。そして第三章も、寒梅館地点の調査成果をふまえ、鎌倉時代の京都との関係を意識して大幅な見直しをおこなった。

鎌倉時代の京都の源流はどこにあるのか。そして鎌倉時代の京都の特徴は室町時代の京都の成立にどのように関わったのだろうか。本書の構成が院政期と鎌倉時代に重心を置いているのはこのことによる。一九二六年にさかのぼる三浦周行氏の『鎌倉時代史』、高橋昌明氏と元木泰雄氏の院政期政治史研究、高橋慎一朗氏の六波羅研究、さらに中世の王都に注目した高橋康夫氏の研究など、膨大なこの時期の京都研究に、新しい一筋の光をあてることができただろうか。

本書の内容に関わりながら触れることが出来なかったいくつかの点を、今後の課題として示しておきたい。

最も重要な点は、京都における宗教勢力の存在である。本書の中でも、法成寺・法勝寺・金剛心院・西園寺・小川沿いの寺社が、それぞれの時代で重要な役割を果たしてきた。しかしそれ以外に、白河院が思いのままにならなかったのが「賀茂河の水、雙六の賽、山法師」（『平家物語』）であり、鎌倉後期の富裕な土倉の多くは延暦寺の保護下に置かれていた。室町時代は法華宗寺院と町衆の関係が重要な意味を持ち、もちろん祇園社と伏見稲荷も忘れるわけにいかない。また視野を広げれば、嵯峨野以外に山科醍醐が注目される。応永二年（一三九五）に醍醐寺三宝院院主となった満済は、西園寺家につながる今出川師冬の子で、足利義満の猶子ともなった人物である。その活躍について、ここであらためて述べる余裕は無いが、山科川河口に近い宇治市木幡の赤塚遺跡から見つかった多彩な遺物は、古代に遡る岡屋津に近いこの地が、室町時代においても流通の拠点だったことを明確に示している。

もうひとつ重要な点が、秀吉と京都との関係である。

天正一一年（一五八三）九月、秀吉は現在の堀川御池北東にあたる妙顕寺地で、京都支配の最初の拠点となる館の建築に着工する。その後一〇年におよぶ京都改造はここに開始された。彼がおこなった事業は、天正一四年（一五八六）にさかのぼる方広寺の大仏造営計画（文禄二年（一五九三）大仏殿上棟）とそれに続く現在の五条通から大仏橋の開通、天正一四年（一五八六）の聚楽第築城とそれに伴う大名屋敷・武家屋敷街の建設および天正一八年（一五九〇）の天正地割り、天正一七年（一五八九）に始まった皇居の修理、天正一九年（一五九一）の御土居と寺町造営、そして文禄元年（一五九二）に始まる伏見城築城に代表され、ここに城塞都市京都が姿を現すことになる。

このうちこれまでの京都のかたちを大きく変え、城塞都市としての特徴を強く示すことになったのが、聚楽第と御土居である。聚楽第の場所は、現在の上京区一条大宮から下立売千本にかけての一帯と推定され、その南西は平安宮の内裏と一部重なる。壮麗な天守と御殿を持ち、後陽成天皇の行幸を受け、秀吉の権力を決定づける舞台ともなったが、秀次事件の後完全に破却された。これまで主に歴史地理の方法で研究がすすめられてきたが、現地には地形の起伏が残り、発掘調査のデータも増えてきている。豊富な先行研究を活かした積極的な復原研究が期待される。

御土居は、上賀茂御園橋、鴨川、東寺、天神川で囲まれた範囲を総延長二二・五キロの土塁でつないだ京の城壁である。構造は外側に堀を設けた高さ約三メートルの土塁であり、いわゆる「京の七口」がその間に設けられた。これまでこういった京都のかたちは、全国統一という秀吉の事蹟と合わせて、その後に一般化する近世城下町の基本型とされてきた。ところがこういった秀吉の京都と極めて似たかたちが朝鮮王朝時代の漢城（ソウル）でみられる。南山と北の山塊を取り込んで街を囲む城壁には、七カ所の門が城の内外を結ぶ交通路に設けられている（実際は八つあるが、一つは北の山上にある）。そして街の北で東西に並んで南面しているのが景福宮と昌徳宮である。秀吉の京都改造は東アジア的な視野で見直す必要がある。

さらに秀吉の京都に対する意味づけとして重要な位置にあるのが伏見城である。秀吉は淀から宇治までの巨椋池の改修もおこなっているが、それは京の外港としての伏見を重視したことによる。実はこのような秀吉の京と伏見の関係は、戦国期の上京と下京の関係に対比され、大坂城と堺の関係とも共通する。秀吉の京都に対する歴史的な意味づけは、まだ検討すべき課題が多く残されている。

ところで第二章第二項の冒頭に登場した『徒然草』第五〇段の全文の書き下し文は、次の通りである。

応長（一三一一年）の頃、伊勢国から鬼に化けた女を連れて上洛したという事件があり、京・白川の人は、「昨日は西園寺に行っていた」「今日は持明院殿に行くだろう」と鬼見物に出歩いた。その頃東山から安居院へ行く機会があり、その途中で四条以北の人が「一条室町」に鬼がいると言って北へ走っていくところに出会った。今出川（烏丸通）に出て見ると、一条大路辺りに人混みが見える。しかし誰かを見に行かせても鬼は見あたらず、日の暮れるまで騒ぎは続いた。その後病気にかかる者がいたが、鬼の噂話はその前兆だったのだろうか（『改訂　徒然草』角川文庫）。

応長の頃と言えば、後に義満の室町殿となる菊亭家の始祖兼季の父で、実氏《さねうじ》の孫にあたる西園寺実兼《さねかね》と、子の公衡《きんひら》の時代である。ところがその鬼を見かけた場所が、西園寺家伝来の一条室町で、鬼の行き先は北山西園寺と持明院御所だったというのである。この時の後伏見天皇は実兼を深く頼りとし、持明院御所を本所としながら、北山西園寺に何度も行幸したという。鎌倉時代末期における西園寺家の影響力の強さと「評判」、そして安居院や今出川の地名からは一条北辺の地の特殊性が読み取れるものと考えておきたい。なお白川は、おそらく一四世紀の遺跡が見つかっている現在の京都大学構内を指すと思われ、鴨川をはさんだその両側が都市化していた様子も想像できる。

五味文彦氏は、『梁塵秘抄』の歌から京都の都市形成の動きが、『徒然草』の話からその展開の様相が見えてくるとする。鎌倉時代の京都を探る手がかりはまだまだ多い。

本郷和人氏は、近年の日本前近代史が将来を担う若者に人気の無いことを憂い、「物語を紡《つむ》ぐ歴史は「実情の」歴史であり、それに触れる人々の検証と共感と得心とを重視する」として、「物語を先とする歴史」を提案している（『武士から王へ』ちくま新書二〇〇七）。これは、ジョン・H・アーノルド氏が、「歴史とは、過去に関する真実の物語から構成された、ひとつのプロセスであり、議論である」（新広記訳『歴史』岩波書店二〇〇三）としたフレーズに通じるとみられる。森浩一氏は、最近の『京都の歴史を足元からさぐる』（学生社）のシリーズで、以前からの「考古学は地域に勇気をあたえる」という目標を、京都という土地と歴史の中で実践し、読者が現地を訪れた時の「発見」を誘う歴史書を著している。

実は、本書のもうひとつのねらいもここにある。様々な史・資料と格闘し、出来事のあった場所に立ち、そこでなにがあったのかを問いかける。本書が、リアリティ溢れる歴史叙述から生まれる活発な議論のきっかけになることを願い、棚橋光男氏が『後白河法皇』（講談社選書メチエ一九九五）の「プロローグ」に記した言葉を借りて、今回の語《かた》りを閉じることにしたい。

「文学の領域における〈物語の復権〉になぞらえていえば、雄渾で豊饒な〈《物語の構造》の学〉としての歴史学（歴史叙述）の復権、政治・法・経済をも包含し照射し、さらにそれらの総体でもあるような人間の学としての高度の政治＝文化史の構築こそ、私たちの課題だ。本書はその実践第一弾であり、この課題の前進のためのいくつかの作業仮説を私は提示したつもりだ。いま、大胆な作業仮説の提示と知的冒険こそ歴史学における生産的議論の呼び水、歴史学の活性化と再生への要《かなめ》だと私は信じる」

主な参考文献

平凡社『京都府の地名』『京都市の地名』（日本歴史地名大系二六・二七）一九八一・一九七九
京都市史編さん所『京都の歴史』第一巻〜第四巻　一九七〇・一九七一・一九六八・一九六九
京都市『史料　京都の歴史』（第七巻　上京区・第一二巻　下京区）一九八〇・一九八一
大山崎町史編纂委員会『大山崎町史』本文編一九八三
八幡市誌編纂委員協議会『八幡市誌』（第一巻）一九八六
宇治市・林屋辰三郎・藤岡謙二郎『宇治市史』（一古代の歴史と景観）一九七三

小野晃嗣「卸売市場としての淀魚市の発達」『歴史地理』第六五巻第五・六号一九三五
赤松俊秀「寺史」『鹿苑』鹿苑寺一九五五
龍粛「西園寺家の興隆とその財力」『鎌倉時代』下　春秋社一九五七
川勝政太郎「北山石不動とその信仰（上）（下）」『史迹と美術』二九〇・二九一　一九五九
中村直勝『京の魅力』淡交新社一九六一
吉田敬市ほか『巨椋池干拓誌』巨椋池土地改良区一九六二
景山春樹「歴史篇　古代」『城南』城南宮一九六七
中野幡能『八幡信仰史の研究』吉川弘文館一九六七
石丸熙「院政の構造的特質について」『平安王朝』（論集日本歴史3）有精堂一九七三
大曽根章介「「池亭記」論」『日本漢文学史論考』岩波書店一九七四
秋山國三・仲村研『京都「町」の研究』法政大学出版局一九七五

河野房男「白河院近臣の一考察」『平安王朝』（論集日本歴史3）有精堂一九七六
木内正広「鎌倉幕府と都市京都」『日本史研究』一七五　一九七七
西岡虎之助『荘園史の研究』（上巻）岩波書店一九七八
平岡定海「藤原氏の氏寺の成立について」「六勝寺の成立について」『日本寺院史の研究』吉川弘文館一九八一
中村利則『町屋の茶室』淡交社一九八一
杉山信三『院家建築の研究』吉川弘文館一九八一
脇田晴子『日本中世都市論』東京大学出版会一九八一
豊田武『中世日本の商業』（豊田武著作集第二巻）吉川弘文館一九八二
高橋康夫『中世京都都市史研究』思文閣出版一九八三
仲村研「地下に眠る花の御所」『歴史と人物』一月号一九八三
森田恭二「花の御所とその周辺の変遷」『日本歴史の構造と展開』山川出版社一九八三
小林保夫「淀津の形成と展開」『年報中世史研究』九　一九八四
田良島哲「中世淀津と石清水神人」『史林』一九八五
田良島哲「中世の寺社境内と市庭」『史潮』新一七号一九八五
松原弘宣『日本古代水上交通史の研究』吉川弘文館一九八五
高橋美久二「山崎駅と駅家の構造」『長岡京古文化論叢』同朋舎出版一九八六
今谷明『京都・一五四七』平凡社一九八八
野口実「京都七条町の中世的展開」『京都文化博物館（仮称）研究紀要』第一集一九八八
戸田芳実『初期中世社会史の研究』東京大学出版会一九九一
網野善彦「西の京と北野社について」『都市と共同体』名著出版一九九一

川嶋将生『中世京都文化の周縁』思文閣出版一九九二
網野善彦「西園寺家とその所領」『国史学』一四六　一九九二
近藤成一「内裏と院御所」『都市の中世』吉川弘文館一九九二
高橋慎一朗「空間としての六波羅」『史学雑誌』一〇一ー六　一九九二
小野正敏「発掘された戦国時代の町屋」『中世都市と商人職人』名著出版一九九二
五味文彦「院政と天皇」『岩波講座　日本通史』第7巻一九九三
瀬田勝哉「公方の構想」『洛中洛外の群像』平凡社一九九四
新城常三『中世水運史の研究』塙書房一九九四
江谷寛「法住寺殿」『平安京提要』一九九四
長宗繁一・鈴木久男「鳥羽殿」『平安京提要』角川書店一九九四
水藤真『絵画・木札・石造物に中世を読む』吉川弘文館一九九四
上横手雅敬『鎌倉時代―その光と影』吉川弘文館一九九四
堀内明博『ミヤコを掘る』淡交社一九九五
五味文彦『大仏再見』講談社メチエ一九九五
棚橋光男『後白河法皇』講談社選書メチエ一九九五
上原真人「京都における鎌倉時代の造瓦体制」『文化財論叢』二　一九九五
網野善彦『日本中世都市の世界』筑摩書房一九九六
元木泰雄『院政期政治史研究』思文閣出版一九九六
高橋慎一朗『中世の都市と武士』吉川弘文館一九九六
黒田紘一郎『中世都市京都の研究』校倉書房一九九六

黒田日出男『謎解き　洛中洛外図』岩波新書一九九六
山田邦和「京都の都市空間と墓地」『日本史研究』四〇九　一九九六
網伸也・山本雅和「平安京左京八条三坊の発掘調査」『日本史研究』四〇九　一九九六
松井茂「院政期の鳥羽殿の殿舎とその機能」『国史談話会雑誌』第三七号一九九七
鹿苑寺・京都市埋蔵文化財研究所『鹿苑寺（金閣寺）庭園』一九九七
上村和直「平安京と白河」『条里制・古代都市研究』第一五号一九九九
高橋康夫「日本中世の「王都」」『年報　都市史研究』七　山川出版社一九九九
藤本史子「中世八幡境内町の空間復原と都市構造」『年報　都市史研究』七　山川出版社一九九九
山崎信二『中世瓦の研究』奈良国立文化財研究所二〇〇〇
本郷和人「西園寺氏再考」『日本歴史』六三四　二〇〇一
美川圭「鳥羽殿の成立」『中世公武権力の構造と展開』吉川弘文館二〇〇一
上島亨「藤原道長と院政」『中世公武権力の構造と展開』吉川弘文館二〇〇一
川上貢『新訂　日本中世住宅の研究』中央公論美術出版二〇〇二
鋤柄俊夫「市と館」『長野県考古学会誌』九九・一〇〇　二〇〇二
美川圭「京・白河・鳥羽」『院政の展開と内乱』吉川弘文館二〇〇二
五味文彦「京・鎌倉の王権」『京・鎌倉の王権』吉川弘文館二〇〇三
横内裕人「宇治と王権」『時間と空間』二〇〇三
冨島義幸「白河　院政期「王家」の都市空間」『時間と空間』二〇〇三
藤田勝也「転換期の鳥羽殿　中世住空間の先駆」『時間と空間』二〇〇三
京樂真帆子「平安京の空間構造　見えなくなる右京」『時間と空間』二〇〇三

高橋昌明『増補改訂　清盛以前』文理閣二〇〇四
西山良平『都市平安京』京都大学学術出版会二〇〇四
上村和直「法住寺殿の成立と展開」『研究紀要』第9号京都市埋蔵文化財研究所二〇〇四
小島道裕『戦国・織豊期の都市と地域』青史出版二〇〇五
服部英雄「海をみて海図を読む」『史学雑誌』第一一五編第一号二〇〇六
大村拓生『中世京都首都論』吉川弘文館二〇〇六
高橋昌明編『院政期の内裏・大内裏と院御所』文理閣二〇〇六
川本重雄「続法住寺殿の研究」『院政期の内裏・大内裏と院御所』文理閣二〇〇六
五味文彦『王の記憶』新人物往来社二〇〇七
山村亜希「院政期平安京の都市空間構造」『平安京ー京都　都市図と都市構造』京都大学学術出版会二〇〇七
高橋昌明『平清盛　福原の夢』講談社選書メチエ二〇〇七

同志社大学歴史資料館「同志社大学第1従規館地点の調査成果について」『同志社大学歴史資料館　館報』第七号二〇〇四
同志社大学歴史資料館『学生会館・寒梅館地点発掘調査報告書』二〇〇五
同志社大学歴史資料館『同志社大学校内遺跡発掘調査報告書二〇〇四年度』二〇〇五

口絵

一九七七年当時の白河・鳥羽・近衛天皇陵、鳥羽殿金剛心院の池跡、京都駅ビルの地下から発見された鎌倉時代の室町小路、京都駅前地点発見の鏡鋳型（京都市埋蔵文化財研究所）。左大文字と北山西園寺・渡月橋と嵯峨野亀山（著者撮影）。『上杉本洛中洛外図屛風』に描かれた足利将軍邸と近衛殿別邸（米沢市上杉博物館）。寒梅館の地下から発見された室町殿関連遺

構（同志社大学歴史資料館）

挿図

図二・六・一三　国土地理院。

図一〇　田良島哲「中世の寺社境内と市庭」『史潮』新一七号一九八五。

図一一　京都府埋蔵文化財調査研究センター『佐山遺跡』二〇〇三。

図一五　京都市『京都の歴史』第二巻一九七一。

図一七・一八　長宗繁一・鈴木久男「鳥羽殿」『平安京提要』角川書店一九九四加筆編集。

図二〇　京都市文化市民局・京都市埋蔵文化財研究所『京都市内遺跡発掘調査概報』（平成一一年度）二〇〇〇、京都市文化観光局・京都市埋蔵文化財研究所『鳥羽離宮跡発掘調査概報』（平成元年度）一九九〇。

図二一　前田義明「鳥羽離宮跡の発掘調査」『院政期の内裏・大内裏と院御所』二〇〇六。

図二七　京都市埋蔵文化財研究所『鳥羽離宮跡一九八四』一九八四。

図二九　宇治市歴史資料館『発掘ものがたり宇治』一九九六。

図三二　古代学協会『平安京左京八条三坊二町』一九八三、『左京八条三坊二町第二次調査』一九八五。

図三三　京都市埋蔵文化財研究所『平成六年度京都市埋蔵文化財調査概要』一九九六、網伸也「和鏡鋳型の復原的考察」『研究紀要』第三号一九九六。

図三四　京都文化博物館『平安京左京八条三坊七町』一九八八。

図三五　山本雅和「平安京左京八条三坊出土の銭鋳型」『研究紀要』第三号一九九六。

図三七　京都市『京都の歴史』第二巻一九七一。

図三九・四〇・四一・五七・五八・五九　同志社大学歴史資料館『学生会館・寒梅館地点発掘調査報告書』二〇〇五。

図四二・四三　同志社大学歴史資料館『同志社大学歴史資料館館報』第七号二〇〇四。
図五二　京都市埋蔵文化財研究所。
図五四　近藤成一「内裏と院御所」『都市の中世』吉川弘文館一九九二加筆編集。
図六〇・六七　米沢市上杉博物館。
図六一　中村利則『町家の茶室』淡交社一九八一加筆編集。
図六二　宮内庁書陵部『洛中絵図』一九六九トレース。
図六四　同志社大学歴史資料館『同志社大学校内遺跡発掘調査報告書』一〇〇四年度二〇〇五加筆編集。
図六八　小野正敏「発掘された戦国時代の町屋」『中世都市と商人職人』名著出版一九九二加筆編集。
図一・四・七・八・九・一二・二三・二四・二六・二八・三六・四五・四七・五一・五三　同志社大学。
図三・五・一四・一六・二二・四四・四六・五〇・五五・五六・六三・六六　著者撮影。

あとがき

脱稿直後の二〇〇八年四月初旬、そのすぐ北に西園寺公経の吉田泉殿跡碑が建つ京都大学西部構内で、鎌倉時代の邸宅に関わる遺構が見つかった。京都の地下には、まだ知られていない多くの歴史が埋もれていることが、それもこれまで文献ではあまり語られることの無かった、鎌倉時代のダイナミックな歴史が埋もれていることが、あらためて確認された瞬間だった。

本書で対象とした時代の中心はこの鎌倉時代であるが、広い意味で言えば、その範囲は平安時代中期の安和の変から織田信長が京都に登場する直前の戦国時代までにおよんだ。西暦に直せば一〇世紀から一六世紀と言う、京都の歴史の中でも最も多くのドラマが交錯した期間である。本書は、そんな京都の濃密な六〇〇年間を、文献史研究の成果を先行研究としながら、遺跡を軸にしてわずか二百数十枚で駆け抜けたことになる。

この大胆な試みに備えるために、中世考古学を専門とする者として、関連する多くの文献を基にしながら、いくつかの研究会で意見を聞き、それぞれのテーマの研究内容と史料を注意深く見てきたつもりではある。けれども文献史研究の専門家ではないため、思わぬ間違いや思い違いもあるかと思う。それにも関わらずこのような大胆な試みをおこなおうとしたのは、その背景に二つの大きな理由があったからである。

そのひとつは、全国の中世都市研究と連携した、京都の都市史への期待である。先の京都大学西部構内の遺跡の様に、京都にも、まだ知られていない多くの歴史が眠っており、それが遺跡の調査によって日々明らかにされてきている。全国の中世都市研究をふまえた遺跡と文献の積極的な協業は、京都の歴史にも新たなページを開く可能性がある。

そしてもうひとつは、最近の高橋昌明氏と五味文彦氏による院政期から鎌倉時代の京都に対する精力的な研究と、恩師の森浩一先生による、やはり精力的な『京都の歴史を足元からさぐる』のシリーズの刊行である。また、鎌倉の研究会を通じて行った本郷和人氏や高橋慎一朗氏との意見交換も大きな刺激となり、特に高橋氏には西園寺氏の系図で御教示をいただいた。京都の鎌倉時代は、今最も強く注目すべきテーマなのである。

その意味で本書は、日々埋蔵文化財の調査に従事している関係者の努力と、日頃からさまざまな刺激とアドバイスをいただいている多くの方々の知的好奇心のたまものでもある。感謝を申し上げたい。そしてこのささやかで大胆な試みが、総合学としての中世都市研究と京都の鎌倉時代への関心を少しでも誘うものになれば幸いである。

本書の執筆は二〇〇七年四月に始めたが、資料と史料の森に迷い込んだ結果、九月になっても淀から石清水八幡宮をさまよい、ようやく鳥羽殿にたどり着いたのは二〇〇七年の大晦日だった。年明けから京内に入り進行も早まったが、その間ずっとまわりくどい話を我慢強く聞き、最初の読者となり、適切なコメントを与え続けてくれた妻には大変苦労をかけた。また、原稿を辛抱強く待っていただき、本書を形に仕上げてくれた雄山閣の久保敏明氏にも大変お世話になった。篤くお礼を申し上げる。

そして本書の最大の原動力は、現在も変わらぬ森浩一先生のバイタリティと知的好奇心である。日頃の学恩にあらためて感謝を申し上げたい。

二〇〇八年　七月

【著者略歴】
鋤柄　俊夫（すきがら　としお）
1958年長野県生まれ
同志社大学大学院文学研究科博士課程前期修了。博士（文化史学）
（財）大阪文化財センターを経て現在同志社大学文化情報学部准教授
専攻は日本考古学（中世）および文化史学

平成20年 7 月30日初版発行　《検印省略》

中世《ちゅうせい》京都《きょうと》の軌跡《きせき》
―道長《みちなが》と義満《よしみつ》をつなぐ首都《しゅと》のかたち―

著　者　鋤柄俊夫
発行者　宮田哲男
発行所　㈱雄山閣
〒102-0071　東京都千代田区富士見２－６－９
ＴＥＬ　03-3262-3231㈹　FAX 03-3262-6938
振替：00130-5-1685
http://www.yuzankaku.co.jp
組　版　創生社
印　刷　萩原印刷
製　本　協栄製本

ISBN 978-4-639-02049-3　C1021